商务印书馆（上海）有限公司 出品
The Commercial Press (Shanghai) Co. Ltd.

"逆觉体证"与"理一分殊"

论现代新儒学之内在发展

复旦哲学·中国哲学丛书

张子立 著

商务印书馆
The Commercial Press

图书在版编目（CIP）数据

"逆觉体证"与"理一分殊"：论现代新儒学之内在发展 / 张子立著. —北京：商务印书馆，2023
（复旦哲学·中国哲学丛书）
ISBN 978-7-100-22812-1

Ⅰ.①逆… Ⅱ.①张… Ⅲ.①新儒学—研究—中国—现代 Ⅳ.①B261.5

中国国家版本馆 CIP 数据核字（2023）第156953号

权利保留，侵权必究。

"逆觉体证"与"理一分殊"
论现代新儒学之内在发展

张子立 著

商 务 印 书 馆 出 版
（北京王府井大街36号 邮政编码100710）
商 务 印 书 馆 发 行
苏州市越洋印刷有限公司印刷
ISBN 978-7-100-22812-1

2023年11月第1版　　开本 670×970　1/16
2023年11月第1次印刷　印张 21½

定价：108.00元

作者简介

张子立,台湾基隆人。现为复旦大学哲学学院青年研究员。曾任巴黎第一大学哲学系客座教授,荷兰莱顿大学哲学系访问学人。研究领域为宋明儒学、现代新儒学与伦理学,特别是从与西方伦理学的比较研究,以及当前社会的具体情境中,探讨如何进行儒家的现代诠释。

推荐序

刘述先

1999年我由香港中文大学退休,回台定居,在"中研院"文哲研究所担任特聘研究员,并在东吴、"中央"兼课。2004年我又由"中研院"退休,改为兼任研究员。由2005年起政治大学聘我为研究讲座教授,每学期开一门研究院课程。到了晚年,我以研究为主、教学为辅,原则上不指导学位论文。但本书作者张子立却让我改变了主意,我答应指导他的博士论文,当然是有一定理由的。我回台之后,他即主动与我联络,表示对我的思想与著述有深切的共鸣与进一步探索的意愿。他考进政大哲学系博士班就依照学校的规定,请何信全教授担任导师,由我担任共同指导。他选了我在政大开的第一门课程"全球伦理与宗教对话",在班上表现突出。此后他每隔一段时间就来找我讨论请教,解明长期积累的困惑,并开拓以往未及的新领域。我的原则是绝不把自己的见解强加在他身上,只为他说明一些他不清楚的背景,以及牵涉的问题的复杂性,指点一个方向供他参考之用。最后终于到了他提出博士论文计划书的时候了。应该指出的是,委员会的成员除了何教授(道德、政治哲学)和我(新儒家),还有李明辉(宋明理学、康德)、李瑞全(生命伦理、休谟)与张鼎国(现象学、诠释学),都是一时之选。论文计划审核时所提出的问题非常尖锐、深刻,每一步都不轻易放过。然后综合各种不同的意见,通过他自己的吸收和反省,写成了论文。口试时同样步步紧逼,虽然大家未必同意他的见解,最后仍无异议以超过90分的平均分数通过,成为该学年度分数最高的博士论文。此博士论文即是本书之前身,再经修改增删而成。作为其指导教授,以下兹就个人所知,胪列其特点如下:

一、新儒学未来走向之反思

作者指出,当代新儒学第二代的牟宗三提出以"逆觉体证"建构"道德的形上学"的思想,影响广大而深远。继起的第三代中"接着讲"而不是"照着讲"的是刘述先,提出了"理一分殊"的新释。本书所彰显的是一种问题意识。由第二代的牟宗三引生的一些问题,像余英时质疑"良知的傲慢"之类,进而指出我的工作是"要进一步调整与补充牟宗三的理论,着手于后牟宗三时代儒家哲学的典范重构与诠释"。"导论"开宗明义撷出了三个主要的方向:(一)现代新儒学之日用常行化,(二)广义道德实践之发挥,(三)理一分殊的哲学解释架构。这构成了本书的三个部分。最后的结论指点了现代新儒学之哲学取向:调和有限性与无限性的第三种进路,这也正是作者自己将来理论建构的方向。

二、新的创见之提出

作者在本书中提出了一些新的创见。例如在本书第一部分,剖析在牟宗三的思想中,对天人关系偏向"同于"无限的思路,而我的"理一分殊新释"主张"同异并存",作者则进一步阐发我的思想,发展出"通于"无限的思路而突出人的有限性。在此基础上,又于第二部分指出我以"生生"阐释"广义的道德实践",而把第二代过分偏重在狭义的道德实践转化成为多元的文化创造。此外,作者并点出牟宗三"道德的形上学"中,其实蕴含解释创生的两种形态,并将其分别称为"本体宇宙论的创生"与"实现物自身的创生",而对其中的细微差异做出了详细分析。

三、以道德与知识之"对列的辩证关系"调和朱陆

在本书第三部分,作者重新阐释朱子的"去两短、合两长",欲在尊德性与道问学之间取得适当平衡,而主张对朱子做同情的了解,不像牟宗三对朱子的态度那样严刻,以之为"别子为宗",多少加以排拒。作者借由哲学诠释学与后设伦理学的相关讨论,说明道德性前结构之作用,指出道德判断与伦理知识具有"对列的辩证关系",以此观之,陆王的逆觉体证形态长于道

德实践，朱子的格物致知工夫则胜在道德判断，各有短长，故朱子当年向象山做"去两短、合两长"的提议，正是我们必须正视并实行的。

四、中西伦理学之吸收与融通

在本书中，作者试图在现代西方伦理学与当代新儒家之间建造起一道桥梁。首先，由牟宗三与康德、舍勒的对比，以及我的"理一分殊新释"接通"全球伦理"得到启发，而尝试提出"实践的印证"与"共识的印证"两个概念，处理西方后设伦理学中有关普遍人性之争议。最后在结论中，并试图将其理一分殊的哲学解释架构，置于西方哲学经验与先验、历史性与普遍性的哲学争论背景中，探讨其如何可作为调和有限性与无限性的第三种进路。虽然有待处理的问题不少，却是值得鼓励的尝试，展示了诸多理论可能性。

整体而言，本书有一个比较中西哲学的宽广视野，聚焦于伦理学的探研而有细致的反省与分析，由以上所说，我很乐意为本书之出版做出极力推荐。

自　序

对笔者而言，哲学是一门再实用不过的学科。回想当初第一次接触哲学随即着迷的原因，正是哲学家对许多宇宙人生问题的思考与回答，相较于自己所接触过的其他思想，展现出更鞭辟入里、言简意赅之特性，帮助自己更坦然而深入地思索生命的意义、处理面对的人事物。所以哲学对笔者个人而言，不只是研究对象或一种专业能力，更是生活中受用不已的源头活水。

然而沉浸于哲学的乐趣当中，笔者同时也感受到一种益趋明显的落差。对于非哲学领域的知识分子以及一般大众而言，哲学经常代表的是极度抽象而偏离实际的思想游戏，并成为不受就业市场青睐的冷门学科。哲学领域的本科生与研究生，若是未找到教职或从事研究，尽管在思想上有其长处，在就业市场上却往往是弱势族群，无法与其他学科的毕业生站在对等的立足点。追根究柢，主要原因竟然是哲学在现代社会被视为极端不实用。

此矛盾令笔者相当困惑！为何一个自己如此受用而让人愿意投入诸多时间精力的学问，却是一般大众认为最不受用的学科？或归因于过度深奥，使一般人难以接触。只是大学的任何一个学术领域，非独哲学，无不有相当程度的艰涩性，非经几年的学术训练，实难以一窥其堂奥，不过其实用性却不因此被否定。若说由于过度抽象，理论数学与物理之抽象性同样令常人却步，然而处境却大有不同，其故又安在？笔者以为，哲学理论之艰涩与抽象性仅是无法凸显其实用性之部分原因。更重要的是，哲学既未列入基础教育科目中，哲学理论又甚少应用于公共事务之讨论上，哲学家被媒体与政府咨询的机会于是少之又少。在学校教育与社会议题的低曝光度，导致其与民众的距离最远，于是就被认为最缺乏实用性。

为因应此理解上的落差,"哲学实用性之展现"成为笔者日益关注之课题。加上自己研究的重心在儒学之现代诠释,其重要性就更形迫切。因为儒学向被视为内圣外王的经世致用之学,但在现代其功能、角色与往日则不可同日而语,已逐渐走向一种学术理论之建构。西方哲学本质上乃"爱智之学",对此"哲学实用性之展现"问题尚可存而不论,但就现代新儒学而言,化成世界的儒学与作为哲学的儒学如何共存、如何成为新的有机组合,就是一种对"哲学实用性之展现"问题的思索。因为这问题要求当代儒学在致力于哲学理论的充实与进步之际,亦须在一般人生活中发挥某种程度的教化作用。

以上背景即成为本书写作之问题意识。至于在内容取材上,则选择以"逆觉体证"与"理一分殊"这两个哲学概念,作为通贯全书之主轴——"逆觉体证"是牟宗三哲学体系的理论枢纽,"理一分殊"则涵盖刘述先对此哲学概念的"新释"——以及在牟、刘二位论点之基础上,进而发展出的哲学解释架构。所以本书之内容,先是从牟宗三与刘述先这两位现代新儒学代表人物之对比中,说明其对儒学相关理论问题之处理,剖析双方之理论同异;继而从中汲取资源,提出"理一分殊的哲学解释架构",探讨现代新儒学继其之后的可能发展取向。其中所涉及的理论议题,除了儒学内部问题,像是对朱子与陆王理论之检视与评价,内圣与外王之相互关系,余英时对儒家现代角色与定位(如"游魂"之评语)的反思,以及针对当代新儒家"良知的傲慢"之批评,劳思光以"解释效力"与"指引效力"之后设思考(metathinking),探索儒学在世界哲学中的重新定位,郑家栋对当代新儒学走向"知"与"行"之分离的疑虑等;也涉及当代西方哲学热烈争论的主题,如道德与知识的关系,自由主义与社群主义之论争,普遍人性能否证立,乃至伽达默尔(Hans-Georg Gadamer)与哈贝马斯(Jürgen Habermas)关于历史性与普遍性、有限性与无限性、经验与先验等哲学视角之交相辩难。

依笔者之见,现代新儒学从牟宗三到刘述先之发展,可归结为儒学走向日用常行化与广义道德实践两点。这不但有助于吾人思考儒学如何在当今社会脉络下展现其实用性,对于处理上述儒家内部问题也有所裨益。继之，以两者之理论成果为基础，若欲在理论上接续发展，可借由道德与知识以及道德与政治之关系这两大论题，对朱子与陆王双方之论争，乃至内圣与外王之关系做出重新评价。首先，有别于牟宗三以朱学为助缘，刘述先以王阳明统合朱陆之观点，本书尝试借由道德性前结构之作用，探究道德与知识之关系，据此说明朱子格物致知工夫有进于王阳明之处，重新肯定其"去两短、合两长"之倡议；其次，牟、刘二位皆持内圣开外王的单向推扩论点，笔者则参考自由主义（liberalism）哲学家罗尔斯（John Rawls）的良序社会（a well-ordered society）概念，指出政治对道德具有主导力的面相，因而主张内圣与外王的双向互动；最后，现代新儒学之内在理论发展方向，宜使理一分殊迈向一种哲学解释架构，则可参与当代哲学有关经验与先验、有限与无限的哲学核心论争，作为调和此二对立取向的第三种进路。

本书乃以笔者的博士论文为主体，再经增删修改而完成。回顾这整个过程，实需要向许多人致谢。首先特别要提到的，就是笔者的论文指导教授刘述先先生。有鉴于刘老师的学术成就与地位，能得到他的首肯指导博士论文，本身就是一种莫大的鼓舞与运气。加上他的理论学说正为本书直接涉及之内容，笔者得以掌握许多第一手资料，包含当面请教与口述讲评，在对其论点之表述上获益匪浅。刘老师开放、包容的学术特性，也表现在这篇论文的指导过程中。他对指导学生所秉持的态度，可借用"不即不离"一语予以表述。不即，在此是指不以己意左右学生，即使抱持不同意见（例如天人之"通"的定位与意涵），他也以鼓励的态度帮助笔者独立思考；不离，则指若有错误与疑问，则悉心指导说明，尽量避免理解上的偏差。从刘老师身上，笔者不仅学习到哲学专业知识，也得以一窥哲学家的风范。刘述先老师虽于2016年辞世，其精神与学问实仍持续不辍地给予个人启发。

笔者另一位指导教授何信全先生，其指导态度亦是"不即不离"，一贯秉持只提供思考方向及指明错误，但不预设任何框架的原则。此外，他也时时提醒笔者，对中西哲学必须保持同样尊重的态度，避免本位主义，才能借由不断虚心学习，扩大自己的视野。

从进入研究生阶段以来，笔者即有幸在课堂上持续向李明辉老师请教问学,充实对中西哲学的基础了解,特别是在康德、舍勒与牟宗三的理论上获益良多。笔者从中获得的莫大帮助,可说与指导整本论文之写作,并无二致。平心而论,若未参考李老师关于现代新儒学的丰硕著述,本书能否顺利写成,实不无疑问。对此,笔者表达衷心感谢!

另外,张鼎国老师也为笔者在政大从学的师长,因此常有机会向他问学。张老师在诠释学与沟通理论上的造诣,纠正了笔者一些理解错误。张老师虽已仙逝,但笔者心中之感怀实历久弥新!还必须指出的是,方万全老师、郑宗义教授等诸位师友,亦曾针对本书内容与写作策略给予宝贵指教,须在此一并致谢。当然,对所有曾经指导笔者的师长,以及一起砥砺向学的朋友,亦愿借此机会深致谢忱。

举凡学术专著的完成,相信都是一段艰辛的历程,本书也不例外。坚持下去,首在对得起自己当年下定决心研究哲学的初衷,并对这些岁月的投入有所交代,相信这也算合乎"为己"之学的精神吧!最后,更希望笔者的表现可以不辜负师长的教导与期望,以及亲友们的鼓励。

目 录

推荐序 / 刘述先   1
自　序   5

导论　现代新儒学之内在发展   1
   第一节　问题缘起   2
   第二节　"逆觉体证"释义   6
   第三节　理一分殊新释   12
   第四节　"逆觉体证"到"理一分殊新释"   22
   第五节　议题重探：兼论理一分殊作为哲学解释架构   31

第一部分　现代新儒学之日用常行化

第一章　"道德的形上学"到"理一分殊新释"   37
   第一节　"道德的形上学"论争   37
   第二节　相关问题析论   40
   第三节　"道德的形上学"两种创生形态："本体宇宙论的创生"与"实现物自身的创生"   59
   第四节　天人关系之界定："同于"无限   68
   第五节　天人关系再界定：同异并存   74

第二章　道德实践之定位："理一"到"分殊"   82
   第一节　"良知的傲慢"问题   82

第二节　理路融贯与证立问题　　93
　　第三节　道德实践亦为坎陷之"分殊"　　97

第三章　儒学本质之界定:"圣贤工夫"到"基本操守"　　101
　　第一节　儒学本质与新儒学之普遍性与特殊性问题　　102
　　第二节　"知"与"行"分离问题　　108
　　第三节　儒家不同面向之分析　　111
　　第四节　道德实践大门之敞开:理想境界到基本操守　　114
　　第五节　重新界定儒学本质　　118

第二部分　广义道德实践之发挥

第四章　内圣外王新诠:"曲通"到"广义的道德实践"　　127
　　第一节　内圣外王的概念诠释　　127
　　第二节　"内圣外王"与牟宗三的开出说　　128
　　第三节　理一而分殊:广义道德实践之外王　　146

第五章　"尊德性"到"先后天工夫并重":论朱子格物致知　　154
　　第一节　牟宗三对朱子的定位　　154
　　第二节　道德实践与知识　　156
　　第三节　刘述先对朱子的评价　　164

第六章　普遍人性析论:"实践的印证"到"共识的印证"　　174
　　第一节　"仁"之为普遍人性　　174
　　第二节　普遍人性之界定:以康德与舍勒为例　　175
　　第三节　"实践的印证":牟宗三论普遍人性之内涵　　183

第四节 "共识的印证"：全球伦理与理一分殊新释　194

第五节 儒家证立普遍人性之进路　204

第三部分　理一分殊哲学解释架构与议题重探

第七章 "理一分殊"作为哲学解释架构　211

第一节 天人关系再定位："同于""同异并存"到"通于"　211

第二节 儒学重归日用常行　216

第三节 "理一分殊"哲学解释架构　221

第八章 "去两短、合两长"：聚焦道德与知识之辩证关系　226

第一节 朱子与陆王：从道德与知识之辩证关系来看　226

第二节 道德判断与知识　228

第三节 由道德判断与知识之关系论"逆觉体证"　235

第四节 由道德判断与知识之关系论"格致工夫"　248

第五节 如何"去两短、合两长"？　254

第六节 结语：从道德与知识对列辩证关系论
"去两短、合两长"　260

第九章 内圣与外王之两行　263

第一节 内圣与外王关系之定位　263

第二节 检视内圣开外王的三种解释：以余英时为例　265

第三节 "社会公义"开出"心性修养"？　275

第四节 "教化"与"限权"两难因应之道　279

第五节 "公私领域基本道德素养如何可能"与"良序社会"　284

第六节 内圣外王之双向互动　289

结论　现代新儒学之哲学取向：调和有限性与无限性的第三种进路　292
　　第一节　逆觉体证与理一分殊　292
　　第二节　有限性与无限性之往来　297
　　第三节　有限性与无限性平衡之道：从理一分殊哲学
　　　　　　解释架构来看　303

参考书目　313

导论　现代新儒学之内在发展

现代新儒学发展至今，对保存与阐发传统儒学精华可谓累积了丰硕理论成果。牟宗三、唐君毅与徐复观等人的学术成就乃属有目共睹，亦日渐受到国际学界重视。[①] 近年来，余英时、刘述先、杜维明等第三代新儒家与世界各国学者积极交流，进一步将儒家思想经由学术上交谈讨论的方式，广泛地介绍到世界上，更逐渐将儒学研究推向国际学术舞台。近年来美国波士顿儒家（Boston Confucianism）之产生，就是一个显著例子。本书主题为"逆觉体证与理一分殊：论现代新儒学之内在发展"，正点出写作主旨，借由对牟宗三"逆觉体证"与宋儒"理一分殊"这两个哲学概念的分析，探讨现代新儒学的理论发展，并构思其未来走向。论述内容则为：首先解析牟宗三的理论体系与其面对的问题；继之探讨刘述先为何与如何尝试借由理一分殊的新释，对牟氏理论进行调整与补充，以勾勒出现代新儒学此一发展之内在逻辑与内容；最后剖析其理论效应，以说明理一分殊作为哲学解释架构之意涵。刘氏走向日用常行化与广义道德实践的思路，即着眼于更有力地响应来自新儒学内外的一些质疑与批评。另外，此发展之讨论范围也涉及对朱子与陆王之争，以及内圣与外王关系之探讨。在牟、刘二位思想家论述的

[①] 最近的例子是美国学者安靖如（Stephen C. Angle）所著《当代儒家政治哲学》一书。此中作者聚焦于现代新儒学，特别是牟宗三的政治哲学论述，支持其"良知坎陷"概念，针对反对意见提出辩护，并尝试进一步发挥其内涵。参见 Stephen C. Angle: *Contemporary Confucian Political Philosophy* (Malden MA: Polity Press), 2012。

基础上,如果对这两个问题予以重新审视,亦可开拓出其他观点与视域。最后,宋儒的理一分殊概念,亦可在逆觉体证与理一分殊新释的基础上,往哲学解释架构的方向发展,针对儒学内部问题,以及历史性与普遍性之论争等哲学议题,探索新的可能性。如此一来,从逆觉体证、理一分殊之新释,再到理一分殊的哲学解释架构,可视为现代新儒学为因应当前诸多理论问题,而形成的一种创造性诠释与内在发展。

第一节　问题缘起

时至今日,凡是儒学研究者几乎不可避免地会被问到的一个问题是:在现代社会中,儒学明确的角色定位为何?无可讳言,儒学在传统中国主导政治、法律、习俗、人生观各层面的风光已不复在。余英时即一语道破,儒家在现代社会已走入一种吊诡的发展方向:"一方面儒学已越来越成为知识分子的一种论说(discourse);另一方面,儒家的价值却和现代的'人伦日用'越来越疏远了。"[①]但问题是,儒家自孔子以下都不尚托之空言而强调见之行事,儒家价值必求在人伦日用中实现,而不能仅止于成为一套学院式的道德学说或宗教哲学,但在传统社会结构已解体的现代,儒学在中国的实际状况,却是托之空言已远远超过见之行事。如此一来:

> 现代儒学是否将改变其传统的"践履"性格而止于一种"论说"呢?还是继续以往的传统,在"人伦日用"方面发挥规范的作用呢?如属前者,则儒学便是以"游魂"为其现代的命运;如属后者,则怎样在儒家价值和现代社会结构之间重新建立制度性的联系,将是一个不易解决的难题。儒家并不是有组织的宗教,也没有专职的传教人员;而在现代社会中,从家庭到学校,儒家教育都没有寄身之处。一部分知识分子关于现代儒学的"论说",即使十分精微高妙,又怎样能够传布到一

[①] 余英时:《现代儒学论》(新泽西:八方文化企业公司,1996年),序,页Ⅵ。

般人的身上呢？①

儒家在现代的处境是否如余英时所描述的那般惨淡呢？与过去相较，儒家在今日的角色与功能确是今非昔比，但要说在现代社会中，从家庭到学校，儒家教育都没有寄身之处，则显得过于悲观。关于这个问题将在第三章予以处理。不过余氏提出的问题吾人却必须严肃以对。诚然，儒学如果只成为学术领域中的理论探讨对象，确实将与其传统角色背道而驰；但在今日，儒学想再重温昔日渗透一切人伦日用、政经结构以及意识形态的旧梦，亦会是缘木求鱼。那么，儒学未来之走向为何？其自我定位何在？此乃当前认同儒学的研究者皆须面对与处理的问题。

依笔者之见，儒学当前应该戮力以赴的走向是：继续深化作为学术理论的深度与广度，但同时不能仅止于此，还必须将自身的理论内容与人们日常生活建立起直接联系，恢复往日能见之行事的功能。这样才能既不偏离传统以来儒者所自许之使命，又能奠定将来可长可久的发展。如此一来，也可呼应劳思光要使中国哲学成为"活的哲学"之用心。劳氏指出："我们要使中国哲学成为'活的哲学'，则须一面使它在学院研究中有新的明确立足点，另一面使它在文化生活中能发挥与客观实际相应的功能。"② 从这个目标出发，聚焦于现代新儒学从牟宗三到刘述先的理论发展，实恰得其分。除了基于两者分别在第二代和第三代新儒家中的代表地位以及传承关系，更重要的理由是：此内在理论发展，不但符合儒学继续强化其学术理论深度与广度的方向，亦能通过适当的转接，与人们日常生活建立起直接联系，恢复往日见之行事的功能。

就牟刘彼此之传承关系而言，我们可以举"儒学、文化、宗教与比较哲学的探索——贺刘述先教授七秩寿庆"学术研讨会为例。这是一个汇集目前有关刘述先理论最新研究成果的学术盛会。③ 在会议后出版的论文集中，

---

① 余英时：《现代儒学论》，序，页Ⅵ。
② 劳思光：《虚境与希望》（香港：香港中文大学出版社，2003年），页13。
③ 李明辉、叶海烟、郑宗义合编：《儒学、文化与宗教：刘述先先生七秩寿庆论文集》（台北：台湾学生书局，2006年）。

学者一致同意其对新儒学有开拓之功。若要深入探讨此"功"之确义,笔者以为,正须将其与牟宗三之思想对照来看,才能真正得其环中。这不是否定其他哲学家对刘述先的影响,方东美帮助其文化哲学架构之形成,卡西尔(Ernest Cassirer)"功能的统一性"(functional unity)概念是其从事理一分殊新释的重要指引,而美国宗教哲学家田立克(Paul Tillich)与威曼(Henry Nelson Wieman;亦为刘述先的博士论文指导教授),更是他发挥儒家内在超越之宗教性的重要思想资源。以上哲学家对刘述先的思想都起了一定的影响,这些多方面的作用也造就了刘氏开放、融通的理论特性。但形塑其后期成熟哲学见解的首要关键还是牟宗三。刘述先在许多文章中都提到牟宗三对他宋明理学研究的启蒙之功,在这方面,他指出"是循着牟先生开出的线索向前迸发"①,"继承、发展了牟先生的统绪"②。而宋明理学,尤其是对理一分殊的诠释,正是刘述先思想架构之骨干。因此他才自承是"接着牟先生讲,不是照着牟先生讲,于是出现了不同的架局"③。既然是接着牟宗三讲,可见刘述先思想之酝酿与发展正是以牟宗三为主要参照系。所以他说:"当我转到中国哲学内部以后,那就是牟先生对我的影响最大了。"④这种倾向在近几年更日益强化,最明显的莫过于近年来,刘述先开始着手儒家哲学的典范重构与诠释工作,正是以牟宗三作为论述之焦点。刘氏指出:

> 我们必须对牟先生做出双重评价。由儒家内部的观点看,牟先生对儒家由主体的心性通往生生不已的天道之体证真可谓鞭辟入里,举世无出其右者,此不待言。但为宗教和谐共处交流互济的目的,则牟先

---

① 刘述先:《方东美哲学与当代新儒家思想互动可能性之探究》,《现代新儒学之省察论集》(台北:"中研院"文哲研究所,2004年),页244。
② 刘述先:《理一分殊与文化重建——刘述先教授访谈录》,《现代新儒学之省察论集》,页285。
③ 刘述先:《方东美哲学与当代新儒家思想互动可能性之探究》,《现代新儒学之省察论集》,页249。
④ 刘述先:《理一分殊与文化重建——刘述先教授访谈录》,《现代新儒学之省察论集》,页284。

生那种近乎排他主义的表述必须加以重构，才可望进入一个新的阶段，而这正是下一代新儒家的重大任务。正因为如此我才说，对于儒学的探究，我们绝不能绕过牟宗三，而必须超越牟宗三。近年来我曾努力尝试赋予"理一分殊"以创造性的诠释，正是为了这个原因。①

在这段引文中，刘述先认为就儒家立场而言，牟宗三之成就难出其右；但新儒家要与其他宗教进行对等而有益的交流，就须调整牟氏偏向从儒家本位出发的表述，才能与其他宗教和谐共处、交流互济。他自己对"理一分殊"之创造性的诠释，正是以此为目的。可见刘述先的当务之急，是要进一步调整与补充牟宗三的理论，着手于后牟宗三时代儒家哲学的典范重构与诠释。如此一来，从刘述先对牟宗三的调整发展中，不但最能看出其理论用心与成就，也可借由他对牟宗三面对的理论问题之探讨，思考儒学未来可能发展之道。职是之故，在理解与研究刘述先思想之际，需扣紧其与牟宗三理论之关联，甚至可以说，若不了解牟宗三的理论，也就不能真正了解刘述先思想的特点、贡献与重要性之所在。如此一来，对两者继承与发展关系的详细论析，不仅对于刘述先思想之研究至关重要，基于牟宗三在现代新儒学中的地位与理论成就，也可算是进行新儒学在后牟宗三时代之未来走向的重要思索。

在理论发展上，一方面，刘述先对理一分殊的新释致力于儒学走向日用常行化。就道德实践来看，调整牟宗三的良知坎陷说，将坎陷也应用在道德实践上，追求的是从圣贤工夫到基本操守之广义的道德实践，要和现代的人伦日用再度衔接起来，在文化生活中真正发挥与客观实际相应的功能。另一方面，广义的道德实践也可以应用在对内圣外王与朱子的评价上。牟宗三所谓新外王的内涵是民主与科学，刘述先则将外王延伸至商业、学术乃至艺术上，以合乎民主社会专业分工、地位平等的间架。由广义的道德实践来看，朱子的道问学工夫也必须与象山的尊德性进路并重，这可提醒我们对人

---

① 刘述先：《全球意识觉醒下儒家哲学的典范重构与诠释》，《鹅湖》，第385期（2007年8月），页15—25。

的有限性必须有所警觉。此外，对普遍人性之肯认，除了牟宗三"实践的印证"，还需辅之以刘述先参与全球伦理（global ethic）诉诸之"共识的印证"，才能真正处理儒家道德心性的落实问题。

最后，宋儒理一分殊的论点，还可在吸纳牟宗三理论与刘述先新释的基础上，再接续发展为一种哲学解释架构。如此则能突破现有的观点与视角，提出更具解释效力的论述。笔者即尝试就如何顺成朱子所谓"去两短、合两长"，以及内圣外王双向互动之两行，作为这种哲学解释架构应用的实例。并于结论中说明，此哲学解释架构如何作为调和有限性与无限性的第三种理论进路。

接下来，本文先要探讨作为牟宗三思想特征的"逆觉体证"工夫，接着说明刘述先对"理一分殊"之新释，最后再分析理一分殊发展为哲学解释架构之内涵。

第二节 "逆觉体证"释义

一、"逆觉体证"：体证、朗现与顿悟

"逆觉体证"一语是牟宗三在界定儒家工夫论特色时所用。他将宋明儒学划分为三系，依序为五峰、蕺山系（此系乃承濂溪、横渠、明道而开出者），象山、阳明系，以及伊川、朱子系。并将前两系判为纵贯系统，伊川、朱子系则为横摄系统。五峰、蕺山系之工夫特色是客观地讲性体，以中庸易传为主，主观地讲心体，以论孟为主，特提出"以心着性"义以明心性所以为一之实以及一本圆教所以为圆之实；象山、阳明系则不顺"由中庸易传回归于论孟"之路走，而是以论孟摄易庸而以论孟为主，此系只是一心之朗现，一心之申展，一心之遍润。纵贯系统中两系的工夫皆以"逆觉体证"为主，而有别于伊川、朱子系"格物致知"的"顺取之路"。①

---

① 牟宗三：《心体与性体（一）》（台北：正中书局，1968年），页49。

牟宗三提出"逆觉体证"的理由在于，儒家既肯定本心乃吾人本有之"良知良能"，"求则得之，舍则失之"，那么工夫重点正在孟子所谓"汤武反之"与"反身而诚"处，此"反"即是逆觉的方式。此"逆觉"又分为两种：

> ［孟子］此种"逆觉"工夫，吾名之曰"内在的体证"。"逆觉"即反而觉识之、体证之之义。体证亦函肯认义。言反而觉识此本心，体证而肯认之，以为体也。"内在的体证"者，言即就现实生活中良心发见处直下体认而肯认之以为体之谓也。不必隔绝现实生活，单在静中闭关以求之。此所谓"当下即是"是也。李延平之静坐以观喜怒哀乐未发前大本气象为何，此亦是逆觉也。但此逆觉，吾名曰"超越的体证"。"超越"者闭关（"先王以至日闭关"之闭关）静坐之谓也。此则须与现实生活暂隔一下。隔即超越，不隔即内在。此两者同是逆觉工夫，亦可曰逆觉之两型态。"逆"者反也，复也。不溺于流，不顺利欲扰攘而滚下去即为"逆"。①

"内在体证"是当人在物欲之流中露出一不安之感时，对此不安之感的肯认；"超越体证"则为人在无声无臭独知时，对不偏不倚之平和状态的默识。作为本心之道德意识，其出现是不能刻意为之的，有觉与否，非人力所能强。唯有不断在这道德意识或精神状态萌蘖之际予以默识、强调及肯认，才能使其出现的次数与频率增加，范围亦得以扩大。此即孟子所谓"扩充此心"之义。进而言之，本心之呈现是离不开道德实践的。能将道德意识落实在行为中，本心、仁心才由抽象的普遍而至具体的真实，成就在个体中表现天理的具体的普遍之境界。

要注意的是，由逆觉而对道德意识之肯认与强调的所谓"体证"只是一关，能由"体证"而至"朗现"，亦即在动心起念、言行举止中无不顺乎此道德意识，自然而毫无勉强地做成道德行为，才是本心呈现的完整过程。牟宗

---

① 牟宗三：《心体与性体（二）》（台北：正中书局，1968年），页476—477。

三指出从"体证"到"朗现"也必须不落于思虑与迂回,它是一种"该行则行"的"顿行"。其中并无任何回护、曲折与顾虑。一落回护、曲折与顾虑,便丧失其道德之纯。必须是直下觉到本心之不容已,便发之于动机与行为,其中并无一步一步觉到的所谓渐之过程,此即为顿悟以成行。牟氏强调此顿悟实涵盖三个层面:"1. 一觉到是本心之不容已,便毫无隐曲地让其不容已;2. 本心之纯,是一纯全纯,并不是一点一点地让它纯;3. 本心只是一本心,并不是慢慢集成一个本心。合此三层而观之,便是'顿悟'之义。"①

二、"逆觉体证"作为"智的直觉"

牟宗三进而指出,逆觉体证时呈现的性体或本心,实兼具道德与存在本源之双重角色。因为本心、仁体、良知或性体不但是道德行为底超越根据,又不为道德界所限,而是涵盖乾坤,为一切存在之源。不但吾人之道德行为由它而来,即一草一木,一切存在,亦皆系属于它而为它所统摄。那性体或本心何以能同时扮演道德行为与一切存在之根源的角色呢?牟氏提出的理由是,这可以由性体或本心之定义,亦即作为道德上自律自发无条件的定然命令之自由意志来看。性体或本心能同时扮演道德行为与一切存在之源,正是由其作为"发此无条件的定然命令者"而分析地导出。他首先的工作是确立性体或本心之无限性。牟宗三指出,若性体或本心是有限的或受制约的,"则其发布命令不能不受制约,因而无条件的定然命令便不可能"。而且由于这种有限性,本心、仁体之感通原则上即受限,不但与仁体感通无封限之定义相抵触,性体也成为"类概念"或"定义之性",但这皆与性体之定义有所违背,可见由无条件的定然命令以说本心、仁体或性体时,此本心、仁体或性体本质上就是无限的。② 其次,牟宗三基于本心、仁体或性体的无限性,进一步指出其不仅属于道德界之范畴,更涉及存在界而为其根据。因为

---

① 牟宗三:《心体与性体(二)》,页239—240。
② 牟宗三:《智的直觉与中国哲学》(台北:台湾商务印书馆,1993年),页190—192。

当我们就无条件的定然命令而说意志为自由自律时，就表示这自由意志只能为因，而不能为果；只能制约别的，而不能为别的所制约。这表示自由意志与宇宙论上作为第一因的上帝性质相同，两者皆为绝对而无限。但天地间不能有两个绝对而无限的实体，如此一来：

> 当吾人由无条件的定然命令说本心，仁体，性体，或自由意志时，这无条件的定然命令便证成发此命令者之为绝对而无限。如是，或者有上帝，此本心仁体或性体或自由意志必与之为同一，或者只此本心，仁体，性体，或自由意志即上帝：总之，只有一实体，并无两实体。康德于自由意志外，还肯认有一绝对存在曰上帝，而两者又不能为同一，便是不透之论。如果两者真不能为同一，则自由意志必委屈而处于自我否定之境，必不能在其自身而自体挺立者。由此做论据，亦可证发布无条件的定然命令者必必然地（分析地）即为绝对而无限者，绝不能有丝毫之曲折与委屈。康德只讲一个作为设准的自由意志，于此并不透彻。而儒者讲本心，仁体，性体，则于此十分透彻。如是，本心仁体或性体虽特彰显于人类，而其本身不为人类所限，虽特彰显于道德之极成，而不限于道德界，而必涉及存在界而为其体，自为必然之归结。①

此段大意在于，无条件的定然命令在道德上要站得住脚，必须发此命令者也是只为因，不能为果之无条件者，这就将自由意志与宇宙论上第一因的上帝建立起联系。但由于无限者在数量上只能为一而非二，因此上帝与自由意志必须是一而二、二而一者，遂而本心、仁体或性体不只在道德上为无限，并为一切存在之根源，由此可见其兼具道德与存在本源之双重角色。

就牟宗三而言，张载所谓心知廓之、诚明之知、天德良知实乃德性之知的不同表述，他并点出此即根据孟子所谓本心而说，德性之知即是本心、仁体之圆照与遍润，在此圆照与遍润之中：

---

① 牟宗三：《智的直觉与中国哲学》，页192—193。

> 万物不以认知的对象之姿态出现,乃是以"自在物"之姿态出现。既是自在物(e-ject),即非一对象(ob-ject)。……而圆照之明澈则如其为一自在物而明澈之,即朗现其为一"物之在其自己"者,此即物自体,而非经由概念以思经由感触直觉以知所思所知之现象;而且其照点之即创生之,此即康德所谓"其自身就能给出这杂多","其自身就能给出其对象(实非对象)之存在"。①

依上述,可见牟宗三正是以康德所谓"智的直觉"之角色与地位来看逆觉体证,当本心、仁体自知自证其自己时,不但视本身为"在其自己"者而知之证之,"即连同其所生发之道德行为以及其所妙运而觉润之一切存在而一起知之证之,亦如其为一'在其自己'者而知之证之,此即是智的直觉之创生性,此即是康德所谓'其自身就能给出它的对象(实非对象)之存在'之直觉"②。至于智的直觉之创生性,可分三个层面说明其特性:

首先,智的直觉是本心、仁体的明觉活动。在此活动中,"自知自证其自己,如其为一'在其自己'者而知之证之,此在中国以前即名曰逆觉体证。此种逆觉即是智的直觉"③。由于这种明觉活动是以自己为对象而自证自己为一物自体,能所皆是此本心、仁体自己,遂无主客、能所之对待关系。明觉活动之反觉其自己即消融于其自己而只为一"体"之朗现,故此逆觉体证实非能所关系,而只是本心、仁体自己之具体呈现。其所知、所证者只是自己,而非本身之外的对象。逆觉是本心、仁体自身的活动,在此活动中自觉自己正在活动、在呈现。逆觉只是本心、仁体(这主体)之明觉活动之自知自证,故只是判断它自己,即其自己之具体呈现。此种逆觉是根据本心、仁体随时在跃动在呈现而说,而且,"愈这样逆觉体证,本心仁体之自体即愈是具体的呈现,因而亦愈有力"④。可见智的直觉是一种指向活动的活动,是

---

① 牟宗三:《智的直觉与中国哲学》,页186—189。
② 牟宗三:《智的直觉与中国哲学》,页196。
③ 牟宗三:《智的直觉与中国哲学》,页196。
④ 牟宗三:《智的直觉与中国哲学》,页196—197。

一种在活动中同时自觉其在活动的活动，故名之曰"逆觉"。

其次，儒学强调的是知行合一，不但要激发人的道德意识，更要使人在行为中落实此道德意识。上述所谓"有力"，即有力发为道德行为。此即本心、仁体连同其定然命令之不断地表现为德行，即引生道德行为之纯亦不已，孟子所谓"沛然莫之能御"，如见父"自然知孝"即其本心、仁体之明觉自然地知道当孝，即自然地发布一"当孝"之命令（此即所谓理，法则），性体不容已地发布命令，亦不容已地见诸行事，不是空悬的一个命令。"此即孟子所谓良知良能，亦即本心仁体之创造性。王阳明言'知之真切笃实处即是行，行之明觉精察处即是知'。"① 一切德行由性体之明觉而发，此亦可说"主体中之杂多即为自我之活动所给与"。以上是就本心、仁体之创造性顺说，是纵贯地说，承体起用地说；亦可就智的直觉之逆觉反说，这是横说，是就智的直觉之认知说。当本心、仁体发布命令时，若同时"反照"其自身在不容已地发布命令，不容已地见诸行事，此即是逆觉或智的直觉。之所以要有此横说，"为的是要表明此本心仁体之创造不只是理论的，形式的意义，乃是可以直觉而认知之的，亦即是可以具体呈现的具体而真实的创造"②。当我们依本心、仁体之不容已的命令行事同时又自觉自己在依其命令行事时，就是在逆觉此不容已之命令与行事。在此，这反说的逆觉就等于那顺说的本心、仁体之道德创造活动。顺说的本心、仁体之创造是不假思索，自然而然地成就道德行为；就直觉的德性之知反说则是在自觉到本心的道德命令后，将它落实于行为中。前者是尧舜性之；后者是汤武反之。

再次，本心、仁体"不但特显于道德行为，它亦遍润一切存在而为其体。前者是它的道德实践的意义，后者是它的存有论的意义；前者是它的道德创造，引生道德行为之'纯亦不已'，孟子所谓'沛然莫之能御'，后者是它的生物不测，引发宇宙之秩序，易传所谓'以言乎远，则不御'。总之，它是个创造原则"③。本心、仁体之所以能成就宇宙生化，是由仁心感通之无

---

① 牟宗三：《智的直觉与中国哲学》，页197。
② 牟宗三：《智的直觉与中国哲学》，页198。
③ 牟宗三：《智的直觉与中国哲学》，页199。

外而说的。就此感通之无外说，一切存在皆在此感润中而生化，而有其存在。仁心的感通无外就是仁心之觉润无方，即为智的直觉，本身即给出它的对象之存在。在这种智的直觉中，一切存在都是"在其自己"之自在自得物，所谓万物静观皆自得，都不是一现象的对象。"同一物，对智的直觉说，它是一物之在其自己（物自体），此即康德所说'物自体'一词的积极意义（唯彼不取此意义而已），对感触的直觉与辩解的知性说，它是现象，因而也就是一对象。智的直觉直觉地认知之，同时即实现之，此并无通常认知的意义，此毋宁只着重其创生义。"[1]所以同一现象，在德性之知与经验知识中有不同的样貌。在前者是呈现其物自体，在后者是展露出经验内容与特性。也就是说，一切事物，经由此智的直觉而呈现出其物自体，也可说是实现了其物自体，因此有了真实的存在。在此意义上，说一切存在皆在此感润中而生化，而有其存在。由此可知，智的直觉不是任何一种知识，亦无法增加我们的知识。

职是之故，逆觉体证作为智的直觉，乃通道德界与存在界而一之的体证。或说是由道德意识与实践通往终极实在的方法。在儒学中，形上学与道德哲学是分不开的，反之亦然。甚至可以说形上学与道德哲学根本是一体的两面。

第三节　理一分殊新释

一、"理一分殊"之沿革

"理一分殊"此概念乃肇始于程伊川。杨时曾质疑张载在《西铭》中所谓"民吾同胞，物吾与也"的说法，可能与墨子"兼爱"同样具有不分亲疏远近的流弊。伊川在为张载辩护时表示：

---

[1]　牟宗三：《智的直觉与中国哲学》，页200。

> 西铭明理一而分殊，墨氏则二本而无分。分殊之弊，私胜而失仁；无分之罪，兼爱而无义。分立而推理一，以止私胜之流，仁之方也；无别而迷兼爱，至于无父之极，义之贼也。①

依照伊川原来的论述脉络，"理一分殊"本为伦理规范概念，乃用于辨明儒家"爱有等差"与墨家"兼爱"之同异问题。儒家理论特色为"理一分殊"，以仁心（理一）为普遍原则，但针对不同角色与身份（如父子、朋友），就须体现为各种不同的具体规范（分殊）。墨家则是"二本无分"。人之生本于父母，此乃"一本"，故儒家主张对父母之爱优先于其他关系如邻人、朋友之爱。墨子提倡无差别的爱，实忽略了父母之爱的首要性，而将其他关系置于与父母之爱相同的基础地位，此之谓"二本"。未将亲子关系与其他关系做出适当区分，于是也未能明辨不同关系有不同理分或责任，此之谓"无分"。这样就沦于"兼爱而无义"。陈荣捷解"分"字如"职分之分，非分别之分"②，正可凸显此意。但人也不能仅只着眼于"分殊"，执着于亲子的私人关系，而流于"私胜而失仁"；仍须意识到"分立而推理一"，亦即虽然须区分亲疏远近，但出于仁心之要求，我们对其他关系人亦须具备不同形式的爱，担负不同的责任，才可"止私胜之流"。伊川对"理一分殊"概念之运用，实一语道破儒墨两家对伦理规范的理论差异。

至于宋儒中就理一分殊概念做最多发挥的则是朱子。朱子不但继承伊川对理一分殊的伦理解释，并在其师李侗（延平）的启发下，将此概念扩展到形上学与工夫论的领域。就形上学而言，朱子指出：

> 西铭大纲是理一而分自尔殊，然有二说。自天地言之其中自固有分别，自万物观之，其中亦自有分别。不可认是一理了，只滚作一看，这里各自有等级差别。③

---

① 《二程集》，《河南程氏文集》，卷9，答杨时论西铭书。
② 陈荣捷：《朱熹》（台北：东大图书公司，1990年），页63。
③ 《语类》，卷98。

在此朱子强调的是同以理一为存在根据的分殊之理彼此之差异性。在此，这分殊之理指的是事物的经验性质或特性。故屋之有厅有堂，草木之有桃有李，乃至人之有张三、李四，都是一个道理。此处之道理乃是"存在之然之所以然"的理一之理或太极；但在此存在之理之下，事物作为分殊也有本身之特性，这也是一种理，只不过是经验的性质、禀赋，或科学性的物理。

要注意的是，既然朱子提到理一分殊有二说，在指出事物经验性质的差异之外，也补充说明了理一与分殊存在之理的同质性。朱子云：

> 万一各正，小大有定，言万个是一个，一个是万个。盖统体是一太极，然又一物各具一太极。①
> 万物各具一理，万理同出一源。②

分殊层面的万物之性、万物之理，乃具体个别事物所据以存在之理，皆与理一或太极没有质差。任一事物，都只以这同一个理或太极为根据。差异是出现在由于此理而得以存在的事相上，而非此理自身上。牟宗三指出："此理实无多理，只是此整全之一之理也。又因存在之然有相（有彼此之差别）而权说为彼理此理，而实则整全之一之理无相，不可以分割而为定多而谓实有此理彼理之别也。"③我们还可以参考朱子"江中之月"的比喻，他说：

> 本只是一太极，而万物各有禀受，又自各全自一太极尔，如月在天，只一而已，及散在江湖，则随处可见，不可谓月已分也。④

以上说法不仅意在阐释原本的月亮并无任何增减与改变，也要说明天

---

① 《语类》，卷94。
② 《语类》，卷1。
③ 牟宗三：《心体与性体（三）》（台北：正中书局，1969年），页505。
④ 《语类》，卷94。

上之月与江湖之月虽有实物与倒影之分，却是同一个月亮的不同呈现。天上之月犹如理一，理一映现于江湖之水（气）中即成江湖之月（分殊）。从理一自身与理气交融两种不同角度来看，才有理一与分殊之分，但所涉及之理，实乃同一个理。故所谓"统体是一太极，然又一物各具一太极"。牟宗三对此的诠释是："此理只是一理，一太极，一个绝对普遍的、存有论的纯一的极至之理。所谓百理、万理实只是一极至之理对应各别的存在之然而显见（界划出）为多相，实并无定多之理也。存在之然是多，而超越的所以然则是一。太极涵万理实只是对存在之然显现为多相再收摄回来而权言耳。"①太极其实就是理，从太极作为不同个别事物之存在根据来看，则为分殊之理；单说太极则指涉所有事物之所以存在的所以然之理自身。从形上学来看，理一分殊正是朱子用来解释太极或理一与分殊事物关系之纲要。

就工夫论而言，朱子以理一分殊说明积累贯通的境界，用意在兼容伊川"脱然贯通"说与延平"理一分殊"说。伊川认为一事穷不得，可别穷一事，积习既多，自可脱然贯通：

> 须是今日格一件，明日又格一件，积习既多，然后脱然自有贯通处。②
> 穷理，如一事上穷不得，且别穷一事。或先其易者，或先其难者，各随人深浅。如千蹊万径，皆可适国。③

然而延平的看法是：须在一事上融释脱落后，才可再穷一事。延平指出：

> 凡遇一事即当就此事反复推寻以求其理，待此一事融释脱落，然后

---

① 牟宗三：《心体与性体（一）》，页90。
② 《二程全书》，遗书第十八，伊川先生语四。
③ 《二程全书》，遗书第十五，伊川先生语一。

循序有进而别穷一事,如此既久,积累之多,胸中自然有洒落处。①

至于朱子,他曾如此评论二者之说:

> 仁甫问伊川说若一事穷不得,且须别穷一事,与延平之说如何?
> 曰:这自有一项难穷的事,如造化礼乐度数等事,是卒急难晓,只得且放住。……延平说是穷理之要,若平常遇事,这一件理会未透,又理会第二件,第二件理会未得又理会第三件,恁地终身不长进。②

朱子调和两者矛盾的方式是:以延平所说为穷理之基本原则,伊川则是针对特例而论。像是造化礼乐度数等需要经验与人生历练累积的部分,无法操之过急。在此基础上,朱子才进一步提出自己的积累贯通说。首先,秉持延平重视在分殊上洒然冰解冻释的工夫入路,朱子反对"学问只用穷究一个大处,则其他皆通"③的只格一件之说法,而主张多格分殊处之理。所以才说"圣人未尝言理一,多只言分殊,盖能于分殊中事事物物头头项项理会得其当然,然后方知理本一贯。不知万殊各有一理而徒理理一,不知理一在何处"④。不过在伊川的影响下,朱子也非要求穷尽、格尽天下之物才行,而是要人在"今日格一件,明日格一件"渐渐积累的基础上,达到贯通的境界。所谓"物有多少,亦如何穷得尽?但到那贯通处,则才拈来便晓得,是为尽也"⑤,"只是才遇一事,即就一事究其理,少间多了,自然会贯通"⑥。从以上说明可知,朱子提出理一分殊作为其形上学与工夫论之纲要,不外是要说明理与气、一元与多元、超越与经验、顿教与渐教须并重而不可偏废之要旨。

---

① 《朱子文集》,卷97,延平行状。
② 《语类》,卷18。
③ 《语类》,卷18。
④ 《语类》,卷27。
⑤ 《语类》,卷60。
⑥ 《语类》,卷18。

二、"理一分殊"之新释

(一) 两行之理再探

依上述,朱子以理一分殊作为其形上学与工夫论之纲要,是要在理与气、超越与经验、顿教与渐教的二元对立中寻求平衡并重之道。刘述先则扩充此平衡并重论述之范围,也应用到有限与无限、现实与理想、一元与多元、超越与内在的关系中。他并改造庄子《齐物论》中的"两行"之论,继续发挥这种思路:

> "理一"与"分殊"才是两行,兼顾到两行,这才合乎道的流行的妙谛。从天道的观点看,一定要超越相对的是非,道通为一,这是"理一"的角度。但道既流行而产生万物,我们也不能抹煞"分殊"的角度,如此燕雀有燕雀之道,无须去羡慕大鹏。既独化(分殊)而玄冥(理一),这才真正能够体现两行之理。①

庄子所谓"两行"乃是非二相对层次之事,而与道为一之境界就是要超越此是非相对二相。刘述先对此的创造性转换是:将与道等同之"理一"和经验相对之"分殊"视为"两行",不是只体证了"理一"就是见道,必须兼顾"理一"与"分殊"才真是体现"两行"之理。

就有限与无限、理想与现实、超越与内在的两行关系而言,这也是一种"回环"的进路(roundabout approach)。刘述先认为新儒家主张的必是一种从超越到内在,也从内在到超越的回环道路。"意识不断超升,而后推己及人,向往至善的境界。小宇宙与大宇宙之间取得和谐,所谓天人合一,故儒家所追求的是一种宽广的上同于天、扎根于地、恪守中庸之道的人文主义。"② 在

---

① 刘述先:《"理一分殊"的现代解释》,《理想与现实的纠结》(台北:台湾学生书局,1993年),页186—187。
② 刘述先:《作为世界哲学的儒学:对于波士顿儒家的回应》,《现代新儒学之省察论集》,页26。

讨论两行之理处,他提到超越与内在的两行兼顾也是一种回环:

> 我们可以看到超越与内在的两回环的作用。人困在眼前的现实之中,是难以安身立命的。……我们的终极托付只能在"道"的层面,不能在器的层面。只有找到值得我们追求的终极关怀,我们的精神才能安顿下来,找到自己的安身立命之所。
>
> 但光只顾超越而不顾内在,则不免有体而无用……而超越的理想要具体落实,就不能不经历一个"坎陷"的历程,由无限的向往回归到当下的肯定。而良知的坎陷乃不能不与见闻发生本质的关连。超越与内在的两行兼顾,使我有双重的认同:我既认同于超越的道,也认同于当下的我。我是有限的,道是无限的。道的创造结穴于我,而我的创造使我复归于道的无穷。是在超越到内在、内在到超越的回环之中,我找到了自己真正的安身立命之所。①

由这段说明来看,超越与内在、有限与无限、道与器,乃至理想与现实的两回环,其实就是理一与分殊之两行,所以接着就可讨论刘述先对理一分殊的新释。

(二)"理一"与"分殊"之现代诠释

当代新儒家诠释儒学传统之基本精神是——从个人的道德实践体现出天人合一之境界,使有限通于无限。就儒者而言,当人于仁心呈现时,能不断地化除形气之偏而顺应此心之要求去做,此时吾人之性即是天之性,有限之人成为生生之天道的具体表现,此即牟宗三所谓"此时天全部内在化,吾之性体即是天,天地亦不能违背此性体。此时天与人不但拉近,而且根本是同一,同一于性体"②。然而刘述先指出,儒者从未在政治或道德领域内真正获得相应此理境之成绩,就政治而言,政治化的儒家往往成为朝廷意识形态

---

① 刘述先:《两行之理与安身立命》,《理想与现实的纠结》,页238—239。
② 牟宗三:《心体与性体(一)》,页527。

的守护者；在道德领域，三纲五常等伦理规范尽管曾发挥稳定社会之作用，但后来渐成为吃人的礼教，无法因应时代要求，其普遍性早已不攻自破。①这些现象不啻表明：在理论上，儒者提供给我们一个高超美妙之理想；但实际上，这理想从未达到。于是传统思想在外来强势文化之步步进逼下，不得不相形见绌而节节败退。

儒家理想应用在现实上的曲折，形成刘述先对"理一分殊"再诠释的背景。依牟宗三之诠释，本心之呈现与其落实于行为皆属"理一"之范围，故在此说"天与人不但拉近，而且根本是同一"；"分殊"则是经验事相之领域，举凡人之认知活动、习心习性、感官肉欲皆属此类。刘述先则将"分殊"的范围扩大，把包括良知呈现的一切价值创造行为也纳入其中，而将牟宗三良知坎陷说扩大成为一个普遍性的概念：

> 任何价值的具体实现必是限定的，也就是坎陷的结果。超越的"理一"是无可名状的，故"道可道，非常道"，《老子》的说法也通于儒家的义理。但"分殊"则必限定，也就不能不是坎陷的结果。如此有限虽通于无限，但并不等同于无限；反过来无限既表现于有限，就呈现相对性，不再具备绝对性。②

刘述先在此要表达的要旨是"有限虽通于无限，但并不等同于无限"。任何价值的具体实现，也只是仁心在某人于某个时空限定下之表现，此固然是合乎天道之表现，但仍不具无限性。他认为程子所说的尧舜事业如一点浮云过太空正是此意：

> 故程子曰，尧舜事业如一点浮云过太空。这不是说尧舜事业不重要，而是说即使丰功伟业如尧舜依然是有限性的。我们不可把重点放

---

① 刘述先：《论儒家理想与中国现实的互动关系》，《理想与现实的纠结》，页111—121。
② 刘述先：《论中国人的价值观在现代的重建》，《理想与现实的纠结》，页99。

在迹上，而要把我们的终极托付放在道的创造性本身上面。天道是无限的，生生不已的，但具体落实到人，人的创造是有限的，受外在条件约制，有没有巨大的成就不是我们自己可以决定的。我们只有尽量努力发挥自己的创造力，其余乃只能委之于命。①

田立克曾强调终极托付的对象应该是无条件的绝对者，如此一来，世间有限的东西如金钱、国家、民族等都不足以作为终极托付的对象。刘述先发挥了田立克这个看法，提出只有理一，亦即道的创造性本身才是终极托付的对象。因为既然人之表现都是有限的，就不足以作为终极托付的对象。是以即使是个人良知呈现以从事道德实践，也不足以成为"理一"。儒家思想之所以在现实上未发挥预期的作用，正在于把某个时代或个人之价值实现（如三纲五常）等同于无限而不可改易之仁心的表现，这是错将"分殊"视为"理一"。

由此看来，"理一"最好只是一终极关怀之确立。至于此作为终极托付的"理一"之意蕴，可分两方面来表述：

首先，"无形的理一是指导我们行为的超越规约原则，而我们所要成就的也不是一种实质的统一性，而是卡西勒所谓的'功能的统一性'"②。可见理一是一种规约原则（regulative principle），其规约性在于作为我们向往与终极托付的目标：

> "理一"是非言意境的领域，道体不是可以用任何语言加以表达的，点到即可，只有默而识之，在我们自己的生命之中发生作用。在现实世界中，我们是文化的载体，"理一"只能理解为由康德到卡西勒这一条线索所理解的"规约原则"（regulative principle）。它不是系统内的"构成原则"（constitutive principle），故不是知识的内容，不能加以证明，却

---

① 刘述先：《两行之理与安身立命》，《理想与现实的纠结》，页233。
② 刘述先：《两行之理与安身立命》，《理想与现实的纠结》，页237。

是我们在追求任何知识时不得不当作"基设"（postulate）的原则。①

其次，理一正是生生之仁或良知。而良知"可以解作所谓'理智的深层'（depth of reason），智力乃是它发用的一个层面。正如王阳明所说的：'良知不杂于见闻，而也不离于见闻。'见闻相当于今日我们所谓的经验之知，良知却是自家本心本性的体现。良知的发用当然离不开经验知识，但它仍是与经验知识不同层次的体悟"②。而且理一不只是哈贝马斯所谓"沟通理性"（communicative reason），一种论议所预设的形式原则，而具有更丰富的内容：

> 我们必须改造传统理性的观念，希腊那种超越永恒的理性观念是过时了。但理性不能只是论议所预设的形式原则而已，它必有一些实质内容，虽然我们不能给它一个简单的定义。譬如说，仁义是它的外显的表征，各代仁义的表征不同，但仍有一贯的线索把它们贯串在一起，中国人由理一分殊的方式的确肯定了一些比哈伯玛斯和阿培尔更多的东西。有关这一类的问题还需要我们做进一步的探索。③

可以说，刘述先肯定理一必有实质内容，而这实质内容为何，除了作为终极寄托，充当功能统一性的规约原则，就是作为生生之仁与良知。道德意识、价值规范（仁义）与经验知识都是它发用的不同层面，至于其更具体丰富的意义，还需要我们做进一步的探索。

如此一来，"理一分殊新释"之大要是："理一"（生、仁、理）一定要在有限之"分殊"（个人的创造行为）才能具体实现而非凭空之抽象；但一在"分殊"中表现，就不再是无限之"理一"，两者间构成一种辩证关系：

---

① 刘述先：《全球意识觉醒下儒家哲学的典范重构与诠释》，《鹅湖》，第385期（2007年8月）页23。
② 刘述先：《"理一分殊"的现代解释》，《理想与现实的纠结》，页175。
③ 刘述先：《"理一分殊"的现代解释》，《理想与现实的纠结》，页182—183。

"至诚无息"是可以向往而不可以企及的超越境界（理一），要具体实现就必须通过致曲的过程（分殊）。生生不已的天道要表现它的创造的力量，就必须具现在特殊的材质以内而有它的局限性。未来的创造自必须超越这样的局限性，但当下的创造性却必须通过当下的时空条件来表现。这样，有限（内在）与无限（超越）有着一种互相对立而又统一的辩证关系。①

　　这么看来，一切创造就存在于追求理想的过程中。这理想虽无法企及，却是我们安身立命之所在。就"具体的普遍"之道德实践而言，相对于牟宗三极力陈述完美与理想境界求则得之、舍则失之，刘述先则突出一种由不完美与完美、理想与现实之交融所形成的辩证关系。②

第四节　"逆觉体证"到"理一分殊新释"

一、儒学之后设思考："指引效力"与"解释效力"

　　中国哲学原以引导人生为主，重点遂而放在工夫论上。于实践过程中，更着重对自我或心灵的主宰性及超越性之领悟与体会。对此，劳思光曾指

---

① 刘述先：《"理一分殊"的现代解释》，《理想与现实的纠结》，页172。
② 此"理一分殊新释"之主旨，与英国"新黑格尔主义"（Neo-Hegelianism）者布拉德利（F. H. Bradley）对"道德"之见解实有异曲同工之妙。布拉德利认为道德本身就是一目的，而非任何其他目的之手段。而道德作为一种目的之意义为"自我实现"（self-realization）。其中所谓"自我"不仅是个别自我，而是一种"善我"（good self）、一种"善良意志"（will for good）。因此道德就是使我们由个人之感性我或低层自我向理想自我迈进的过程。这种自我实现的道德观颇能呼应儒家"尽性"之理想。尤有甚者，布拉德利强调"善我"必须在个人意志中才能实现，可是又没有人曾在或可在道德上达到完善状态，职是之故，道德就是一无限的过程，包含理想自我与现实之个别自我的矛盾，这理想使我们不能原地踏步，感受到一股超越现状之驱策力。就布拉德利而言，对于道德，理想自我是一个"应该"，一个"将然"而仍"未然"者；若将这理想自我视为"已然"或"实然"，则是宗教之事。（F. H. Bradley: *Ethical Study* [Bristol: Thoemmes, 1990].）这种对道德中理想与现实间辩证关系之强调，不乏与刘述先看法契合之处。

出:"道德哲学中这一部分成绩也代表中国哲学中最有价值的一部份,我们看未来中国哲学的发展,可以很有把握地说,这一方面的成绩稍加清理,必可成为未来世界哲学中的重要部份。"① 劳氏认为首要之务则须建构一种后设哲学(metaphilosophy)的理论,将西方哲学把一个理论之"理论效力"(theoretical power)限于"解释效力"(explanatory power)的框架予以扩充,加上"指引效力"(orientative power)的概念,则中国哲学的精要,即可作为一种指引的哲学而在世界哲学中占有一席之地。其构想是:

> 简单说,我的想法是:将"理论效力"一观念扩大,而纳入"后设哲学语言"(meta-philosophical language),重新解释哲学功能,以安顿中国哲学于世界哲学之中。
>
> 我们知道"理论效力"的观念,本来指"解释效力"(explanatory power)而言,与中国哲学的指引功用无干。但是,我们如果建构一个后设哲学语言,将"指引效力"(orientative power)作为一个新观念,与"解释效力"并列,看成理论效力的两个部分;则这样说明哲学功能后,中国哲学的精要部分,即可作为一种指引的哲学而重新发展。②

劳思光补充说,哲学研究的方向可分为两类:一是知道甚么,所研究的是寻求确定的知识;二是成为甚么。这么一来,哲学研究就可包含认知性的(cognitive)与引导性的(orientative)二个范畴。③ 可见"解释效力"即是指"知道甚么",以寻求确定知识之有效性;"指引效力"则是"成为甚么",以作为立身处世引导的有效性。劳思光此构想,实替儒学作为哲学之理论性导入一个适当的元哲学思考。若是将"指引效力"与"解释效力"并列为哲学"理论效力"之判准,则中国哲学所长适为西方哲学所短,反之亦然,双方之交流对话与截长补短也就顺理成章,中国哲学自然可以作为一种哲学

---

① 劳思光:《虚境与希望》,页21。
② 劳思光:《虚境与希望》,页20。
③ 劳思光:《虚境与希望》,页164—165。

建立起自身地位。进一步来看，这两种效力也并非毫无相关之平行线，经由将焦点放在儒学之"指引效力"上，甚至可以发现其于一些哲学论题亦可发挥"解释效力"之作用。如此一来，立足于"指引效力"而补强"解释效力"，应为现代儒学乃至整个中国哲学未来发展之方向。质言之，本书对逆觉体证与理一分殊之探讨，亦致力于此方向之尝试。

基本上，牟宗三所谓逆觉体证，是一种从传统儒学意义下的工夫论导出哲学理论之体系。这种即工夫即本体的入路造就了道德的形上学，注重的是工夫论与形上学或存有论。以工夫体证到的实体，所谓诚体、神体、性体、寂感真几、仁体、良知明觉为基础，对世界做一种价值意义的解释。两层存有论与良知坎陷说正是典型例子。工夫论本就是在建立人立身处世之寄托与准则，自然是以指引效力为主。但儒者在这种道德实践历程中，不仅对形上境界有所领会，于道德领域亦有相当的体认与理论说明，亦即，这些原本重点在指引效力的工夫历程，其心得恰好也能为一些哲学问题提供具解释效力的见解。牟宗三曾批评康德认为"人何以能感兴趣于道德法则"此问题不能被解明，是因为他以概念分解的方式对道德性质做形上解析，而非直接从道德实践中表现道德法则、从无上命令的角度看道德。① 可见牟氏甚至认为，就道德领域而言，至少有部分问题经由实践中展现的指引效力，实能提出更具有解释效力的理论说明。

从牟宗三的理论中，可以发现本心或良知明觉同时具有三种身份：实践依据、信仰依据与理论依据。实践依据是指作为吾人道德行为与判断等道德领域实践之指引。依其诠释，良知既然作为裁决衡量之自定自发法则的基础，使吾人能感兴趣于道德法则而生发道德行为之关键，也就是心性情合一之自律主体，自然具有实践依据之作用。至于本心良知使我们建立起与存在根源或无限者之联系，作为人生的寄托，让生命取得永恒的意义，则是信仰依据之事。就本体宇宙论的创生而言，本心乃即存有即活动之天道展现为人

---

① 牟宗三：《心体与性体（一）》，页148—152。牟宗三有关此问题的详细论点，亦为本书第六章第三节的内容，请参见该节"牟宗三论道德情感与道德实践：与康德之对照"部分。

之道德意识；从实现物自身的创生来看，良知明觉即是康德意义下之智的直觉，凡此皆赋予吾人既内在又超越之能力，使儒学成为即道德即宗教者，自然可充当信仰依据。① 理论依据乃是理论铺展中不可动摇之基设，牟宗三或以良知明觉作为执与无执的两层存有论之基础，直通以成道德行为之实事，曲通以成民主与科学；或将本心即理即性视为万物存在之所以然之理，既为本体宇宙论之原理，也是自律伦理学之方向伦理的枢纽，在在显示其理论依据之地位。而传统儒学本质上是工夫论，真正所提供的是实践依据与信仰依据，其主要贡献在于指引效力之提供。牟宗三的特殊成就正在于，他将作为实践与信仰依据的传统儒学之重要观念，如本心、理、性、情、命、良知、天道等，从先秦与宋明儒者之相关论述中，进行概念上的详细解析与清楚界定，展示了系统性的理论说明。因此逆觉体证之工夫论不仅凸显儒学之指引效力，也具有严谨的理论解释效力，供吾人不断发掘。可以说，自牟宗三之后，学者可以开始真正从哲学概念或理论上去了解、掌握与研究儒学。

就现代新儒学的理论开展而言，刘述先认为，牟宗三、唐君毅、徐复观等第二代新儒家之学问更着力于"传统的护卫"之上，而第三代如他与杜维明、余英时等学者更用心于"传统的转化"之上，更关注传统与现代接通的大问题。② 正因如此，其对理一分殊的新释之着重点是：为了保留儒学的指引效力，凸显牟宗三理论中的优点，同时也体认到其中的局限。逆觉体证可以建立一套终极托付的为己之学，同时也可能有过于强调正统意识以及道皆在于是之流弊，于是在此基础上做出一些调整，思以在解释效力上有所增益。

基本上，刘述先肯定牟宗三凸显儒家既内在又超越的思想特性，以及将逆觉体证视为儒家工夫论核心的说法。但相对于牟宗三强调天人之不二，他则提醒儒家也要留意天人之差距，原因在于：

---

① 有关"本体宇宙论的创生"与"实现物自身的创生"之区分及其说明，请参见本书第一章第三节。

② 刘述先：《对于当代新儒家的超越内省》，《当代中国哲学论：问题篇》（新泽西：八方文化企业公司，1996年），页26—27。

> 孟子既说形色天性,又说尽心、知性、知天,可见通过践形、知性一类的途径,就可以上达于天。这是典型的中国式的内在的超越的思想,无须离开日用常行去找宗教信仰的安慰。但有限之通于无限不可以滑转成为了取消有限无限之间的差距。儒家思想中命的观念正是凸出了生命的有限性,具体的生命之中常常有太多的无奈不是人力所可以转移的。①

刘述先认同孟子反身而诚的内在超越思想,而孟子学正是牟宗三逆觉体证工夫论之主要依据。但前者力主有限之通于无限不可以滑转成为取消有限无限之间的差距,既然在道德实践上要为天人之差距保留位置,就与牟宗三有所不同。由此可见,牟、刘二位最关键的不同之处在于对"内在"或"分殊"与"超越"或"理一"之间关系的定位。牟宗三肯定人可以同于性体或天道,就存有论而言,心性天是一,人借由道德实践可直接体现天道。刘述先抱持的态度则是,有限之人与无限之理一乃同异并存的关系,包括道德实践在内的一切人类创造活动,都已是理一在某个时空中之具体落实,就这一点而言,则具有局限而不等同于无限。也正因这个关键的不同处,使其对牟宗三的继承与调整,具有走向日用常行化、广义的道德实践两个理论特点。

二、重回"日用常行化"

依刘述先之见,道德实践与其他领域如知识、艺术都是良知之坎陷,同为有限之分殊,彼此地位即为对等,不致贬抑其他领域而被误解为"良知的傲慢"②。此论点搭配刘述先对儒家本质的定位,可以视为儒学践履在现代走向日用常行化的尝试。他将儒家本质界定为孔孟的仁心与宋儒发挥的生生

---

① 刘述先:《两行之理与安身立命》,《理想与现实的纠结》,页228—229。
② 此语乃余英时所提出。相关论述请参见本书第二章第一节。

不已的精神。① 首先,终极托付不能建立在有限的事物上,我们可以委诸超越的全知全能全善之上帝,也可以直接诉诸超越而又内在于己的仁心,必须完全开放给各人之选择。继之,刘氏也对易传"生生"概念给予一种现代脉络下的诠释:

> 生生之仁是超越特定时空,历万古而常新的普遍性原则,即所谓"理一";有限的个体所实现的则是"分殊",受到自己的材质,时空条件的拘限。这样我一方面要冲破自己材质的拘限以接通无限,另一方面又要把创造性实现在自己有限的生命之内而具现一个特定的价值。这一价值不必一定是狭义的道德,也可以是科学、艺术、经济、技术,乃至百工之事。②

生生之天道不一定只展现在狭义的道德行为上,也可以表现在科学、文学艺术,甚至是企业精神上。如此看来,当代新儒家就算突出的是学术成就,而不以圣贤工夫见长,也仍是顺乎生生之天道而行事,要说道德实践,这也是一种道德实践,但却属于一种广义的道德实践。既为广义,则当然涵盖是非对错的道德价值之狭义的道德实践,但又不限于此狭义的道德实践,而是不同价值各放异彩的道德实践。"由现代新儒家的观点来看,理一而分殊,超越的生生的精神当然不必具现为现代社会的拼搏精神,但也不必排斥它在现代寻求新的具体的表现的方式。于是有人可以由学术来表现自己的生命,有人可以由文学艺术来表现自己的生命力,当然也可以有人由企业来表现自己的生命力。"③ 如此一来,既可在不违背儒家道德取向之前提下,有效响应现代新儒学走向学术化不能体现儒家本质之批评,又可合乎现代多元分工的精神。

---

① 刘述先:《儒学与未来世界》,《当代中国哲学论:问题篇》,页234。
② 刘述先:《方东美哲学与当代新儒家思想互动可能性之探究》,《现代新儒学之省察论集》,页249。
③ 刘述先:《论儒家理想与中国现实的互动关系》,《理想与现实的纠结》,页125—126。

总括来说,在儒家的本质——孔孟的仁心与宋儒生生不已的精神两前提下,将道德实践与其他形式创造活动皆界定为坎陷后的"分殊",再把"生生"精神从道德扩展至科学、文学艺术、商业等其他领域,补充儒者之道德要求从"圣贤工夫"调整为"基本修养",即为刘述先从事理一分殊之新释时,为儒家重新走向日用常行化构思的三步骤。若再给予适当的补充说明,即完成儒家日用常行化的一套论述。这点将留待后文续做讨论。

三、广义道德实践

就牟宗三而言,内圣工夫必须经过曲通,一种道德心的坎陷,以理性之"运用表现"与"内容表现"转出"架构表现"与"外延表现",才能成就民主与科学之新外王。这是为传统内圣为外王之本的说法给予一种新的诠释。除了处理在儒学架构中"民主政治何以可能"的问题,亦指出将人民视为"存在的生命个体",进而注意其具体的生活、价值与幸福。此种尊生命、重个体是理性之内容表现,不但肯定人民作为个体之价值与权利,还要帮助人民实现其个别价值,满足其需求。亦即所谓"民之所好好之,民之所恶恶之",也是中庸"以人治人"的表现。①牟氏并进一步严分道德与政治两领域,以养民为治人之政治领域原则;教民为修己之道德领域原则。王道不能只是德,必函重视人民的幸福。②

基本上,刘述先也认为"就内圣与外王的关系来看,必定是内圣为主,外王为从"③,对牟宗三放弃圣君贤相间架改采民主政治,以及严分政治与道德二者分际的主张也深表赞同。不过他与牟宗三不同之处在于将内圣外王与广义道德实践联系起来。首先,若把外王视为民主政治此新外王,基于在同一理念下分工合作之必要,就必须亦视道德心为分殊,使各种专长与技艺

---

① 牟宗三:《政道与治道》(台北:台湾学生书局,1996年),页120。
② 牟宗三:《政道与治道》,页28。
③ 刘述先:《论回环的必要与重要性》,《论儒家哲学的三个大时代》(香港:香港中文大学出版社,2008年),页264。

处于一个对等而开放之结构下。其次，则是把外王主要指涉政治的内涵予以扩大，成为基于仁心与生生之精神而从事的各种分殊的文化创造活动，这不但包括道德修养，也涵盖了经济、商业乃至艺术各层面，这两种情况皆指向广义的道德实践。两相对照，可知牟宗三所指的内圣之学乃逆觉的良知之教，外王则为民主与科学此新外王；刘述先设想的内圣，则是指以仁心与生生精神为终极托付，外王是在合乎仁心与生生之前提下，由政治事务，进而延伸至从事商业、学术、艺术等活动之广义的道德实践。

倡言广义道德实践，也导致刘述先与牟宗三在朱子评价上的差异。就狭义道德实践而言，牟宗三强调成德的本质工夫为逆觉体证，而判定朱子的道问学为助缘。在这方面，牟刘二位立场是一致的。刘述先依据本质程序与教育程序之分野，指出"由本质程序的观点看，真正要自觉作道德修养工夫，当然首先要立本心。如果问题在教人作自觉的道德修养工夫，那么作小学的洒扫应对进退的涵养工夫，读书，致知穷理至多不过是助缘而已，不足以立本心"①。

不过，刘述先虽然认为就内圣成德之学来看，朱子格致工夫为助缘，却也从其他角度肯定其长处，而指出"先后天修养工夫必须同加重视"②。他所提出的理由有两点。首先，良知与见闻其实存在着一种辩证关系，经验知识几乎都有潜在的道德意涵，因为道德意识对经验知识有定位之作用。但是良知要真正具体落实外在化，显发其良能，又不能离开见闻，所以经验知识对道德意识落实于行为亦有襄助之作用，两者于是形成一种无法分离的关系。③其次，朱子对气禀之杂保持戒心，也可对治一些儒者对人性过度乐观的弊病。朱子主张理气二元，就形上学的本质层面看是一个错误，因为如此将导致超越与内在截然二分。但真正超越绝对处只在理一，人作为分殊则不能自视等同于理一，朱子格致工夫若移在践履论上讲，则对人

---

① 刘述先：《朱熹的思想究竟是一元论或是二元论?》，《理想与现实的纠结》，页280。
② 刘述先：《有关理学的几个重要问题的再反思》，《理想与现实的纠结》，页256。
③ 刘述先：《有关理学的几个重要问题的再反思》，《理想与现实的纠结》，页258—262。

在践履上的有限性有充分的警觉，可补象山过于强调人性光明面的缺失。①由这两点来看，先后天修养工夫实必须同加重视，而统合在阳明良知教之中。②

此外，儒家向以仁作为普遍人性之表现。对牟宗三而言，孔子之仁即孟子所谓本心，表彰的正是作为人之能自觉地作道德实践之"道德的性能"（moral ability）或"道德的自发自律性"（moral spontaneity）。③牟宗三强调，心性情三个面向必须统合于道德主体，这种道德主体之普遍性就表现在将道德意识落实于道德行为之动态过程中，这是一种对普遍人性之"实践的印证"进路。不过普遍人性的肯定同时涉及道德意识具体化与道德意识普遍性两种证立问题。"实践的印证"已针对道德意识具体化问题给予说明，至于道德意识普遍性之证成的落实问题，则须以刘述先存异求同之"共识的印证"作为补充。质言之，相对主义乃以道德规范之相对性与多元性为论据否定共同人性。事实上，普遍人性自然不会表现在个别主体的欲望、倾向，或某地区、国家、文化的习俗或规范中，而是一种交谈中的底线共识（baseline consensus）或共同语言（common language），希赛拉·博克（Sissela Bok）所谓极小主义的基本价值。④在全球伦理运动中，已体现出这种追求基本共识的方式，并得到初步成果，印证了人性中具有导出互为主体之共识的普遍性。刘述先除了实际参与此运动，并尝试在理论上提出说明。他将牟宗三良知的"坎陷"当作"文化创造的普遍形式"。⑤基于理一分殊之立场，仁的阐释已为普遍人性之分殊表现，故不能只以儒家之仁规定普遍人性。中西文化都是坎陷后的成果，此即中西文化平等互待的基础，各有所长，各有所短，而把焦点放在共通于世界各大传统之共同人性，这样才有与其他宗教文化传统对话以形成共识之可能。由道德金律而来的那些宽松的

---

① 刘述先：《朱子哲学思想的发展与完成》（台北：台湾学生书局，1984年），页532。
② 刘述先：《对于当代新儒家的超越内省》，《当代中国哲学论：问题篇》，页30。
③ 牟宗三：《心体与性体（一）》，页40。
④ Sissela Bok: *Common Values* (Columbia, Missouri: University of Missouri Press, 1995), pp. 1–23.
⑤ 刘述先：《全球意识觉醒下儒家哲学的典范重构与诠释》，《鹅湖》，第385期（2007年8月），页23。

指令与共识正是在这种极小式的存异求同中获得,此即为"共识的印证"之内涵。

第五节　议题重探:兼论理一分殊作为哲学解释架构

承上述,从"逆觉体证"到"理一分殊新释"之发展,其理论要点乃是走向日用常行化与广义道德实践。在此理论基础之上,可以继续开发出新的观点与视域,再于解释效力上做出贡献。这是本书第三部分要处理的内容。

对儒学的现代诠释,可以在吸收牟刘两位思想家理论精华之基础上,进而将理一分殊建构为一种哲学解释架构,这样可以在天人关系的定位、生生的现代诠释,以及儒学走入日用常行这三个问题上,提供必要的补充。可以发展的相关论点如下:

第一,天人之"通"定位:若从牟宗三强调天人之"同",到刘述先所谓天人"同异并存",可以再推进至以"通"界定天人关系。"理一"与"分殊"得以平衡之关键,就天人关系而言,在于天与人之"通"而非"同"。此处所谓"通",表述的是"有限的体现天道"之天人辩证关系。意指分殊虽不具理一之无限性、绝对性,但由于天人之间可贯通,因而可在某个特定时空环境中,展现出作为某种标准的普遍性。

第二,价值创造对等原则:进一步来看,除了刘述先"理一分殊新释"强调的广义道德实践之开放性,而扩及道德实践之外的其他专业领域,还须肯定各种专业之间的对等性。既然人的创造活动都是理一之分殊,即无须坚持道德实践的逆觉工夫相对于科学、政治与艺术等其他领域之"优越性"(supremacy),而只要凸显其能见体或通往终极实在的"独特性"(distinctiveness)。可以说一切努力都可"通于"理一,但因"通"的形态不同,故定位也各异。道德实践是"逆"或"返"于理一之"通",特点在印证体现理一;科学成果或专业技能是"顺"或"发"自理一之"通",重点在承继或顺应理一之动用,成就现实生活中的各种创造。质言之,真美善三者,或是商业、科技、艺术、体育等各种领域的差异,主要是特性与定位不同,并非在价值上有高低之分，彼此具有对等地位，各有其特色与优点。此说亦有助于解消牟宗三分别说与合一说之间可能蕴含的矛盾。①

将天人关系界定为"通于"，既可避免"同于"关系所面对的理论问题，又能保留儒家天人合一之理论特性。以天人之"通"为前提，进而应用"价值创造对等原则"，可以有效地答复"良知的傲慢"之质疑，并为"理一分殊新释"做出补充，完成儒家在现代社会重新走入日用常行化的工作。举凡道德、科学、艺术、学术等等领域都是"通于"理一之分殊，在价值上对等而各有其特性与优点，也都可以是"生生"精神的体现。非仅限于致力成德修身者。上述不同领域的人士，只要能在专业上不断求新求进，并认同孔子倡言之仁心，即可视为是现代意义下的儒家。如此更可帮助我们划分作为"立身处世"之道的现代新儒学与作为"哲学学派"的现代新儒学。作为立身处世之道的现代新儒学，将道德实践锁定在职业伦理、国家的法律与社会的伦理规范上，而成为基本的道德操守要求。圣贤的理想仍是"虽不能至，心向往之"而须保留，若能出现符合传统儒学圣贤理想者，自然值得庆幸，但已不再作为现代新儒家的必要条件。至于那些认同儒家价值，同时又尝试对传统儒学做哲学思考与阐发工作之儒学研究者，他们的道德实践要求除了上述基本道德操守，还须遵守学者的行规与职业道德。顺是，从事学术工作的儒学学者，就不致被传统儒学圣贤理想下的知行分离问题所困扰。完成以上工作，儒家方能重新走向日用常行化。以上所述是第七章所处理的问题。

在本书第八、九两章的讨论中，笔者将借由与西方哲学对照的方式，针对前面已讨论过的两个议题——朱子的评价以及内圣与外王之关系，再次进行探讨，并提出一些不同于牟刘两位前贤的观点。第八章的主题，乃借由哲学诠释学与后设伦理学（meta-ethics）的相关讨论，说明伦理知识形成的道德性前结构在权衡性道德判断中的作用，指出道德与知识具有"对列的辩证关

---

① 有关牟宗三分别说与合一说之间可能蕴含的矛盾，以及价值创造对等原则如何处理此矛盾问题，请参见本书第二章第二、三两节与第七章第二节。

系"，论证朱子所谓"去两短、合两长"，不只适用于刘述先所谓朱陆先后天工夫之争，实亦涵盖阳明在内的整个陆王逆觉体证工夫形态。第九章的内容，除了讨论牟宗三以内圣曲通开出新外王的相关问题，并借由"公私领域基本道德素养如何可能"问题之探讨，参考罗尔斯（John Rawls）"良序社会"（a well-ordered society）概念，分析政治领域在何种意义下对道德修养具有主导力。借以指出，就道德与政治之关系而言，非仅限于一般认为内圣乃外王之本的传统思路，也须考虑到政治层面得以影响道德层面，亦即由外王开内圣的面向。于是我们可以主张：内圣与外王之间具有双向的相互影响关系。

最后，本书尝试将理一分殊发展为一种哲学解释架构，除天人之"通"定位与"价值创造对等原则"外，必须持续充实其内容。例如，可以应用理一分殊解释王阳明之良知，有别于刘述先所谓"理智的深层"概念，我们可以补充以下第三个论点：

第三，"良知"的"理一分殊"释义：若以本心或良知界定"理一"，本心或良知之发用或呈现就属于"分殊"，分殊虽"通于"理一，但不"同于"理一，两者就必须有所区隔。是以须同时从两个层面来看良知：阳明所谓"无善无恶心之体"，专指心之本体的良知，此即作为天理、天道或理一的形上"良知自体"；另一层面乃"知善知恶是良知"，亦即良知在分殊或具体化后，表现为人的道德禀赋或"道德动能"（moral agency）。良知是呈现，但已呈现，就是良知之分殊，而非形上良知本身。亦即，人在逆觉时体现的道德意识已是分殊，而非形上层面良知之完全体现；但又"通于"形上良知自身，仍可体现良知，尽管是不完全的体现。①

在结论中，笔者亦借由"理一分殊"的哲学解释架构，重探哈贝马斯与伽达默尔之间的论争，尝试在此涉及西方哲学经验与先验、历史性与普遍性不同取向的当代哲学争论背景中，探讨"理一分殊"如何可作为调和有限性与无限性的第三种进路。总之，将理一分殊视为哲学解释架构，现有论述只是开头，仍待持续发展与完善。

---

① 有关此两层面良知的详细说明，请参见本书第七章第三节之分析。

第一部分

现代新儒学之日用常行化

第一章 "道德的形上学"到"理一分殊新释"

第一节 "道德的形上学"论争

一、牟宗三论"道德的形上学"

牟宗三根据孟子陆王一系"心即理"之原则，把道德界与存在界贯通起来，故又称儒家成德之教为一"道德的形上学"（moral metaphysics）。本心性体是绝对的普遍者，不仅为吾人道德实践之内在动力，且亦是宇宙生化之根据，一切存在之本体。道德的形上学乃涉及一切存在而言，"故应含有一些'本体论的陈述'与'宇宙论的陈述'，或综曰'本体宇宙论的陈述'（onto-cosmological statements）"①。他于是特别提出"道德的形上学"与"道德底形上学"（the metaphysics of morals）之区分，指出康德所讲的正是一种"道德底形上学"。他对两者的说明是：

> "道德底形上学"与"道德的形上学"这两个名称是不同的。……前者是关于"道德"的一种形上学的研究，以形上地讨论道德本身之基本原理为主，其所研究的题材是道德，而不是"形上学"本身，形上学是借用。后者则是以形上学本身为主，（包含本体论与宇宙论），而从"道德的进路"入，以由"道德性当身"所见的本源（心性）渗透至宇宙之本源，此就是由道德而进至形上学了，但却是由"道德的进路"入，

---

① 牟宗三：《心体与性体（一）》，页8—9。

故曰"道德的形上学"。①

可见"道德的形上学"与"道德底形上学"之分,重点在于前者乃以道德为进路,目的在通往形上学之终极实在;后者则是对道德的形上解析,欲发掘道德的先验形式与原理。由此看来,可从两个层面来说明道德的形上学。

一是道德界。道德实践重点在孟子所谓"本心"之呈现,"本心"之"官"的自觉(思)。这是一种心性情合一的道德主体。此普遍必然的道德意识自定自发验的道德法则,同时又是道德情感的涌动,这种道德意识或情感乃是吾人道德行为的动力与根据。不但是行为的意向,更指向行为的实践。

二是存在界。中庸将普遍的道德意识视为天道之"诚"之"明",也就是把道德本源扩充为存在的本源,道德根据的自觉被视为存在根据的自觉或具体化。也就是以道德来印证存在、通向存在。在德性之知中,人不但实现了道德行为,也实现了万物之生化。中庸"诚则形着明动变化"的说法乃典型例子。

二、劳思光对"道德形上学"之批评

劳思光在其大作《中国哲学史》中,将宋明儒的理论发展视为一系,基本方向为归向孔孟之心性论,其过程可划分为三阶段:②

(1)天道观,代表人物为周敦颐、张载。中心观念为"天",理论形态为混合形上学与宇宙论。

(2)本性观或本性论,代表人物为二程与朱子。以"性"或"理"为主要观念,淘洗宇宙论成分而保留形上学成分。朱子则为天道观与本性论之综合形态,但仍划归第二阶段。

---

① 牟宗三:《心体与性体(一)》,页139—140。
② 劳思光:《中国哲学史(三上)》(台北:三民书局,1993年),页48—50。

（3）心性论，代表人物为陆象山、王阳明。以"心"或"知"为主要观念，所肯定者乃最高之"主体性"，为心性论之理论形态。

劳氏认为，就理论效力而言，心性论本主体性谈价值问题，是最成熟的形态，因而也代表宋明儒学之最高成就。就这一点来看，他与牟宗三对陆王心学之评价有类似之处。与牟宗三不同的是，他不认同濂溪、横渠、二程、朱子等天道观与本性观的理路，认为他们皆不就主体观念而就存有观念建立对世界的肯定，即对"价值"做一"存有论意义之解释"（ontological interpretation）。① 所以他指出："宋儒欲托于'存有理论'（ontological theory）或'形上学理论'（metaphysical theory）以建立一'道德形上学'之系统，而不知此类系统必涉及不可克服之困难。"② "存有理论"即为濂溪、横渠之"天道观"，专指以万有实际上皆已受"理"之决定为特色；"形上学理论"则指涉二程、朱子之"本性论"，则就在万有之外肯定"理"而不重视理之"已实现于万有"一义而言。③ 可以说，劳思光此处所批评之"道德形上学"，除了其所谓陆王心性论，涉及宋明理学中其他所有主要思想家。对他而言，除了陆王心性论，其他理论形态因混杂道德哲学与形上学，尚未进入成熟阶段，要到陆王心性论出现，纯粹讲心性，专注于道德层面，才真正臻于理论成熟。这也是其主张宋明儒学一系说之理据。

在此须先厘清的是，"道德的形上学"在牟宗三与劳思光二人的理论中有不同指涉。牟宗三以此作为宋明儒学之整体特征，是故劳思光所谓"天道观""本性论"与"心性论"可谓皆涵盖在内。至于劳思光则仅将"天道观""本性论"纳入"道德形上学"范围之内，而未包含"心性论"。因为"天道观"与"本性论"作为"道德形上学"，皆有其内在理论问题，因而效力不如"心性论"。有别于此，牟宗三着眼于凸显中西哲学之异，强调就现代西方哲学而言，哲学内部各种学问的分野乃泾渭分明，形上学、伦理学、知识论各有其界域，不可相互混淆。不过道德的形上学却反其道而行，而欲去除

---

① 劳思光：《中国哲学史（三上）》，页53。
② 劳思光：《中国哲学史（三上）》，页89。
③ 劳思光：《中国哲学史（三上）》，页84。

形上学与伦理学之界限，这正是他将陆王心即理的命题同样视为"道德的形上学"之理由：

> 近人习于西方概念式的局限之思考，必谓道德自道德，宇宙自宇宙，心即理只限于道德之应然，不涉及存在域，此种局限非儒教之本质。心外有物，物交代给何处？古人无道德界，存在界，本体论（存有论），宇宙论等名言，然而岂不可相应孔孟之教之本质而有以疏通之，而立一儒教式的（亦即中国式的）道德界，存在界，本体论，宇宙论通而为一之圆教乎？此则系于"心即理"之绝对普遍性之洞悟，何必依西方式的概念之局限单把此"心即理"局限于道德而不准涉及存在乎？①

牟氏认为在讨论中国哲学之特性时，要超脱西方概念式思考，以一种辩证性的理解来掌握。他从儒家内圣之学出发，借由道德实践贯通形上境界与道德境界，其依据在于陆王心性论凸显的是张载所谓德性之知或诚明所知，其理论特征为一种智的直觉，乃通道德界与存在界而一之的体证，或说是由道德意识与行为实践通往终极实在的工夫。在宋明儒学中，形上学与道德哲学是分不开的，反之亦然。甚至可以说两者根本是合二为一的一体之两面。

第二节 相关问题析论

一、围绕"心性天合一"之辩论

依牟宗三之见，讲客观的天理、天道实有其必要。孔子践仁知天，孟子尽心知性知天，仁与天、心性与天似有距离，然已蕴含仁与天之合一，心性

---

① 牟宗三：《从陆象山到刘蕺山》（台北：联经出版事业股份有限公司，2003年），页16。

与天之合一。盖此是孔、孟之教之本质,宋明儒者之共同意识。虽有入路不同之曲折,然濂溪、横渠、明道、五峰、阳明、蕺山,皆不能背此义。即使牟宗三判定伊川、朱子析心性为二、心理为二,也不会违此义。仁与天、心性与天之合一,即含道德秩序即宇宙秩序。① 质言之,在牟宗三对宋明儒学的诠释中,濂溪、横渠、明道、伊川、朱子,乃至象山与阳明等儒者的确就存有观念建立对世界的肯定,并为"价值"赋予"存有论意义之解释",而将道德与存在通而一之。在他看来,濂溪、横渠、明道等人虽然重视中庸、易传以及其中包含的形上学、存有论思想,却仍在理论中尝试由易庸回归论孟,因而与陆王同属纵贯系统之理论形态,同以心与理一的即存有即活动思路谈论道德意识,还是能本主体性谈论价值问题。② 牟氏在《心体与性体》视明道之"一本"义为儒家圆教之模型③,原因在于明道对客观的天道与主观的本心皆很重视,不但体证到可识仁之本心,更强调中庸与易传盛言的客观而超越之"天",因为即使连孔孟也重视此客观而超越之"天":

> 象山与阳明既只是一心之朗现,一心之申展,一心之遍润,故对于客观地自"於穆不已"之体言道体性体者无甚兴趣,对于自客观面根据"於穆不已"之体而有本体宇宙论的展示者尤无多大兴趣。此方面之功力学力皆差。虽其一心之遍润,充其极,已申展至此境,此亦是一圆满,但却是纯从主观面申展之圆满,客观面究不甚能挺立,不免使人有虚歉之感。自此而言,似不如明道主客观面皆饱满之"一本"义所显之圆教模型为更为圆满而无憾。盖孔子与孟子皆总有一客观而超越地言之之天也。此"天"字如不能被摈除,而又不能被吸纳进来,即不能算有真实的饱满与圆满。④

---

① 牟宗三:《从陆象山到刘蕺山》,页15。
② 牟宗三:《心体与性体(一)》,页58—59。
③ 牟宗三:《心体与性体(一)》,页44。
④ 牟宗三:《心体与性体(一)》,页47—48。

牟宗三继而强调，如果成德之教中必含有一"道德的形上学"，此"天"字之尊严是不应减杀或抹去者，阳明正是因为不够正视此客观超越之"天"而有所虚歉，才会有"虚玄而荡"或"情识而肆"之王学流弊，刘蕺山即于此着眼而"归显于密"也。此为内圣之学自救之所应有者。① 虽然颂扬孔子之仁与孟子之本心，但对超越之天同等重视，是他认为明道堪当儒家圆教模型之主因。"天"作为客观的於穆不已之体，并非象山、阳明主观面的"心"所能涵盖。因其才是存在之创生原理，纯粹由主观面之申展无法使其挺立。

但牟宗三在以智的直觉诠释儒学后，则转而以王阳明为儒家表率，心性天仍然合一，但合一之方式已有所不同，重心已由"天"转换至"心"。试看《现象与物自身》中这段话：

> 本心即是一自由无限心，它既是主观的，亦是客观的，复是绝对的。主观的，自其知是知非言；客观的，自其为理言；绝对的，自其"体物而不可移"，因而为之体言。由其主观性与客观性开道德界，由其绝对性开存在界。既有其绝对性，则绝对地客观地自道体说性体亦无过，盖此即已预设本心之绝对性而与本心为一也。然既是绝对地客观地由道体说性体，其所预设者不显，故如此所说之性体与道体初只是有形式的意义，此只能大之、尊之、奥之、密之，而不能知其具体而真实的意义究如何。此所以横渠，五峰，蕺山，必言以心成性或着性，而仍归于论孟也，亦即是将其所预设者再回头以彰显之也，故道体，性体，心体，并不对立也。惟先说道体性体者，是重在先说存在界，而道体性体非空悬者，故须有一步回环，由心体之道德意义与绝对意义（存有论的意义）以着成之也。陆王一系由本心即性即理这一心体之道德意义与绝对意义两界一时同彰，故无须这一步回环也。②

---

① 牟宗三：《心体与性体（一）》，页48。
② 牟宗三：《现象与物自身》（台北：台湾学生书局，2004年），序，页12。

陆王一系由本心即性即理这一思路展示心体之道德意义与绝对意义，即可使道德界与存在界一时同彰，不须有主客观两面的回环。牟宗三以本心为自由无限心之绝对者，理或天只是其中客观面，甚至理或天之客观性已预设了本心之绝对性。既以本心之绝对性为理论预设，主客观两面之回环既无必要，阳明亦不再因为不够正视客观超越之"天"而有所虚歉，反倒是强调天道天理者，必须回头彰显其所预设之本心，才不会只空有形式而可得具体而真实的意义。也就是说，在《心体与性体》以明道为圆教模型的思路，是从"天"的角度说终极实在，而为於穆不已之创造原理；然而，在以智的直觉讲创生后，"心"才是绝对层面的创造原理，"天"则成为以理言的客观面。此种诠解代表终极实在重心之转移，直接以自由无限心涵盖道德与存在，于是不再需要主客观两面之回环，继而导致牟宗三对程明道与王阳明的评价做出调整。尽管客观之"天"仍为儒学之必备要素，可以说未舍弃存在层面之天理天道，却已从以"天"作为心性存在根据之理论模式，转变为性与天已预设本心之绝对性而与本心为一，亦即以"心"在理论上蕴含天与性的形上学。①

依上述，劳思光不认同将道德与存在合而为一的理论形态，也认为陆王心性论只谈道德，而不涉及对存在之解释，因此为宋明儒学之最高发展。劳氏对上述主张心性天合一的说法提出批评，认为这种论点可以解读为：由主体性建立天道观念，乃心性论之最高形态，或是最圆满之形态；换言之，即包含有天道一段理论之心性论，方是最圆满之心性论。劳思光反对心性天合一的最圆满形态之心性论，强调此说涉及以下两个问题：

> 其一是：倘"天道"只是由"心性"推绎而出之观念，则在理论上"天道"本身即无所谓"实有性"；如此则不能有所谓"天道观"，因不能离"心性"而独立也。更重要者，是"心性论"毕竟有何理论必要须立

---

① 有关牟宗三在提出智的直觉概念后，对于儒家创生的不同诠释，以及对明道与阳明的不同评价，可参见张子立：《"本体宇宙论的创生"与"实现物自身的创生"：试析"道德的形上学"两种创生型态》，《儒学之现代解读：诠释、对比与开展》(台北：台湾学生书局，2021年)，页79—108。

一"天道"?"天道"若只依"心性"而成立。则此无实有性之"天道",即成为一"空名",除产生许多理论纠结外,并无正面功用;因言"天道"者所认定之种种属于"天道"观念之功用,皆可收归"心性"本身,即无理论根据多立一观念。①

质言之,此围绕心性天合一或是否将道德与存在通而为一之争论,可以从两个面向予以检视。首先是作为心性论代表者如王阳明,其理论内容是否主张心性天为一?这是思想诠释层面的问题。如果王阳明实际上主张心性天为一,不论其理论效应为何,牟宗三将其纳入"道德的形上学"之范围内即可成立。另一个问题则与劳思光上述质疑直接相关。"天道"若依"心性"而成立,是否即成为一"空名"?若以自由无限心为主,而通道德与存在而一之,是否导致"天道"只成为一个"空名"之理论后果。而这项批评若成立,虽然还是可以讲"道德的形上学",但"天"之尊严则被减杀,甚至因为被"心"之绝对性取代,"天"之超越性也有所虚歉,乃至被抹去。

就第一个问题而言,王阳明"良知即天理"的意涵,可以借助以下这段话予以理解:

> 良知是造化的精灵。这些精灵,生天生地,成鬼成帝,皆从此出。真是与物无对。人若复得它,完完全全,无少亏欠,自不觉手舞足蹈。不知天地间更有何乐可代?②

这段话明确表现出良知通存在与道德而一之的特性。首先,"良知"为创生天地万物的本源,所以有"良知生天生地,成鬼成帝"一语。显而易见,良知自身是运作在宇宙中的形上创生力量,这是其存在义。接下来,王阳明

---

① 劳思光:《中国哲学史(三上)》,页71。
② 陈荣捷:《王阳明传习录详注集评》(台北:台湾学生书局,1998年),页323。

强调"人若复得它",将是人间至乐。这让我们想到孟子"礼义之悦我心,犹刍豢之悦我口"的境界。表明人可借由道德修养工夫而复其存在本源之良知,达致儒家的天人合一境界。此为借由道德通往终极实在之工夫义,两者可贯通而无隔。

类似的说法还可证诸其四句教的内容。所谓"无善无恶是心之体,有善有恶是意之动,知善知恶是良知,为善去恶是格物"①。此名句清楚区分出"良知"的两个面向:一是超越善恶二元对立之形上创生动力;另一个是明辨善恶的道德良能。在王阳明的学说中,"心即理"意指心正是所有存在物的终极基础,因此没有任何事物可以再作为其实体。除此以外,心也是对一个人的意识状态的统称,它既可以作为良知,也可以作为意:"心者身之主也。而心之虚灵明觉,即所谓本然之良知也。其虚灵明觉之良知应感而动者谓之意。"②由此看来,王阳明"良知者心之本体"的说法,是指良知和心最终可以是同一个事物,而良知是心的原初状态,不是心的原初实体,若解释为良知是心的实体,则心就以良知为存在根据,"心即理"即成为不可解。此外,良知作为形上的创生动力是所有存在物的存在基础。有鉴于其形上地位,经验相对层次的善恶二分并不适用于描述作为存在根据之良知。当良知分殊为人之道德良能而具体化之际,就显现为道德感以明辨善恶,此时即为知善知恶之良知。可见王阳明确实是主张心性天为一,欲通道德与存在而一之。

接下来的问题是:"天道"若依"心性"而成立,是否即无实有性,而成为一"空名"?

站在牟宗三的立场,或许会对劳思光的质疑做出如下回应:并非"天道"依"心性"而成立,而是心性天乃表述终极实在之不同面向,如此就可以免于"空名"问题。若是心性论只谈道德,而不涉及存在,这种心性论正与"道德底形上学"类似,只局限于道德面,作为道德之形上解析,寻求道

---

① 陈荣捷:《王阳明传习录详注集评》,页359。
② 陈荣捷:《王阳明传习录详注集评》,页176。

德之先验原理,而非将道德视为通往形上终极实在的工夫或途径之"道德的形上学"。① "天道"并非由"心性"推绎导出之观念,若是如此,自然在理论上即无"实有性"。相反地,"天道"与心性可谓是同一事物的不同面向,自有其作为存在物最终根据之不可替代性。既非由"心性"推导而来,也非依"心性"而成立,因而不是一"空名"。

可以说,上述问题之关键在于,牟宗三所谓"体物而不可移,因而为之体"的特性描述,究竟是适用于"天道",还是自由无限心?若我们细看前引《现象与物自身》中那段说明,答案是必须归诸自由无限心。所谓本心是主观的,自其知是知非言,是要由"心"表达道德良能义;至于本心是客观的,自其为理言,则以"天"指涉道德原理或法则;最后,本心是绝对的,自其体物而不可移,因而为之体言,明显是以自由无限心作为创生万物之终极实在。虽说天是客观义,则客观之"天"仍为此理论形态之必备要素,可以说未舍弃客观面之天理天道。然而"天"之客观性,却已不是表现在作为心性之存在根据,而只是道德界之客观原理或法则。天必须预设本心之绝对性而与本心为一,不啻是以"心"在理论上蕴含天与性。可见就牟宗三对自由无限心的说明来看,正是以"本心"涵摄"天道"概念于其中,属于劳思光所批评的"最圆满之心性论"形态。天之实有性的确预设了本心或自由无限心之实有性,而无独立自主之存在。在此种"道德的形上学"中,"天"之尊严已被减杀,而被"心"之绝对性取代,以致"天"之超越性有所虚歉,乃至被抹去。如此一来,言"天道"者所认定之种种属于"天道"观念之功用,皆可收归"本心"概念之中,劳思光空名之批评实为一语中的。

事实上,"天道"在《心体与性体》中作为於穆不已之创生原理,才能算是既非由"心性"推绎而出,也非依"心性"而成立,而自有其作为存在物最终根据之不可替代性。"体物而不可移,因而为之体"的描述,才能应用于"天道"。但如此一来,就与牟宗三在《现象与物自身》中将创生原理之地位

---

① 毕游赛(Sébastien Billioud)即特别讨论"道德底形上学"与"道德的形上学"之区分,在牟宗三说明儒家工夫论中的重要性。参见 Sébastien Billioud: *Thinking Through Confucian Modernity: A Study of Mou Zongsan's Moral Metaphysics* (Leiden: Brill, 2012), pp. 49–54。

归诸自由无限心有所抵触。透过劳思光对"最圆满之心性论"形态的批评，此一内在矛盾适可获得厘清。

二、决定论问题

（一）劳思光对决定论问题之说明

对劳思光而言，凡是以通道德与存在而一之的进路建构道德形上学，都必须面对不可克服之困难。从其相关说明来看，其中的理论困难主要有两个：决定论问题，以及生与生之破坏的背反问题。现在首先探讨决定论问题。

劳思光指出，周敦颐与张载之天道观首要面临的问题，就是落入决定论。因为天道观断定有一形上共同原理，实际运行于万有中，而为存有界之总方向，即就此方向建立价值观念。但天道既实际运行于万有中，则万有似即应承受天道之决定，何以有不顺天道方向之可能？宋儒对此问题则以立道德生活中之二元性解决之。以《礼记》《乐记》中所提出的天理与人欲一对观念为道德之二元性。人有情绪，而情绪之活动可以合乎或不合乎天道之方向，故必在情绪上有所节制，方能合乎天理或天道。如此一来，恶就只是一形式概念，而非实质存在。因情绪本身并非另一恶之存有，只在有节或无节上说善恶之别；万有之中，并无一种存有是恶。[①]但劳氏认为此二元性并不能解决问题。因倘若天道实际决定万有，则何以人之情绪独能悖乎天道，仍是一待解决之问题，此处即隐隐通至自由意志或主体自由等问题，持天道观者，于此并无确定解说。[②]如此一来，兼具价值与存有论意义的天道或天理所产生的第一个问题，即是落入了决定论：

> 当存有原则与价值原则合一时，是否即认定一切所谓"好"或"善"

---

① 劳思光：《中国哲学史（三上）》，页53—54。
② 劳思光：《中国哲学史（三上）》，页54。

终将自己实现？倘是如此，则一切自觉努力是否亦皆已被此原则决定而不能不符合此原则？抑或是自觉努力可能符合亦可能不符合此原则？如不能不符合此原则，则一切努力是否皆属已被决定者？如可能不符合，则此原则是否仍可说是决定一切存有？凡此种种问题，皆指向一根本问题，此即：当吾人说一同时有价值意义及存有意义之原则（即如"天道"）时，此原则本身之存有地位为何？①

揆诸劳氏这段话，其重点应是：就天道观而言，世界既已被看成本来符合最高之"理"者，则一切"违理"之可能，人之所以违反"理"的错误，即不能不推到第二序之某种因素，亦即人欲上，因此有"天理"与"人欲"之对立。但这种说法"实是预认人之意识或自觉活动在'世界'之外，与其所立之'天道决定万有'之观念有内在冲突"②。

但若因此而转向本性论，还是不能解决问题。本性论把"'理'作为实有而肯定时，并不同时肯定当前之世界已受'理'之决定。在此理论中，一切价值问题均化为一'理'之'实现'问题；而此'实现'并不假定为'已有'，而只作为'应有'"③。就本性论而言，"理"在"气"中实现，即为价值实现之历程。万有之违理处皆可以从"气"解释。但劳思光认为这样就无法解释"理"之实现于"气"中的动力何在。因为此动力不能来自气，若说来自气，不啻又将"此实现视为'已完成者'，即与天道观无别"④。

若专落在"道德实践"上，理未实现之未定项则可以得到安顿，因为此未定性可以完全收归意志之自主性上讲，以人之自觉活动或意志方向，亦即天理人欲之分予以说明。但就"形上实有义"之"理"与"气"而言，此两种"实有"皆无"主体性"⑤，因之亦无法说有自主性，因此欲解决此困难，必须

---

① 劳思光：《中国哲学史（三上）》，页69。
② 劳思光：《中国哲学史（三上）》，页82。
③ 劳思光：《中国哲学史（三上）》，页84。
④ 劳思光：《中国哲学史（三上）》，页85。
⑤ 劳思光：《中国哲学史（三上）》，页86。

在"理""气"两观念外,另设定一能决定"理之实现"的力量,这就需要心性论所认定的"最高自由"或"究竟意义之主宰性"的"最高主体"。①

(二)分析与厘清

天道观以天理、天道作为价值与存有之双重原则,并不一定蕴含天道实际运行于万有中。我们可以分别从存在与道德两方面来看这问题。就存在层面而论,劳氏对天道观作为存有原则的说法,采取实然的解读方式,以天道实际决定宇宙万物的一切。如此一来,一切事物,包括存在、思想与行为皆已被预先决定,而无其他发展或自由取决之空间;牟宗三则采取形上的或本然的解读方式,天道、天理是所有存在物之所以存在之最后原理或实现原理,并非实然地决定了万物的一切样貌与发展轨迹。他指出:"天道、仁体乃至虚体、神体皆实现原理也,皆使存在者得以有存在之理也。"② 在此,牟宗三只从存在层面说明天道之效力,并未将人之思想、动机涵盖在内。若依照其形上解读立场,则创生存在归诸天道之作用,而人实际上之意识与念虑等活动,既然属于实然层面之决定,自应与存在层面之决定有所区隔。亦即,天道决定的是天地万物是否得以存在,而非天地万物之思想、动机与行为。所以牟宗三指出,客观地、本体宇宙论地自天命实体而言,万物皆以此为体。正是指出天地万物皆因天道而得以存在。然而,从自觉地做道德实践的角度来看,则只有人能以此为性,宋明儒即由此言人物之别。③ 天地万物之动机与行为则不一定合乎天道,甚至只有人能自觉地从事道德实践。如此一来,就存在层面而言,人之意识或自觉活动乃因天道而存在(因天道乃其得以存在之原理或依据),但人之意志方向则不一定与天道一致(因其思想、动机与行为可依,也可不依天理)。此以良知或道德自觉规定"性"之内涵的思路,乃反映宋明儒学之立场。

至于道德层面,依照牟宗三的诠释,天道也不被认定为已实际决定万物

---

① 劳思光:《中国哲学史(三上)》,页87。
② 牟宗三:《心体与性体(一)》,页460—461。
③ 牟宗三:《心体与性体(一)》,页40。

一切活动，并非所有的活动都算合乎天道。人能依据自身道德意识而行为，才算是合乎天道的活动，并非将一切实然活动皆视为天道所决定。人在道德层面展现的自由是人能自觉地从事道德实践，反观天道，则无法迫使人从事道德实践。牟宗三在解释张载"心能尽性，人能弘道也。性不知检其心，非道弘人也"这段话时，强调就道德实践而言，应是"以心为决定因素也。人能弘道，道自弘人。人不能弘道，则道虽不为尧存，不为桀亡，亦不能彰显也。不能彰显，即不能起作用。故自道德实践言，以人之弘为主"[1]。若照宋明儒的说法，天道发挥创生作用而落实于个别存在物，即为其"性"。依牟宗三之见，"性不知检其心，非道弘人"的意思是，"性"在道德层面无法具有决定作用。因为性需要人的道德意识之彰显，才能具体化为吾人之道德行为，而成为可观察之事实。如果行为者无心于道德，天道或性就无以显用，而成为抽象空洞之道德原理。也就是说，从道德实践的角度来看，"人能弘道"反而可以解释为：人决定了天道是否得以彰显。人若依照道德意识之指示而行为，不算是被动地被天理所"决定"，而是主动地体现天理；人若背天理而行，则不是由天道，而是被人欲私心所"决定"。人有此二元性，所以可视之为具有自由。[2]

---

[1] 牟宗三：《心体与性体（一）》，页533。

[2] 或有论者察觉到，上述"人能弘道，非道弘人"之自由观，实反映了牟宗三所谓"超越内在"之思路。质言之，二者间确实有关。但有鉴于"超越内在"所涉层面太广，参与论者众多，实无法在此处进行有意义的讨论。此说除了牟宗三，支持者尚有刘述先：《超越与内在问题之再省思》，《儒家哲学的典范重构与诠释》（台北：万卷楼图书股份有限公司，2010年），页19—50。杜维明：《儒学第三期发展的前景问题》（台北：联经出版事业股份有限公司，1989年），页180—188。李明辉：《儒家思想中的内在性与超越性》，《当代儒学之自我转化》（台北："中研院"文哲研究所，1994年），页129—148。李明辉：《再论儒家思想中的"内在超越性"问题》，《儒学与现代意识》（台北：台大出版中心，2016年），页241—263。杨祖汉：《关于道德形上学的若干问题》，《当代儒学思辨录》（台北：鹅湖出版社，1998年），页131—132。支持者之论述主轴为，不宜以西方基督教神学外在超越的思路，批评儒家内在超越的论点。儒家天人合一与天道性命相贯通的思想形态本就独树一格，而与外在超越大异其趣。至于反对者主要有郝大维、安乐哲：《孔子思想中宗教观的特色——天人合一》，《鹅湖月刊》，第108期（1984年5月），页42—44。David L. Hall, Roger T. Ames.: *Thinking Through Confucius* (Albany: State University of New York Press, 1987), pp. 12-25. 冯耀明：《超越内在的迷思：从分析哲学观点看当代新儒学》（香港：香港中文大学出版社，2003年）。安乐哲与郝大维将超越概念仅限制于存在层面，而定义为独立不改，排除道德与存在合一之思路，（转下页）

第二个决定论相关问题是：劳思光质疑本性论无法解释"理"实现于"气"中的动力来源。因为此动力不能来自气，若说来自气，就等同说理已实现在气中，与天道已实际决定万物之说无异。如之前分析所说，若对天道观予以形上地解读，可以避免劳氏实然地解读的问题。气作为动力来源同样可以取"本有"义或是"现实"义，若取现实义，的确会产生等同于天道已实际决定万有的问题；若取本有义，气作为动力来源就可以视为本有能力，可实现可未实现，可合理可不合理，要经由自觉的道德努力以求合乎理，就不致有现实义隐含的困难。朱子正是采取这种解释。

再来，劳氏认为"形上实有义"之"理"与"气"皆无主体性，因之亦无法说有自主性，所以不能作为实现理的动力来源。如果以朱子理论为例，"理"无主体性自是成立，至于"气"无主体性之论断，必须从两方面予以检视。

首先，如果从陆王心学，或是牟宗三发挥康德自律伦理学的心性情合一道德主体来看，朱熹之"心"由于与理或性不一，只存有而不活动，而无法自定自发道德律则，的确难以被视为有自主性，也不能算是合格的道德主体。①李明辉即指出，朱子之"心"约略相当于康德之"意念"，而与其"意志"不在同一个层面上。故朱子之"心""不等于康德意义下的道德主体，因为它不是立法者"。②这一点劳思光与牟宗三立场可谓一致。

但若跳出陆王心学与康德哲学框架，将"心"界定为具有认知与意志选择能力，以此为主体性之特性，朱子论心则合乎主体性之要求。其"心统性情"之说，以"心者气之清爽"③的动力前提，指出人脱然贯通而复其明德的成立条件。气之清爽的心，其功能正在依理行事而发为情上：

（接上页）是以反对"超越内在"说。冯耀明对于牟宗三"内在超越"说之主要批判，在于此说诠释下的程明道与王阳明，都将背离孟子的人禽之辨，而陷入气质决定论之泥淖。相反地，朱子因为对"内在超越"说的证成失败，反而在理论上有解套之可能，以说明孟子的人禽之辨，并免于气质决定论的困难。近年有吕政倚之专著：《人性、物性同异之辨：中韩儒学与当代"内在超越"说之争议》（台北：新文丰出版公司，2020 年）。此书以相当篇幅探讨冯耀明对"超越内在"说之批评是否成立。

① 参见牟宗三：《心体与性体（一）》，综论第一章第四节：宋明儒之分系。
② 李明辉：《儒家与康德》（台北：联经出版事业股份有限公司，1997 年），页139。
③ 《语类》，卷5。

> 盖主宰运用底便是心，性便是会恁地做底理。性则一定在这里，到主宰运用却在心。情只是几个路子，随这路子恁地做去底却又是心。①

心是实际在活动、在行为者。而其活动、行为之根据为理、为性，情在此是行为之动机。由动机而到落实至行为皆属心之范畴，所以说"情"是"几个路子"，"心"是"随这路子恁地做去"。在此，已有一心性情三分的架构出现，"心统性情"是说在心与性的关系上，心是可知理、顺理者；就心与情来讲，心是情呈现产生的条件，情是心顺理而动的发用；就情而言，心真正发挥了其主宰之意。所以"心者性情之主"之意为心统摄性情。心可领悟性理并依性理而发为情，在其情用中表现出性理：

> 心统摄性情，非儱侗与性情为一物而不分别也。②
> 性只是理，情是流出运用处，心之知觉即所以具此理而行此情也。③

职是之故，尽管李明辉指出，朱子之"心"并不等于康德意义下的道德主体，但在朱子系统中相应于道德主体地位的仍是心。因为朱子的"性"虽与康德的自由意志在同一层次，但只是静态之理，并无主体应有的活动义；此活动义只能表现于心。而且因心有活动，故有善恶。④

事实上，劳思光在探讨朱子理论时也曾明确指出朱子之心具有自主性或善恶二元性，而界定朱子之心可以是善或不善，此有善恶的心本身非超验主体，故本身不含规范，心之活动合于理即善，不合于理即恶；故"心有善恶"。⑤心之动非必然依理，故此处可以有不善或恶出现。劳氏于是规定心为"兼就依理或不依理二种可能说"⑥。尤有甚者，劳思光在其《哲学问题源

---

① 《语类》，卷5。
② 《语类》，卷5。
③ 《朱子文集》，卷55，答潘谦之书一。
④ 李明辉：《儒家与康德》，页138—139。
⑤ 劳思光：《中国哲学史（三上）》，页293—294。
⑥ 劳思光：《中国哲学史（三上）》，页114。

流论》一书中，甚至断言朱子由于是理学集大成者，故所说转杂，"超越心与经验心遂常混杂"①。可见他也发现了朱子论心已经蕴含气禀层面之自主性与善恶二元性，却未意识到这部分的内容与其对本性论理气概念之批评有不一致之处。劳氏已经从存在义转向到心之意识义以言人之善恶来理解朱子之心，"若说心为秀而灵，又说它知觉理义而有善恶，则应从其《宋明儒学总说》中所说的自由意志以诠释此概念之意涵，由是才能彰显朱子在诠释周氏几善恶而来的心概念以突破天道论之困难"②。朱子将心只定位在气禀层面而无法与理为一，固然与陆王诠释本心良知，以及康德之自律主体进路不同，而难以被劳思光认可。但气必无主体性，因而没有自主性的说法，至少可以从朱子理论中找到反例。

三、生与生之破坏的背反问题

（一）劳思光论背反问题

劳思光指出，天道观以易传"天地之大德曰生"为内容，此不断创生、生生不息的原理，既是存在原理，也为价值原理。这是专指以"万有实际上皆已受'理'之决定的存有论立场"③。据此以肯定世界时，必须以世界实际上循此生生之理运行为论据，同时此处又是一价值肯定，即以世界本身为实

---

① 劳思光:《哲学问题源流论》（香港：香港中文大学出版社，2001 年），页 41。
② 陈士诚:《宋明儒论人之善恶——对其存在条件及意识条件之伦理学研究》，《清华学报》，50 卷第 3 期（2010 年 9 月），页 446。该文作者并指出，劳思光对"未定性"与"未定项"两语的用法与意涵其实并不相同。分别表示两种自主观念。"未定性"乃指涉犯错的自由，要在不被强迫的自由上理解人在道德上的善恶。此原表示人若没有自由而被强迫违逆天道，则人对此违逆也根本无责任可言；若无此自由，人只能被视为产生行为之原因，而不能被视为恶之承责者，这是决意自主之概念最原初的意思。"未定项"则是指涉最高自由，涉及主体自主决定出善并实行之；然在其概念中并不能分析出上述犯错的自由，而只表示主体实现道德之自我决定与实现其中的动机，决定自己道德方向之绝对主宰性。若这主宰性亦称自由，则不是以抉择之可能性为内容的主宰性，而是劳氏所谓人最高的道德主体性，它决定了善恶，并于为善去恶提供动机。亦可作为理解劳氏决定论问题之参考。
③ 劳思光:《中国哲学史（三上）》，页 84。

现此价值之历程,故又必须将此运行方向定为一最高价值标准。且此价值标准又必须与道德实践直通,成为道德生活及判断之基础。但他认为就此三层看,皆有明确之困难①:

首先,实际生活中"生"与"生之破坏"常相依而立。某一存有之"生",常同时依另一存有之"生"之"破坏"为条件。譬如,人及动物皆须得食而生,而所食者主要仍为有生之物;则食者得生时,即以被食者之生被破坏为条件;如此则会有"生"与"生之破坏"并立的"背反问题"。盖若"生"与"生之破坏"相依而呈现,则吾人说世界"生生不息",同时亦可说世界不断有"生之破坏"也。

其次,就立价值标准而言,世界之"生"或"生生不息"被视为一有价值意义之方向,但由上述背反问题,可推出如此之价值标准下,每一"善"皆与"恶"不离。每一"价值"实现时,其否定亦实现。

最后,就道德实践言,若由一含"背反"之价值标准以建立道德生活之基础,善恶将全成为相对性概念。因为在此种道德生活中,将不见有"善"而不"恶"之行为成立。例如,杀鱼以养人,倘视为"善行",则此"善"即只在全"人"之"生"一意义上成立,亦即仅有相对性之安立。对"鱼"而言,乃其"生"之破坏,成一"恶"矣。

乍看之下,本性观似可避免天道观面对之"生"与"生之破坏"并立的"背反问题"。因"天道"乃视为实际上决定事物世界者,"本性"则只是一规范,一理想状态,不需视为已有之事实。如此,肯定世界时,亦不须谓世界实际上受一"天道"支配,只须视世界为万理实现自身之场。②持本性观以肯定世界时,可以不在自然世界之万象中求形上原理,亦不在此求价值标准。因"本性"本非一经验对象,亦不在实际世界或自然世界中。如伊川之说,万物各有其性,亦各有其理,即以"万物实现其理"作为一价值标准;于是"本性"(即"理")加"充足实现"一观念,即成为一切价值判断之基础。③

---

① 劳思光:《中国哲学史(三上)》,页54—55。
② 劳思光:《中国哲学史(三上)》,页56。
③ 劳思光:《中国哲学史(三上)》,页55。

换言之,"理"与"事"可分为两个领域。"理"可在事中实现,亦可不在事中实现。倘"理"未实现,仍不碍此"理"之存有。因"理"与"事"不视为本来合一者,故实际世界中善恶之纠结混乱,皆可不妨理之分明确定。①

但依劳思光之见,上述背反问题同样适用于本性观。因为若就单一事物之本性而言虽无问题,但若从众多事物之本性彼此间关系来看,就呈现出一种"本性实现中之冲突问题"②。因为有生之物,虽本性各自不同,但既是有生之物,则"全生"必不能不为其"理"或"性"所要求。但恃肉而生者如虎,若欲全其生,则必食他兽。而此被食之兽如羊,则即在虎能全其生时,自己必不能全其生。如果照伊川之解释,以人有"公心"或"仁心"而能推己及物,虎则不能推来回应,困难还是存在,因为:

> 虎如有此"推"之能力,又应如何?是否即不食肉而自杀?虎如自杀,是否是"循理"?是"实现其本性"?此则显有困难;盖虎食羊,则羊不能全其生;虎不食羊(及其他有生之物),则虎即不能全其生。此处之难局,乃由虎之"本性"如何实现而来;非可用"自觉"与"不自觉"一对观念解释也。③

虎若食羊,则有害羊本性之实现;虎若是能推而不食羊,则不啻自杀行为,也是有害于其自身本性之举。如此一来,一物本性之实现,必伴随另一物本性之被破坏。基于此"本性实现中之冲突问题","生"与"生之破坏"并立的"背反问题"还是没在本性论中获得解决。

(二) 分析与厘清

就背反问题而言,劳思光一方面延续前述之实然解读,将天道观解释为主张天道已实际运行于世界中;另一方面,则将易传"天地之大德曰生"解

---

① 劳思光:《中国哲学史(三上)》,页56。
② 劳思光:《中国哲学史(三上)》,页56—57。
③ 劳思光:《中国哲学史(三上)》,页57。

释为不断创生与维持个体生命之义，所以"生"与"生之破坏"并存之背反问题，就成为反驳生生之说最有力的证明，由此可见等同存有与价值原则说法的缺陷。针对前一点，本文在讨论决定论问题时已指出：若对天道观予以形上地、本然地解读，则不致有此问题。至于将"生生"理解为不断创生与维持个体生命之义，实亦基于此种解读方式，试分析如下。

首先，孔颖达将"生生"解释为"不绝之辞"，其意涵为生必有死，死必有生。故曰："阴阳变转，后生次于前生，是万物恒生，谓之易也。前后之生，变化改易。"① 依此解释，"生生"乃指生命之不断继起，"不绝"或"恒生"并非指个体生命之永存，而是后生次于前生，无数个体由生到死的前后不断接续过程。所以说"前后之生，变化改易"。易传所谓"生生"，应是兼含"生"与"死"而言。孔颖达遂以"新新不停，生生相续"界定《易经》生生概念。曾春海将"新新不停，生生相续"进一步诠释为万物有成有毁，此为万物在时间历程中的"变易"。但"物穷则革故推新"，须由"时会的运转无穷，事物更迭之绵延赓续"来理解生生。② 另外，孙向晨尝试从"生衍"角度诠释"生生"。"生衍"对于人类而言远不只是一种生物性行为，更揭示了"生命的延续性"，一种在"断裂"中的"延续"，一种使存在得以"更新"的存在论结构，因此具有深刻的存在论意义。以此来看"生生"，"生"不仅仅是生命的开端，也一直伴随着生命的"始终"；因为"生"不仅仅是"出生"，也是"生长"，更指向"未来"，同时它也表示一种"新鲜"，一种源初的力量；是"生命"中向着"世代交替"的"未来"开显的可能性。③ 也就是说，"生生"应该是合"生"与"死"，"聚"与"散"，生生不已"并不是执着于生，只以这一面为存有原则"④：

---

① 王弼注，孔颖达疏：《周易正义》，参见李学勤主编：《十三经注疏（第1卷）》（北京：北京大学出版社，2000年），页319。
② 曾春海：《易经的哲学原理》（台北：文津出版社，2003年），页96—97。
③ 孙向晨：《论家：个体与亲亲》（上海：华东师范大学出版社，2019年），页223。
④ 杨祖汉：《关于道德形上学的若干问题》，《当代儒学思辨录》，页135。

"生生"是"生而又生",而不止于一生。故易传所谓的"生生之德",是超越层的生,此"生"是敞开而让万物成就其自己,而不偏爱于任何一个个体物。此生是合"生死聚散"而言的,并不是与死为对立的生。[①]

另外,也可以从日新又新的道德实践角度来诠释"天地之大德曰生"与"生生之谓易"等语,这些语句既可以就存在界万物之生化现象上说,也可以德行实践所体证的道德创造为诠释依据。而就道德实践来看,"生生"可以从"道德心性之自发而无条件的活动,及仁心之无限感通来了解的。德行生命之精诚奋发,时时振拔而不昏昧,即是生生"[②]。如此一来,"生生"就成为"一息尚存,永矢弗谖"之永不间断道德实践过程,这与自然生命的维持、延续是不同层面的问题。可以说,不论是以合"生"与"生之破坏"、"生"与"死"、"聚"与"散"解释"生生",或是将"生生"视为永不间断的道德实践过程,论者借以响应背反问题的方式是,指出"生生"一语并非不断维持个体生命之义,而进行一种词义澄清工作。

牟宗三的诠释亦与上述论点一致。儒家生生的宇宙观之"生成",乃是"使存在之事永远生息下去而不至于枯亡,这便是对于存在之创造。这就是中庸所谓天道之诚之'生物不测'也"[③]。他在解释"天地之道可一言而尽,其为物不贰,则其生物不测"这段话时,强调"生"者妙运,妙应之义。又说"生者实现义,'使然者然'义,故天道、仁体,乃至虚体、神体皆实现原理也,皆使存在者得以有存在之理也。生者引发义,滋生义。因天道之诚、仁体之润、虚体之清通、神体之妙应而滋生引发之也"[④]。以上解释正适用在"生生"中的第一个"生"字。此"生"字乃动词,指涉作为存在与实现之理的天道之作用,并非表述经验界的事实情况。他在诠释明道从"生生之谓易"说"天之所以为道"时表示:

[①] 杨祖汉:《关于道德形上学的若干问题》,《当代儒学思辨录》,页135—136。
[②] 杨祖汉:《关于道德形上学的若干问题》,《当代儒学思辨录》,页135。
[③] 牟宗三:《心体与性体(一)》,页367。
[④] 牟宗三:《心体与性体(一)》,页460—461。

> 天就是道。此道是"生道",即"为物不贰,生物不测"之生道,即创生之道,能起创生大用之道。此"生道"亦曰"生理",即所以能生生不息之超越之理也。此生道、生理亦曰易体、神体、於穆不已之体、寂感真几。"一阴一阳之谓道"即是指点的这个道,"一阴一阳"亦犹"生生"也。由生生不息指点"易体"即可明"天之所以为道"——生道。①

天就是道。此道是"生道",能起创生大用之道,并作为阴阳气化之根据的超越之理。生生即在表述阴阳气化永不止息的整体特性,故曰"一阴一阳"亦犹"生生"也。这是对天道形上作用之说明,并非对存在物生灭之实然判断。牟氏另在他处指出:"中国人从'生'这个地方说存在。儒家讲'生生不息',也是从'生'讲存在。"② 依其诠释,可以说"生生"中的第二个"生"字表述的就是存在,而非个体生命。

质言之,作为天道内容之"生生",其含义应为各种存在物之不断创生与实现,并无永远维持、不可灭亡之义,若是如此,事实上已违背经验观察,成为要求个体生命之恒存性的主张,劳思光所提"生"与"生之破坏"以及"本性实现中之冲突问题"即会如影随形。另一方面,易传讲生生是在表述天道之特性,而天道是超越的、非经验的层次,所以在经验层面有关生死的事实描述,并不能涉及超越的天道。生生之天道着重的应为万物的价值、生命力、创造力之不断呈现与提升,朝多元化与价值善性改进的方向发展,而非追求任何个体之永恒存在,如此则多样性与创造性容易僵化,对生命整体发展而言未必有利。既然生命之更迭递嬗乃自然规律,"生"与"生之破坏"的背反,当可在生命不断继起与推陈出新中化解,而再无矛盾存在。

---

① 牟宗三:《心体与性体(二)》,页49。
② 牟宗三:《四因说演讲录》(台北:鹅湖出版社,1997年),页8。

第三节 "道德的形上学"两种创生形态："本体宇宙论的创生"与"实现物自身的创生"

接下来要探讨的是，在牟宗三从实现与创生存在讲"生生"的大方向之下，其实可以发现对"生生"的两种诠释理路，二者未必可相互涵盖，皆能自成一种说法。他曾如此解释天道之创生：

> 我们可以笼综天地万物而肯定一超越的实体（上帝或天道）以创造之或创生之，这乃完全由人之道德的心灵，人之道德的创造性之真性，而决定成的。此即是说：天之所以有如此之意义，即创生万物之意义，完全由吾人之道德的创造性之真性而证实。外乎此，我们绝不能有别法以证实其为有如此之意义者。是以尽吾人之心即知吾人之性，尽心知性即知天之所以为天。①

这段话是牟宗三在解释孟子尽心知性知天之"尽"与"知"为印证义时所说。指出道德的形上学是要借由逆觉之体证，而对天地万物进行一种价值上的解释。在他看来，天道创生万物，是"对于天地万物所作的道德理性上的价值的解释"，孟子所谓万物皆备于我，应理解为天之创生万物之创造性完全由心之道德的创造性来证实。尽管天是一超越的实体，但"天所以为天之具体而真实的意义完全由心之道德的创造性而见也"②。细究之，在这段说明中，牟氏同时运用了两个词语表述此道德理性上的价值的解释，其一是以吾人之道德的创造性"证实"天之创生万物之创造性，或是更进一步，以心之道德的创造性"决定"天之创生万物之创造性。这种诠释上的双重性，源于创造原则既具天道也有良知明觉之双重身份。由于着重点之不同，遂

---

① 牟宗三：《圆善论》（台北：台湾学生书局，1996年），页133。
② 牟宗三：《圆善论》，页134。

而可以发展出两种走向。一种是以道德的创造性"证实"天创生万物之创造性,而由天道做存有论意义的现象之创造,呈现出本体宇宙论的创生模式;至于以心之道德的创造性"决定"天之创生万物之创造性,则为一种实现物自身之价值的创造,现象只有认知意义而无存有论意义。以下将分别对这两种创生形态做进一步之论述。

一、"本体宇宙论的创生"形态:"性体"作为创造实体

依据牟宗三在《心体与性体》一系列书中对道德的形上学之说明,本心、性体同时是道德实践与宇宙生化之本体。此作为创生实体、"於穆不已"的实体之乾道,"自身无所谓'变化','变化'者是带着气化以行,故假气化以显耳,变化之实在气,不在此实体自身也"[①]。此说明同时涉及存有论(天道、乾道)与宇宙论(气化)两个面向,气化流行虽不等于天道,却是天道的表现,天道作为即存有即活动之本体宇宙论的实体,是气化流行之存在根据。气化流行之现象界在存有论上仍是真实意义的存在。

此外,天道亦即"性体",是人道德实践所以可能的超越根据,同时即通"於穆不已"之实体而为一,由之以开道德行为之纯亦不已,以洞彻宇宙生化之不息。性体就成为通道德与存在而一之关键。其方式即是所谓道德理性三义中之第一、二两义:

> 在形而上(本体宇宙论)方面与在道德方面都是根据践仁尽性,或更具体一点说,都是对应一个圣者的生命或人格而一起顿时即接触到道德性当身之严整而纯粹的意义(此是第一义),同时亦充其极,因宇宙的情怀,而达至其形而上的意义(此是第二义)……[②]

[①] 牟宗三:《心体与性体(一)》,页33。
[②] 牟宗三:《心体与性体(一)》,页117。

第一章 "道德的形上学"到"理一分殊新释" / 61

在形而上（本体宇宙论）与在道德这两方面都是根据践仁尽性，而可见道德性当身之严整而纯粹的意义以及其形上学的意义，就是在说明依据性体而起的道德实践或道德创造，即为贯通道德与存在之枢纽。"这为定然地真实的性体心体不只是人的性，不只是成就严整而纯正的道德行为，而且直透至其形而上的宇宙论的意义，而为天地之性，而为宇宙万物底实体本体，为寂感真几、生化之理。"①

如此看来，在牟宗三对道德的形上学之表述中，"性体"一观念居关键之地位，最为特出。② 在这个阶段，他是以"性体"观念为主，强调"性"才是能起宇宙生化与道德创造之"创造实体"③，本心是人在道德实践中对此性体之自觉。所以"宋明儒所言之天道、天命、太极、太虚，其结穴只在性体。性体具五义是客观地说；从天道、天命、太极、太虚而结穴于性体，所谓性与天道，性天之旨，亦皆是客观地说。至心能尽性，心具五义，则是主观地、实践地说"④。此时既说天道乃结穴于性，所以客观地创生万物之作用亦落于性，并无本心、仁体可实现对象之物自身的说法，而且心与性的关系是主观与客观、"对其自己"与"在其自己"对言，尚无"智的直觉"一语出现：

> 客观地言之曰性，主观地言之曰心。自"在其自己"而言，曰性；自其通过"对其自己"之自觉而有真实而具体的彰显呈现而言则曰心。心而性，则尧舜性之也。性而心，则汤武反之也。心性为一而不二。
>
> 客观地自"於穆不已"之天命实体言性，其"心"义首先是形而上的，自诚体、神体、寂感真几而表示。若更为形式地言之，此"心"义即为"活动"义（activity），是"动而无动"之动。此实体、性体、本是"即活动即存有"者，故能妙运万物而起宇宙生化与道德创造之大用。⑤

---

① 牟宗三：《心体与性体（一）》，页138。
② 牟宗三：《心体与性体（一）》，页34—37。
③ 牟宗三：《心体与性体（一）》，页40。
④ 牟宗三：《心体与性体（一）》，页569。
⑤ 牟宗三：《心体与性体（一）》，页40—42。

心性为一而不二,是指在道德实践上,心正是性对本身之自觉;至于宇宙生化之存在层面,心则形而上地意指性之活动,性体作为起宇宙生化与道德创造之"创造实体",创造且引发了宇宙之气化流行,现象界于是取得在存有论上存在的意义。所以牟宗三强调"心性是一之宇宙论的模型以性为主,道德实践之证实而贞定此模型,则须以心为主"①。在宇宙论的模型上须以性为主导概念,此时"心"义着重在"活动"义,是"动而无动"之动。而性作为客观性原则可建立天地万物之自性,可见创生天地万物之实义落在性,而非心。道德实践在证实与贞定宇宙论的模型,就是说心之特性在于相应天道,借由道德实践形着性之创造,成为性或天道之具体化。心之实在创生道德行为,而非天地万物,这种道德的创造可呼应或契合于性或天道之创造,成为其创生的一种范例,故是证实与贞定性。所以他在解释张载"气聚,则离明得施而有形"以及"盈天地之间者,法象而已。文理之察,非离不相睹也"两句时,才宣示这些皆是"本体、宇宙论的"陈述,非认识论的陈述。②我们可以称以上思路为"本体宇宙论的创生"形态。

二、"实现物自身的创生"形态:智的直觉之提出

但在《智的直觉与中国哲学》及《现象与物自身》二书中,创生之意涵已逐渐产生变化。先就《智的直觉与中国哲学》来看,此书重点在从康德所谓智的直觉切入,讨论儒家实现或创生存在的方式。智的直觉是本心、仁体的明觉活动。在此活动中,"自知自证其自己,如其为一'在其自己'者而知之证之,此在中国以前即名曰逆觉体证。此种逆觉即是智的直觉"③。而且本心、仁体"不但特显于道德行为,它亦遍润一切存在而为其体。前者是它的道德实践的意义,后者是它的存有论的意义;前者是它的道德创造,引生道德行为之'纯亦不已',孟子所谓'沛然莫之能御',后者是它的生物不

---

① 牟宗三:《心体与性体(一)》,页532。
② 牟宗三:《心体与性体(一)》,页468—469。
③ 牟宗三:《智的直觉与中国哲学》,页196。

测,引发宇宙之秩序,易传所谓'以言乎远,则不御'。总之,它是个创造原则"①。

本心、仁体之所以能成就宇宙生化,是由仁心感通之无外而说的。就此感通之无外说,一切存在皆在此感润中而生化,而有其存在。仁心的感通无外就是仁心之觉润无方,即为智的直觉,本身即给出它的对象之存在。在这种智的直觉中,一切存在都是"在其自己"之自在自得物,所谓万物静观皆自得,都不是作为现象的对象。"同一物,对智的直觉说,它是一物之在其自己(物自体),此即康德所说'物自体'一词的积极意义(唯彼不取此意义而已),对感触的直觉与辨解的知性说,它是现象,因而也就是一对象。智的直觉直觉地认知之,同时即实现之,此并无通常认知的意义,此毋宁只着重其创生义。"② 所以同一现象,在德性之知与经验知识中有不同的样貌。在前者是呈现其物自体,在后者是展现出经验内容与特性。也就是说,一切事物,经由此智的直觉而呈现出其物自体,也可说是实现了其物自体,因此有了真实的存在。在此意义上,说一切存在皆在此感润中而生化,而有其存在。既然肯定人有智的直觉,其创造已不仅限于道德行为,更可于存在层面实现物自体。

到了《现象与物自身》问世的阶段,牟宗三则进一步发展了《智的直觉与中国哲学》中的论点。他以"知体明觉"为儒家存有论的代表,而以阳明"意之所在为物"与"明觉之感应"两句话解释智的直觉之创造。当阳明说"意之所在为物",此时物乃行为物,亦即事,也就是道德行为;当他说"明觉之感应"为物时,则是事物双彰,行为物(如事亲)与存在物(如亲)俱是在其自己者。就明觉之感应而言,他指出:"就事言,良知明觉是吾实践德行之道德的根据;就物言,良知明觉是天地万物之存有论的根据。故主观地说,是由仁心之感通而与天地万物为一体;而客观地说,则此一体之仁心顿时即是天地万物之生化之理。"③ 这也是中庸合内外之道所谓成己成物的性之

---

① 牟宗三:《智的直觉与中国哲学》,页199。
② 牟宗三:《智的直觉与中国哲学》,页200。
③ 牟宗三:《现象与物自身》,页442—443。

德。成己乃事；成物就物言，成己是道德实践，成物是自我实践之功化，此功化含有一道德的形上学，无执的存有论。所以说："就成己言，它是道德创造的原理，引生德行之纯亦不已；就成物言，它是宇宙生化之原理，亦即道德形上学中的存有论的原理。"① 其中所谓成物之成乃实现义，所成之事是在其自己之事，是实事，亦是德行；所成之物是在其自己之物，其自身即是目的。

依照以上诠释，儒家所谓体用已类似于上帝与物自身之关系。因为就知体明觉之感应无外而言，其所感应的物，与由此应物而引来的事（德行），俱是用，而物与事俱是在其自己者。是则物与事之"用"，"并不是现象，而是'在其自己'之如相。因此，此所谓体用倒有点类似康德所说的上帝与物自身之关系（上帝只创造物自身，不创造现象）。只是知体明觉之为体与上帝不同而已"②。

若细究牟宗三之用字遣词，在《心体与性体》中，"性体"概念为核心，故天道、天命、太极、太虚，皆结穴于性，客观地妙运万物而起宇宙生化是性体之神用；《智的直觉与中国哲学》一书中，"性体"与"本心仁体"常并举；到了《现象与物自身》问世的阶段，则不再以性体概念为首出，才会在主客观面皆主要以良知明觉或仁心做解释。心已不再只是借道德实践来证实或形着性或天道，其智的直觉即具备实现物自身之创生作用，统道德与存在而一之。而且谈现象只能有认知意义的现象，不能有存有论意义之现象。"平常依存有论的方式说本体现象，或依中国传统说体用时亦把用视为现象，那是不检之辞，忘记了'认知度向'之插入。现象（依康德此词之严格的意义）只在'认知度向'之介入上而起，即只对认知主体而起。"③ 可见由知体明觉为体所起之用并非现象，而是非现象之实事、实理、实物。亦即康德所谓物自身。由于知体明觉之为万物存有论的根据是就其实现天地万物之物自身而言，经验事物已成为认识论意义的现象。这是一种"实现物自身

---

① 牟宗三：《现象与物自身》，页 444。
② 牟宗三：《现象与物自身》，页 445。
③ 牟宗三：《现象与物自身》，页 128。

的创生"形态。天道成为"此直觉自身就能给出它的对象之存在"之智的直觉,不再是《心体与性体》中本体宇宙论之原理,因为宇宙论之原理并非物自身之实现原理,而是万物生长、运动、变化之所以然之理,如此一来,道德的形上学两种不同形态于焉成形。

三、对明道与阳明评价之转变

此外,两种形态之差异也可从牟宗三对阳明学说的理论评价上看出。在《心体与性体》中,他视明道为圆教之模型,在主客观两面皆饱满而无遗:

> 明道直从"於穆不已"、"纯亦不已"言道体、性体、诚体、敬体。首挺立仁体之无外,首言"只心便是天,尽之便知性,知性便知天,当下便认取,更不可外求",而成其"一本"之义。是则道体、性体、诚体、敬体、神体、仁体、乃至心体、一切皆一。故真相应先秦儒家之呼应而直下通而为一者是明道。明道是此"通而一之"之造型者,故明道之"一本"义乃是圆教之模型。①

从这段话来看,牟氏对明道可谓推崇备至。他视儒家为圆教,明道之"一本"义为此圆教之模型,评价之高不言而喻。原因在于明道对客观的天道与主观的本心皆很重视,不但体证到可识仁之本心,更兼顾中庸与易传盛言的客观而超越之"天",因为即使连孔孟也重视此客观而超越地言之"天"。牟宗三指出,如果成德之教中必函有一"道德的形上学",此"天"字之尊严是不应减杀或抹去者,阳明正是因为不够正视此客观超越之"天"而有所虚歉,才会有"虚玄而荡"或"情识而肆"之王学流弊,刘蕺山即于此着眼而"归显于密"也。此为内圣之学自救之所应有者。② 因此他对阳明的评

---

① 牟宗三:《心体与性体(一)》,页44。
② 牟宗三:《心体与性体(一)》,页48。

价不如明道：

> 象山与阳明既只是一心之朗现，一心之申展，一心之遍润，故对于客观地自"於穆不已"之体言道体性体者无甚兴趣，对于自客观面根据"於穆不已"之体而有本体宇宙论的展示者尤无多大兴趣。此方面之功力学力皆差。虽其一心之遍润，充其极，已申展至此境，此亦是一圆满，但却是纯从主观面申展之圆满，客观面究不甚能挺立，不免使人有虚歉之感。自此而言，似不如明道主客观面皆饱满之"一本"义所显之圆教模型为更为圆满而无憾。盖孔子与孟子皆总有一客观而超越地言之之天也。此"天"字如不能被摈除，而又不能被吸纳进来，即不能算有真实的饱满与圆满。①

显而易见，依牟氏之意，明道因为主客观面皆饱满，而在阳明之上。甚至在明道的一本论中，"象山阳明之一心遍润，一心申展，始真有客观的落实处，而客观地挺立矣"②。

但在牟宗三提出智的直觉之创生性后，以上说法皆已少提或根本不提，他于《现象与物自身》中强调，此书开始由道德的进路展露本体，本即是依阳明而言。言及儒家的无执的存有论，则当集中于阳明所言之"知体明觉"而言之。③可见此时阳明良知之教才是其理论核心。他并接着强调：

> 直接由道德意识所呈露的道德实体有种种名。依孔子所言的仁，可曰仁体。依孟子所言的心，可曰心体。而此本心即性，因而亦可曰性体。依中庸所言的诚，可曰诚体。依其与客观方面言的天道合一而为一形而上的实体而言，亦可曰道体，神体，寂感真几，於穆不已之体。依阳明，则曰知体明觉。依刘蕺山，则曰独体，涉指心体（意体）与性

---

① 牟宗三：《心体与性体（一）》，页47—48。
② 牟宗三：《心体与性体（一）》，页48。
③ 牟宗三：《现象与物自身》，页435。

体两者而言者。虽有种种名,而今特愿就阳明所言之知体明觉而言之,何以故?因良知特显内在的决断故,与具体的道德生活能密切地相连接故。①

在这一段整理儒家讲道德意识所呈露的道德实体之说明中,牟宗三并未提及明道,而且认为阳明所说的知体明觉,最能凸显内在的道德决断而与具体道德生活密切相关,是以堪为代表。尤有甚者,牟氏又在他处指出,陆王一系由本心即性即理这一心体之道德意义与绝对意义,即可使道德界与存在界一时同彰,不须有主客观两面的回环。因为:

> 本心即是一自由无限心,它既是主观的,亦是客观的,复是绝对的。主观的,自其知是知非言;客观的,自其为理言;绝对的,自其"体物而不可移",因而为之体言。由其主观性与客观性开道德界,由其绝对性开存在界。既有其绝对性,则绝对地客观地自道体说性体亦无过,盖此即已预设本心之绝对性而与本心为一也。然既是绝对地客观地由道体说性体,其所预设者不显,故如此所说之性体与道体初只是有形式的意义,此只能大之、尊之、奥之、密之,而不能知其具体而真实的意义究如何。此所以横渠,五峰,蕺山,必言以心成性或着性,而仍归于论孟也,亦即是将其所预设者再回头以彰显之也,故道体,性体,心体,并不对立也。惟先说道体性体者,是重在先说存在界,而道体性体非空悬者,故须有一步回环,由心体之道德意义与绝对意义(存有论的意义)以着成之也。陆王一系由本心即性即理这一心体之道德意义与绝对意义两界一时同彰,故无须这一步回环也。②

在这段引文中,牟宗三以本心为自由无限心之绝对者,理或性体、道体

---

① 牟宗三:《现象与物自身》,页436—437。
② 牟宗三:《现象与物自身》,序,页12。

只是其中客观面，于是为首要的不再是性体，而是本心，甚至道体、性体之客观性就在于预设了本心之绝对性。既以本心为立论根据，主客观两面之回环则无此必要，阳明亦不再因为不够正视客观超越之"天"而有所虚歉，本心即性即理这一心体之道德意义与绝对意义即可使两界一时同彰，阳明学说被引用与进一步诠释的分量也日益吃重。更可看出在提出智的直觉之创生性后，牟氏对"道德的形上学"之理论建构，已走向"实现物自身的创生"形态。

第四节　天人关系之界定："同于"无限

一、"内容的意义"相同：本体宇宙论的创生

在"本体宇宙论的创生"形态中，天与人的关系表现为"内容的意义"相同。试看以下这段话：

> "尽心知性知天"是自体上言。在此，心性天是一。"存心养性事天"是自人为一现实存在言，天亦是带着气化说。在此，心性因现实存在之拘限与气化之广大，而与天不即是一。自"一体而化"言，则此分别即泯。从体上说是一，带着用说亦是一也。"立命"则是就现实存在与气化之相顺相违言，此不是说心性与天的事，而是说带着气化的天与吾人之现实存在间之相顺相违的事。至"一体而化"之境，则一切皆如如之当然，亦无所谓"命"也。①

这段话可从三方面予以解析：
（1）就存有论而言，讲的是本体，亦即"尽心知性知天"一语。吾人之

---

① 牟宗三：《心体与性体（一）》，页27—29。

心性与实体义的天,以理言的天"内容的意义"相同,"此所谓'内容的意义'相同实即同一创生实体也"①。故心性天是一,人在"体"上"同于无限"。

(2)就人为一种现实存在而言,即"存心养性事天"一语。此时心性天不即是一,基于人之有限性,"则不能不有一步谦退,因此显出一层退处之'事天'义"②。此带着气化的天与吾人现实存在之相顺相违,亦形成吾人"命"的限制,而须"夭寿不贰,修身以俟之"的"立命"态度。凡此皆在强调现实存在的有限性。

(3)就理想境界而言,讲的是"一体而化"之圣人境界,由人从心所欲而不逾矩,体现出纯亦不已之德行,进入从体上说是一,带着用说亦是一之"同于"无限的境界。质言之,此处所谓"同于"无限,首先是指在存有论上,人之心性与以理言的天"内容的意义"相同,同为创生实体,故心性天从"体"上说是一。因此牟氏诠释"尽心知性知天"为:"此时天全部内在化,吾之性体即是天,天地亦不能违背此性体。此时天与人不但拉近,而且根本是同一,同一于性体。"③这是强调天可以纯内在化,"纯内在化者是以理言的天,与性体意义同、质同、化境同的天"④。其次,落在人的道德实践上讲,"同于无限"则为天人相即合一的工夫语、境界语,表述在圣人境界中天人之分别即泯,而可从心所欲不逾矩之状态。圣人也是人,故不能不受到气命之限制,就此带着现实存在的有限性而言,人与天不即是一;然而在一体而化的境界中,由于能充分体现天道,即使不得不带着气化之"用",亦不碍其同于无限。

要注意的是,人之性体虽与天意义同、质同,这只代表人的道德创造与天道之同质性,天道体现在人的道德修养、道德行为中。同者在于道德创造,而非实现万物之存在,"於穆不已"的创造仍是归之于天:

---

① 牟宗三:《心体与性体(一)》,页27。
② 牟宗三:《心体与性体(一)》,页28。
③ 牟宗三:《心体与性体(一)》,页527。
④ 牟宗三:《心体与性体(一)》,页526。

故尽心即是知性，知即在尽中知。而知性即是尽性，"知"处并无曲折的工夫。工夫全在"尽"字。所谓"知"者，只是在"尽心"中更具体地、真切地了解了此性体而已，此性体更彰着于人之面前而已。在"尽心"中了解了人之真正的本源（性体），真正的主体，则即可以"知天"矣。因为天亦不过就是这"於穆不已"之创造，即生化之理也。故中庸曰："天地之道可一言而尽也。其为物不贰，则其生物不测"。在天，说"生物不测"；在性，则说道德创造（道德行为之纯亦不已）之"沛然莫之能御"。故天之正面函义与心、性之函义为同一也。①

尽心即是知性，这是就人之道德创造、道德实践而言。在"尽心"中了解人真正的本源（性体），真正的主体，则即可以"知天"，意指以道德创造之"沛然莫之能御"，呼应天之"生物不测"，依性体而有之道德行为正是天道透过人而表现，故曰天之正面函义与心、性之函义为同一。但万物存在之理、生化之理并非人力所能及，只能归之于天，才会强调在天，说"生物不测"；在性，则说道德创造之"沛然莫之能御"。这种思路还可证诸牟宗三对横渠"心知廓之"一语之解释：

超见闻之"心知"遍体天下之物而不遗，自然开朗无外。以其开朗无外，故能相应"天之不御"而知其为无穷尽。相应其"不御"之无尽即是郭廓而范围之。"廓之"以"相应"定。此如"范围天地之化而不过"之范围，此范围亦是"相应"义。故此范围是比拟说，并非有形之一定范围也。故其实义即是"形着"，言心知相应其无尽而证实之，证实之即形着之。容（客）观自如者须待主观之形着而得其真实义与具体义。故"心知廓之"之廓本于超越的道德本心之无外，而落实于对天道之形着。心之作用即在形着，故横渠言"心能尽性"也。而孟子亦言

---

① 牟宗三：《心体与性体（一）》，页538。

"尽心知性知天"也。①

所谓"廓之",犹如"范围天地之化而不过"之范围,两者皆是"相应"义,而其实义即是"形着"。"心知廓之"表示心知相应天道之无尽而证实之,证实之即形着之。心之作用即在形着,横渠言"心能尽性",孟子言"尽心知性知天",都在说明这形着义。"尽心知性知天实不只是遥遥地知天,实足以证实天之所以为天,而在本质上实同于其所说之心性。"② 心可证实、形着天道,成为天道落实于人的行为之具体化,所以说心性天在本质上同,不过这是就道德实践之本质而言,而未涉及万物之生化。

总的来说,"本体宇宙论的创生"所表现之"内容的意义"相同,可借以下这段话予以概括:

> 心即是体,故曰心体。此是主观地、存在地言之,由其体物不遗而见其为体。天道篇:"天体物不遗犹仁体事无不在",俱是由体物体事而见其为体。天道之"体物不遗"是客观地、本体宇宙论地说;仁之"体事无不在"是主观地、实践地说。主观地、实践地说,即所以明"心能尽性"之超越的、形上的普遍本心也。故"天大无外",性大无外,心亦大而无外。此即函心性天之主观地、实践地说之之合一,而亦竟直是一也。③

心性天可以是一,但这是"仁体事无不在"方面的一,在人主观地实践地说之合一,乃是本质上、实践上与天道或无限者之"合一",并以此"内容的意义"同于天道而言"是一"。但就万物之存在,宇宙之生化的层面,则须归之于天道。故客观地、本体宇宙论地说,必须是"天体物不遗"。故"天体物不遗犹仁体事无不在",正在强调心可相应、证实、形着天道,成为天道落实在道德领域之具体化。

---

① 牟宗三:《心体与性体(一)》,页550。
② 牟宗三:《心体与性体(一)》,页552。
③ 牟宗三:《心体与性体(一)》,页557。

二、"作用的意义"相同：实现物自身的创生

就"实现物自身的创生"形态而言，在存有论上，基于人有智的直觉之前提，吾人之心性与实体义的天，以理言的天非仅"内容的意义"相同，即使在"作用的意义"上亦同。"内容的意义"相同，代表人之性体虽同于天道，但人实际创造的乃道德行为，此中"内容的意义"亦即感通无隔之仁心，之所以相同是由于人能推己及人，正可呼应天道之诚，在道德实践之本质上合一。道德行为自然是天道之展现与落实，但这只是天道的一个面向，尚未涵盖宇宙之生化。

但若人拥有智的直觉，此直觉即可实现物自身，这种事物双彰的成己成物，就不只表现在道德实践上，而亦具存有论之功化，人与天道不但在内容的意义上，就连在创生作用上也可同一，此即"作用的意义"上相同之义。职是之故，在《智的直觉与中国哲学》中，相对于《心体与性体》，牟宗三对张载"心知廓之"的解释有了微妙变化，而不只是形着：

> "心知廓之，莫究其极"，此是主观地说，是以"心知"之诚明形着此"不御"而证实之，亦即具体而真实化之。"莫究其极"是如其"不御"而证实其为不御。"廓之"即相应如如范围而形着之之意。"范围"不是圈限之，而是如如相应而印定之之意，即如其"不御"而印定之。此种如如相应而印定的"心知之廓之"即是一种智的直觉。既是智的直觉，则不但如如相应而印定之，即不只如如相应而认知地呈现之，形着之，且同时亦即能客观地竖立起来与那天道生德之创生之不御为同一而其自身即是一不御的创造。客观说的天道生德之创生之不御究竟落实处即在此主观说的"心知之诚明"之创生之不御。①

上面引文的前半段，一直到"即如其'不御'而印定之"为止，意思与前

---

① 牟宗三：《智的直觉与中国哲学》，页186。

引《心体与性体》那段话可谓一致,似同样在说明"心知廓之"表示心可证实、形着天道,成为天道落实于人的行为之具体化。但随后即补充"心知廓之"为一种智的直觉,而不只是形着天道,则表现出一种"作用的意义"相同之思路。如此一来,不但客观说的天道生德之创生之不御,其究竟落实处即在主观说的心知之诚明之创生之不御,并且人之智的直觉即与天道生德创生之不御为同一而其自身即是一不御的创造,而可以实现一物之在其自己。"'心知廓之'不只是印证(形着)太虚神体创生之不御,而且其本身即与之为同一而亦为一创生不御之实体,落实说,实只此一本也。"①

再将焦点转到《现象与物自身》。牟氏在此强调儒家立教本就是一个道德意识,直接由吾人的道德意识呈露那内在的道德实体,他特别从阳明所言之良知明觉来说明此道德实体,而其不但具有道德的意义,可从事道德创造;也同时具备存有论的意义,可实现物之在其自己,于是智的直觉在作用上与天道已合二为一。此可证诸下面这段话:

> 良知明觉是实现原理也。就成己言,它是道德创造之原理,即引生德行之"纯亦不已"。就成物言,它是宇宙生化之原理,亦即道德形上学中的存有论的原理,使物物皆如如地得其所而然其然,即良知明觉之同于天命实体而"於穆不已"也。在圆教下,道德创造与宇宙生化是一,一是皆在明觉之感应中一体朗现。……。盖物之存有必在吾之行事中存有,吾之行事亦必在成物中完成也。②

良知明觉同于天命实体而为实现原理,既是道德创造之原理,亦为宇宙生化之原理,道德形上学中的存有论的原理。所以说道德创造与宇宙生化是一,人与天不只是在道德创造之内容的意义上同,因涵盖了万物之生化,成为作用上亦同。借此我们才能了解"物之存有必在吾之行事中存有,吾之

---

① 牟宗三:《智的直觉与中国哲学》,页188。
② 牟宗三:《现象与物自身》,页444。

行事亦必在成物中完成"这句话之意义。另外,牟氏在解释明觉之感应乃事物双彰时,也表达了相同的意思:

> 真诚恻怛之良知,良知之天理,不能只限于事,而不可通于物。心外无事,心外亦无物。一切盖皆在吾良知明觉之感应的贯彻与涵润中。事在良知之感应的贯彻中而为合天理之事,一是皆为吾之德行之纯亦不已。而物亦在良知之感应的涵润中而如如地成其为物,一是皆得其位育而无失所之差。此即所谓事物双彰也。①

心外无事,心外亦无物。因为事与物皆在吾良知明觉之感应的贯彻与涵润中。所以说:"就事言,良知明觉是吾实践德行之道德的根据;就物言,良知明觉是天地万物之存有论的根据。故主观地说,是由仁心之感通而与天地万物为一体,而客观地说,则此一体之仁心顿时即是天地万物之生化之理。"②

"本体宇宙论的创生"将万物之存在与生化委诸天道,内在化是指人直接参与道德创造而与天内容的意义相同;"实现物自身的创生"则主张人之良知明觉可使事物双彰,兼为道德创造及宇宙生化之原理,则表示人之道德实践上的体用,已类似于上帝与物自身之关系。可以说,由于"实现物自身的创生"形态主张良知明觉在"作用的意义"上亦与天同,人在"体"上"同于无限"的特性,实较"本体宇宙论的创生"形态更为凸显。

第五节 天人关系再界定:同异并存

一、对有限性之正视

在"实现物自身的创生"形态中,天与人在"作用的意义"上相同,其关

---

① 牟宗三:《现象与物自身》,页442。
② 牟宗三:《现象与物自身》,页442—443。

键在于人具备可以实现物自身之智的直觉。揆诸牟宗三对智的直觉之说明,可能必须面对一种批评,亦即此种诠释并不合乎康德哲学的原意。刘述先即认为不须把儒家对道的体悟与康德所谓智的直觉连在一起说。牟宗三肯定人有智的直觉,据儒家立场认为康德是走向儒家的预备阶段,但由紧守康德典范者来看,这种说法却是一种逾越:

> 康德说只有上帝有智的直觉,原因是只有在上帝,语言、思想、真实三者才合而为一。故上帝说光,世界就有了光。但人智却必始于感性的直观(sensible intuition),感官必先受动接受感觉印象,认识心才有用武之地。在《实践理性批判》之中,康德认为道德行为要有意义,必以意志自由为基设,人在此乃得以跨越现象通往本体(noumenon)。但人无论如何也不可能有智的直觉。①

刘述先指出,康德认为在上帝处语言、思想、真实三者合而为一,因此才有智的直觉;人智必始于感性直观,就算实践理性可通往本体,但无论如何也不能宣称人有智的直觉。由基督教的观点看,讲有限而通于无限,其实是一种僭越。上帝与世间具有一道鸿沟,人才会谦卑。在这种终极关怀或默认的层面,个人可以做其存在的抉择,难以有定准。牟宗三的说法"其实并不能够超出康德《纯理批判》所谓'先验的辩证学'(transcendental dialectics)所揭示的难局"②。所以他尽管认同牟宗三逆觉体证的工夫论,却认为不必将逆觉时对天道之体证视为康德所谓智的直觉:

> 牟先生说中土三教都肯定有智的直觉,其实是说人对于道有直接的体悟,并未遵守康德用这一词的原意。考其实际牟先生是继承熊先生的睿识,以良知为"呈现",不能仅是冯友兰所说的"假定"。我也接

---

① 刘述先:《论中国人的价值观在现代的重建》,《理想与现实的纠结》,页90—91。
② 刘述先:《论中国人的价值观在现代的重建》,《理想与现实的纠结》,页91。

受这样的睿识，只不过认定康德是一不同的思路，不必连在一起谈。①

刘述先亦主张人对于道有直接的体悟，这就是逆觉时良知之呈现，但直言这与康德智的直觉一词之原义并不相符。因此人与无限"作用的意义"相同之论点，实与其理一分殊新释之理路不同。

至于"本体宇宙论的创生"情况又是如何呢？逆觉体证与良知作为真实的呈现，是《心体与性体》一系列书中之核心概念，那么在天人关系上，理一分殊新释与"本体宇宙论的创生"是否有其一致之处？要确定是否如此，笔者以为可以从双方对"生生"的诠释着手分析。生生的道理在"本体宇宙论的创生"形态中是以人道证实天道，道德的创造可呼应或契合于性或天道之创造，成为其创生的一种范例，故是证实、贞定乃至形着性。刘述先在解释天道之生生时，除了指出天道是一生道，也说明了人道如何以天道为楷模。但其所谓以天道为楷模，重点则在人以生生之天道为终极托付，不断发挥自己的禀赋之创造性：

> 《易经》讲生生，多这一个生字，就把整个死局点活了。单说一个生字，当自然的生命力减退，到了终点就只剩下死亡。但生生的托付却能使我们在逆境之中还可以发挥出创造力，而自然生命的终结也不表示创造过程的终结，因为我的生命本就是天地之化的一部分。《易传》所谓："一阴一阳之谓道，继之者善也，成之者性也。"我发挥出天命于我的性分内的生命力，那也就没有遗憾了。这就是宋儒张载《西铭》所谓的"存吾顺事，殁吾宁也"。生死对我来说不再成为挂虑的根源。②

生生之天道可以作为我们的寄托，成为吾人不断发挥生命力与创造力的根据，个人之生死亦成为天地之化的一部分而无须挂怀。生生落实在人

---

① 刘述先：《儒学与未来世界》，《当代中国哲学论：问题篇》，页256。
② 刘述先：《儒学与未来世界》，《当代中国哲学论：问题篇》，页231。

道上,就成为不断发挥创造力的过程。这强调的不是人与天同之无限的意义,而是人道虽通于天道,但无法即等同于天道,是故要以天道为终极托付的对象,"有限之通于无限不可以滑转成为了取消有限无限之间的差距"①。刘述先表示,一般在解释中庸、孟子与阳明学说时,"过分着重讲天人的感通,而不明白在中国传统之中天人也有差距"②。可见理一分殊新释因较为侧重人的有限性,也与"本体宇宙论的创生"有所区隔。

二、"同于"到"同异并存"

从道德的形上学两种创生形态来看,不论是天人之"作用的意义"或是"内容的意义"相同,其共同点就在人可"同于"无限或天道。但牟宗三在谈到"以气言"之命时,也表达出对于人之有限性的体认。他指出命有以理言与以气言两种情况,亦即所谓先天与后天两义,就先天而言,天与人不但拉近,而且可同一;就后天而言,天与人即拉远。他对此的说法是:

> 此先天后天两义,即孟子"尽心知性知天""存心养性事天""殀寿不贰、修身以俟,所以立命"之三义。"尽心知性知天"是先天义,后两义是后天义。依先天义,保持道德创造之无外;依后天义,保持宗教情操之敬畏。依先天义,保持道德我之无限性;依后天义,保持我之个体存在之有限性。此两义同时完成于儒家之"道德的形上学"中……③

牟宗三在此以孟子"尽心知性知天""存心养性事天""殀寿不贰、修身以俟,所以立命"之三义说明天人关系。"尽心知性知天"是先天义,以保持道德我之无限性,说的正是同于无限之意义;"存心养性事天"与"殀寿不贰、修身以俟,所以立命"是后天义,要保持宗教情操之敬畏以及我之个体存在

---

① 刘述先:《儒学与未来世界》,《当代中国哲学论:问题篇》,页229。
② 刘述先:《两行之理与安身立命》,《理想与现实的纠结》,页228。
③ 刘述先:《两行之理与安身立命》,《理想与现实的纠结》,页527—528。

之有限性,在这层面人由于受到有限性之制约,因此必须面临命运之左右,此即是以气言之"气命"。他对此"气命"做出如下解释:

> 此亦是天理中事,天命中事,天道中事,亦得简言之曰天。此是天理、天命、天道之偏于气化说,但亦为其神理所贯,全气是神,全神是气。既全神是气,则无限量之无穷复杂之气固亦天理、天命、天道中事。就此说天理、天命、天道即是偏于气说的天理、天命、天道,而此即对于吾个体生命有一种超越的限定,而吾个体生命对此超越限定言,即有一种遭遇上之距离与参差,因而有所乘之势与所遇之机之不同,而此即形成吾之个体生命之命运与命遇,此即是以气言之"气命"。①

若从以气言的命来看,就对人之个体生命形成一种超越的限定,这种"气命"即形成人的命运与命遇。这种气命的意义是:"对吾人所成之超越的限定始有一种庄严的严肃意义,所以才值得敬畏,而每一个体生命之遭遇乎此总不免有无限的慨叹,虽圣人临终亦不免叹口气(罗近溪语),因而'知命'、'知天命'才成为人生中一大关节。"②而"命"或命限作为气化层面之限制,可表现为感性之限制、气质之限制、遭遇之限制等形态,此种种命限"只可转化其意义而不能消除之。命限通于一切圣人,即于佛亦适用"③。可见牟宗三并非未意识到人的有限性,只不过对他而言,在无体、无理、无力的时代,更须凸显的是人可超越现实生命的理想性与无限的承担。作为其后继者,刘述先从事的工作,无非是把牟宗三讲气命限制的这一面加以强调,重新正视这种有限性的课题。所以针对批评牟宗三"超越理想无法具体落实"的说法,他的响应是:

> [牟宗三]针对一个无理、无体、无力的时代,他乃一反时代低沉的

---

① 牟宗三:《心体与性体(一)》,页525。
② 牟宗三:《心体与性体(一)》,页525—526。
③ 牟宗三:《圆善论》,页154。

空气,专一偏重在正面立论,阐扬超越的理境。在现实的层面,他既已指出传统的不足,并指点了"曲通"的方向,便已尽到了他的责任。我们要接棒往前走,就不能不在反身的方向之外,同时重视具体落实的方向,而在理论上有进一步的拓展。牟先生所阐明的是超越的义理,这是"显"的一面,但超越的理想要落实,就不能不受到折曲,所以我们不能不重视"隐"的一面。必由这一方向有所开拓才能与现代西方接头的打开一个新的局面。①

刘述先从牟宗三身处的时代氛围切入,体察到后者不得不特别标举"显"的无限的理趣与境界,以对治无体、无理、无力的弊病。但这种贡献同时也有其限制,亦即对"隐"的有限性现实一面强调有所不足,所以他的重点就是再重新把握这隐的、有限性的一面。

对刘述先而言,所谓人虽有限而可无限的意思应是"有限虽通于无限,但并不等同于无限",若把有限的人(分殊)当作无限的天(理一)便会造成偶像崇拜(idolatry)的恶果。② 就算是圣人如尧舜的价值创造,亦如一点浮云过太空,也是有限的分殊。就这点来看,基督教的思想家强调上帝(天)与世间(人)的差距,实有其真知灼见。就对有限性的警觉上,以下是基督教可以给予新儒家的忠告:

> 终极关怀的确立并不保证我们一定会作出正确的判断,而有限被无限地膨胀就会产生魔性化(demonization)的结果。这样的体验包含了深刻的洞识,新儒家虽拒绝把天当作"绝对的他在",但天人差距的睿识却可以通过与基督教思想的交流与对比而被唤醒。所谓"人心惟危,道心惟微",清楚地显示,儒家的体验,可以面对生命的阴暗面,不一定对于人生采取一种单纯的乐观的看法。③

---

① 刘述先:《论中国人的价值观在现代的重建》,《理想与现实的纠结》,页96。
② 刘述先:《论中国人的价值观在现代的重建》,《理想与现实的纠结》,页99。
③ 刘述先:《论中国人的价值观在现代的重建》,《理想与现实的纠结》,页99—100。

刘述先强调隐的、有限性的一面，并非否定人有"同于"理一或无限的一面，只是在提醒论者也必须正视人的有限性与阴暗面，儒家固然重视天与人之同，也须谨记二者之异。其所谓"有限通于无限"，表达的正是这种天人间同异并存的关系。他以孔子的说法为例，以解释这种微妙关系：

> 现实与理想之间的差距是不可以取消的。一方面孔子固然说："我欲仁，斯仁至矣"，这表示仁不是空言，而是实践，另一面孔子却说："若圣与仁，则予岂敢"，这表示他离开圣与仁的理想境界还有很大一段距离，学者需要善会其意，不可给与错误的诠释。至于人在客观世界的成就，那更是另一回事，孔子终其身只能是"学不厌、教不倦"，"知其不可而为"，人只能在不完成中完成自己。天与人是贯通的，也是有差距的，这是儒家思想一体的两面。①

就孔子立场而言，"我欲仁，斯仁至矣"表现出天人之同的儒家精神；但"若圣与仁，则予岂敢"则显示出：即使连孔子也自承距离圣与仁的理想境界还有很大一段距离，以澄清天与人、现实与理想之间的差距不可取消。人只能在不完成中完成自己。天与人是贯通的，也是有差距的，这是儒家思想一体的两面，也是刘述先解释天人间"同异并存"的重点。

若借由"超越"与"内在"两观念之关系为主轴，以统观牟宗三与刘述先二人的思想形态，两者其实都有从"超越"到"内在"的下行以及从"内在"到"超越"的上行两种论述方向。牟宗三借"一心开二门"的无执的存有论，由良知坎陷成就识心之执而开出民主与科学之执的存有论，是从"超越"到"内在"的下行路线，这亦即牟氏所说的"从上面说下来"②；至于逆觉体证的工夫论正是一种从"内在"到"超越"的上行之道，肯定在人生命之中具有与超越的天道接续相通之处，性体或本心、良知作为人道德创造、

---

① 刘述先：《当代新儒家可以向基督教学些什么？》，《大陆与海外：传统的反省与转化》（台北：允晨文化出版公司，1989年），页264—265。
② 牟宗三：《现象与物自身》，序，页5。

道德实践之根基,乃与天道同一。如此也可说是"从下面说上来"。故而在既"超越"又"内在"的表述中,"内在"与"超越"是可以同一起来的。

刘述先则以"理一分殊"的原则贯穿"超越"与"内在"二者。若以"理一"比之于"超越","分殊"比之于"内在","理一"之具体化为"分殊"是从"超越"到"内在"的下行路线;肯定所有分殊事物仍须要"理一"作为存在根据,并充当一种超越的规约原则,立身处世的终极关怀或托付,多元中的一元,现实中应坚持的理想,亦保有从"内在"到"超越"的上行之道。"从上面说下来"与"从下面说上来"就不可偏废,构成一种其所强调的"回环"关系。① 由此看来,刘述先对牟宗三的学说虽有补充与调整之处,但他们二位都主张"从上面说下来"与"从下面说上来"的两行之道实毋庸置疑。因此郑家栋评断牟宗三只有"从上面说下来"的面向,并未得其学说之全貌。②

质言之,牟、刘二位最核心的差异在于一个关键:对天与人、内在与超越、理一与分殊之间关系的焦点不同。牟宗三致力于强调人可"同于"无限。此所谓"同于",或表现在道德践履上可以形着、体现天道,而成为内容的意义相同;或除了道德实践,还因智的直觉之肯定,而具有作用的意义上相同之面向。有别于此,刘述先则屡屡将天与人之同与异并举,坚持人的有限性与无限性必须有一种辩证的协调。他与牟宗三的其他不同观点都是从这一关键延伸出来,才会将人的道德实践也定位为坎陷,并往儒学之日用常行化逐步推进。

---

① 刘述先:《论回环的必要与重要性》,《论儒家哲学的三个大时代》,页248—269。
② 郑家栋:《当代新儒学论衡》(台北:桂冠出版社,1995年),页76。

第二章　道德实践之定位:"理一"到"分殊"

第一节　"良知的傲慢"问题

一、余英时论"良知的傲慢"

余英时曾著长文《钱穆与新儒家》,申论钱穆与新儒家之异,不同意把钱穆列入新儒家阵营中。余氏此文乃针对新儒家整体而发,论点主要涉及熊十力、唐君毅、牟宗三等三位代表人物,由于是整体性的论断,其中有些地方混淆了三人的不同说法,例如将"良知的坎陷"误指为唐君毅的观点,而认为是从黑格尔的哲学中变化出来。①但就其论述内容而言,主要批评对象则为牟宗三的学说。为集中焦点,本文在此只探讨有关牟宗三理论的部分,亦即"良知的傲慢"之质疑。

余英时首先追溯"良知的傲慢"形成之历史因素。他认为在新儒家的心理结构中之所以有一种"良知的傲慢",是对西方科学或实证主义之"知性的傲慢"之回应。而西方现代"知性的傲慢"是随着自然科学的兴起而出现的。科学的巨大成就诱发了一种意识形态——科学主义(或实证主义)。根据这种意识形态,科学是理性的最高结晶,而科学方法则是寻求科学真理的唯一途径。因此自然科学(如物理学、生物学)成为知识的绝对标准,因为它所获得的真理是最精确、最具客观性的。社会科学虽然也是实证主义思潮下的产物,但其"科学性"已远不足与自然科学相比,至于

---

① 余英时:《钱穆与新儒家》,《现代儒学论》,页146。

人文学科——哲学、神学、史学、文学批评之类——则更低一等了。"在实证主义者的眼中,不但自然科学是理性的最高典范,而且自然科学家也体现了人类的最高道德——如无私地追求真理、诉诸理性的说服力、诚实、公正等等。自然科学家是天地第一等人,因为他们具有最高的'认知的身分'(cognitive status)。社会科学家和人文学者由于在知识上达不到同样高度的'科学性',他们在真理的王国中便只能算是第二等以至第三等的公民了。"①

余英时对西方自然科学引发之科学主义给予"知性的傲慢"之称呼,可见他对这种独尊自然科学的态度不以为然。②但在近代中国,尤其是"五四"前后,这种态度也随着科学主义一齐传到中国,"从此中国知识界也大体接受了'科学至上''科学家是第一等人'的价值判断。中国的人文学者为了争取'认知的身分'也不得不借科学以自重。……传统儒学的地位已被科学所取代,道德意义上的圣人也让位于知识意义上的科学家了"③。他认为,新儒家"良知的傲慢"正是受西方科学"知性的傲慢"之刺激而产生的反应。而对科学进行了反模仿:

> 儒家的"良知的傲慢"是受现代"知性的傲慢"的刺激而产生的反应。我们只要稍一比较两者的思想结构,便不难看出新儒家其实是科学主义的反模仿。科学主义者讲"真理",新儒家反之以"道体";科学主义者讲"客观性",新儒家反之以"主体性";科学主义者讲"事实",新儒家反之以"价值";科学主义者讲"理性",新儒家反之以"良知"或

---

① 余英时:《钱穆与新儒家》,《现代儒学论》,页154—155。
② 现代西方学术界对这种知性的傲慢也出现了反省声浪。例如德国诠释学家伽达默尔为提出平衡观点,重新发挥亚里士多德之"实践哲学"传统,以"实践智"(phronesis)对照"纯粹科学"(episteme)与"应用科学"(techne),重申哲学诠释学与自然科学虽然在考虑角度及程序上有所不同,却都必须置于批判理性的标准之下,就是思以实践哲学对治科学主义之流弊。凡此可参见H. G. Gadamer: *Hermeneutics, Religion, and Ethics*, Trans. Joe Weinsheimer (New Haven, CT: Yale University Press, 1999)。
③ 余英时:《钱穆与新儒家》,《现代儒学论》,页155。

"道德理性"("moral reason");科学主义者讲"科学方法",新儒家反之以"证悟"或"成德工夫";科学主义者以"认知身分"决定各种学术专业的高下,新儒家反之以"道德身分";科学主义者讲"科学理性"体现德性,新儒家反之以"知识为良知之发用"……新儒家为了对抗科学主义,在有意无意之间走上了反模仿的途径。但反模仿也是模仿的一种,其结果是发展了一套与科学主义貌异情同的意识形态——道德主义。科学主义者以独占"真理"自负而有"知性的傲慢",道德主义者则以独得"道体"自负而有"良知的傲慢"。①

余英时指出,科学主义讲真理、客观性、事实、理性、科学方法、认知身份、科学理性体现德性等概念;新儒家则以道体、主体性、价值、良知或道德理性、体证或成德工夫、道德身份、知识为良知之发用等说法予以反制。结果发展出一套与科学主义貌异情同的意识形态——道德主义。科学主义者以独占真理自负而有知性的傲慢,道德主义者则以独得道体自负而有良知的傲慢。但他认为,良知的傲慢由于视其他领域为低一层次,证悟又不是人人所能有,是以其严重程度还在知性的傲慢之上,所企图建立的是涵盖一切文化活动的至高无上的"教",而不是知识性的"学":

> 科学主义者虽然给予社会科学和人文科学以较低的认知的身分,但毕竟承认社会人文学术和自然科学同在一个知识世界之内,而所谓科学方法则是人人都能掌握的。所以自然、社会、人文三大类学术只是在科学性的程度上有高下之别而已。道德主义者则不然,他们高居本体界,视整个知识领域为低一层次的活动。他们只要肯自我坎陷,知识之事固随时可以优为之。但知识领域中人若欲取得道德的身分,上窥本体,则其事难如上青天,因为证悟、良知呈现并不是人人所能有的经

---

① 余英时:《钱穆与新儒家》,《现代儒学论》,页155—156。

验。此所以良知的傲慢更远在知性的傲慢之上。①

可见余英时认为新儒家对西方科学主义之反应过了头，导致良知的傲慢程度还超过知性的傲慢，因为新儒家认为，他们只要肯自我坎陷，知识之事固随时可以优为之。但知识领域中人若欲取得道德的身份，上窥本体，则其事难如上青天，因为证悟、良知呈现并不是人人所能有的经验。表现出的态度是道德主义者远优于科学主义者，知识领域也比道德领域低一层次。这简直形成一种精英主义（elitism），所衍生的问题也就更为严重。②

二、两个面向的反思

（一）精英主义之质疑

首先，余英时指出就新儒家而言，要窥知作为本体的良知难如登天，此与牟宗三之意并不符合。良知本心作为"求则得之，舍则失之"的道德意识，正因人人皆有，孟子才据此而言"人皆可以为尧舜"。良知内在于每个人的生命中，人人可以体察得到，陆象山才会说这是"易简之道"。因此这并不是只有少数精英分子把持的特权，更不是只传给少数人的道统，如余氏批评的所谓精英主义，反而是一种不必传而人皆有之的平等主义。陆象山对其兄梭山"古圣相传只此心"的说法微有未安，牟宗三曾诠释其原因为：

> 明道告神宗曰："先圣后圣，若合符节。非传圣人之道，传圣人之心也。非传圣人之心也，传己之心也。己之心，无异圣人之心。广大无垠，万善皆备。欲传圣人之道，扩充此心焉耳。"（见宋元学案，明道学案上。）明道所言亦正是孟子之学。言传心，实只是方便言之。心焉可传？实只是自己本心之呈现。"己之心无异圣人之心"，此亦即象山所谓

---

① 余英时：《钱穆与新儒家》，《现代儒学论》，页156。
② 余英时：《钱穆与新儒家》，《现代儒学论》，页151。

"千万世之前有圣人出焉,此心同,此理同也。千万世之后有圣人出焉,此心同,此理同也。东南西北海有圣人出焉,此心同,此理同也"。不但圣人此心同,此理同,人人皆有之,即人人皆同也。此是人之所以为人之超越的本心。象山直下指出此心乃人人俱有之永恒而普遍,超越而一同之本心,不必言传也。故以为其兄之"古圣相传只此心"之句为"微有未安"也。①

此处之说法,明确表达本心人人具足而不须传,要体证此本心,只要任何人在道德情境中反求诸己即可。真正有差别的,应该是在体证此心后,将它落实在行为中的道德实践境界,有些人因被人欲所困,即使此本心呈现,仍然不依以行之,于是走入下达之路。刘述先也指出,新儒家强调的道统不是如禅宗般单传的道统。任何人只要把握本心,修德讲学而能为民请命,就算是承继了道统:

> 由古代圣王转移到孔孟程朱,重心已由君道转移到师道。如果能够发明本(道)心,修德讲学,教化百姓,宏扬斯学,那就道统有继,否则随时可以断裂、失坠。这里所强调的是知识分子自觉的担负。……以儒家理想为终极关怀的士人的责任是为民请命,这样的精英与大众的利益是不相违的,凸出精英也未必一定要贬低民众。《易传》所谓"仁者见之谓之仁,智者见之谓之智,百姓日用而不知,故君子之道鲜矣",说得最有意趣。道是同一个道,不是可以与老百姓的生活切断关系的,但它在老百姓的层面乃在潜隐的状态,只有仁智的君子才能将之显发,而这却是稀有的成就。②

由此看来,新儒家对所谓道统的诠释,乃是人人本有的道德禀赋,差别

---

① 牟宗三:《从陆象山到刘蕺山》,页85—86。
② 刘述先:《对于当代新儒家的超越内省》,《当代中国哲学论:问题篇》,页42—43。

只在于是否能将其落实在行为中。君子与日用而不知的老百姓之差别在此。君子是真能将道统由坐而言，落实为起而行者。将宋明儒论道统视为精英主义、神秘主义，似乎缺乏相应的理解。而且即使余英时本人也曾做出如下澄清：

> 依照新儒家之说，良知则是人人所同具的，良知的坎陷也是每一个人所必有的。所不同者，只有极少数的人才能常驻于良知呈现的境界，绝大多数的芸芸众生则无此经验。圣凡两途即由此而判，关键系于体证之有无。①

余英时表示"依照新儒家之说，良知则是人人所同具的"，是正确的评断，此与牟宗三所谓此心乃人人具有之本心，意思并无二致。可见余英时亦了解到，就新儒家以及牟宗三而言，君子小人皆同具良知。至于他强调，圣凡之区分即在于"只有极少数的人才能常驻于良知呈现的境界，绝大多数的芸芸众生则无此经验"，因此认为分判圣凡两途之关键为体证之有无，则并非牟宗三之观点。因为依牟宗三之意，体证即是在良知呈现时对本身之自觉，再将其落实于行为中。②良知呈现或对良知呈现时之自觉或逆觉，亦是人人皆可拥有之经验，是以牟宗三在前面引文中强调"心焉可传？实只是自己本心之呈现"，并以此说明"己之心无异圣人之心"。可见对牟宗三而言，圣凡之分不在良知是否得以呈现上，也不在是否有体证上。至于以"能否常驻于良知呈现的境界"作为圣人之特色，则要看对"常驻于良知呈现的境界"之解释为何。若是指人随时充满道德意识，因而行事皆无不当的话，则与孔子所谓"从心所欲而不逾矩"义同。但正如前述，牟宗三肯定圣凡皆心同理同，差别则在于是否能经由努力，扩充吾人道德之良知良能于事事物物，并落实于行为中。儒家称已经达到此境界者为圣人，但对达到此境界之

---

① 余英时：《钱穆与新儒家》，《现代儒学论》，页146。
② 牟宗三对本心之体证与自觉的相关论点，请参见导论第二节"'逆觉体证'释义"。

条件与资格并未设定任何限制,遂而"从心所欲而不逾矩"之可能性实对每个人开放。以上论点皆明显与余英时讨论良知的傲慢时,所谓"证悟、良知呈现并不是人人所能有的经验"之论断有所抵触。基于余氏对"常驻于良知呈现的境界"并未有进一步的解释,其确切意义也就不得而知。

(二)工夫论与存有论之分疏

余英时认为新儒家作为道德主义者,高居本体界而视整个知识领域为低一层次的活动,将体证或成德工夫置于科学理性之上,于是表现出一种良知的傲慢。由此看来,其质疑同时涉及"工夫论"与"存有论"二者。就工夫论而言,他反对牟宗三把本心、良知之逆觉体证定位在科学方法之上,使得知识只成为良知之坎陷;就存有论而言,余氏不满牟宗三将道德领域抬高于知识领域之上,所以是一种傲慢。以下将分别从这两个面向进行讨论。

1. 工夫论问题

若就工夫论来看,牟宗三的确主张逆觉体证的道德工夫是唯一能见体的方式。儒家"道德的形上学"与康德"道德底形上学"之分,即显示牟氏以道德实践为最圆满的工夫入路。因为他指出"道德的形上学"不同于"道德底形上学","道德底形上学"是对道德的形上学解析,在讨论道德的普遍先验基本原理,所研究题材是道德而不是形上学本身;"道德的形上学"则是以形上学本身为主,是由道德的进路通往形上学,以由"道德性当身"所见的本源(心性)渗透至宇宙之本源。① 姑且不论是否只有道德工夫可以见体,但标举出一种区隔于科学的方法以探索终极实在,在哲学上却是常见的做法,也是许多西方哲学家一向致力的目标。科学或经验方法自然有其胜场与成就所在,不容我们昧于现实地贬低,但在这种方法不能解明根本性的终极实在之体认下,就哲学立场找出一种更适切的对应之道,乃理所当然。这是不同的学门方法各有其定位的问题,而非某一方法论优于其他方法论的傲慢心态问题。

---

① 牟宗三:《心体与性体(一)》,页140。

西方自康德指出理论理性探讨形上学终极实在无可避免的背反之后，哲学走向正是如此，此可证诸现代西方哲学从现象学到诠释学的理论发展。此发展之理论脉络，正是建立在对科学方法的批判与反思上，而另觅他途。以伽达默尔为例，其融合亚里士多德（Aristotle）及海德格尔（Martin Heidegger）之理论成果，而主张一种实践哲学式的诠释学。对海德格尔而言，理解作为自我筹划，是此有发生（happening）之基本方式，这不只是一种认识的方式，更是此有的基本存在规定。可见海德格尔早已指出理解超越于认识论的存有论面向，此有存在之基本样式，是在活生生的历史实存中显现出生命的内容，行为实践将开显出历史存有之丰富内涵。而亚里士多德实践哲学之主题乃是实践（praxis），实践哲学中的实践不该被狭义地解释为科学理论之实际应用，实践当然包括理论应用，其意涵却宽广许多，与理解同样不再只是主体的一种活动，而是作为此有的基本生存方式，具有存有论上的优位，可谓是人们"生命的形式"（form of life）。诠释学作为实践哲学是"要将科学所知与贡献带入相互一致性（mutual agreement）的脉络中，这种一致性将我们与传统连结起来"①。这需要的正是哲学诠释学强调的自我理解，以及诠释学经验中一种理解之共有性（communality）之形成。所以实践与理解活动作为此有的基本生存方式，具有存有论上的奠基性，是比科学经验更基本的存在活动。因为这也是把理解与实践定位在较科学方法更为基础的地位，若以余英时上述标准视之，恐怕也要以"实践哲学的傲慢"看待了。同样地，若承认良知可以证悟本体，那它就是一种最基本的存有活动，虽然与伽达默尔所说的理解与实践之特性与内涵皆有不同，但其作为存在之基本样式的地位则一，处理的是同一层次的问题。若承认良知能够而科学理性不能揭显终极实在，前者作为奠基性的工夫而较科学理性更为根本，殆无疑义。

依上述，如果我们接受科学方法不能而良知明觉能通往终极实在的见

---

① Hans-Georg Gadamer: *Reason in the Age of Science*, Trans. Frederic G. Lawrence (Cambridge, Mass: The MIT Press, 1981), pp. 136-137. 本书此后所载之英语引文，若未特别标明译者，皆系笔者自译。

解,则以道德意识作为体证天道的适当途径,应不致有良知的傲慢之弊。良知之能见体也并非是要与科学争地位的反弹心态,而是要凸显儒家"既超越又内在"的思想特性。李明辉曾指出,新儒家之所以提出这种"内在超越性"概念,一则是要澄清黑格尔式的误解,认为中国文化欠缺一种超越的精神;二则是牵涉"儒家思想是否是一种宗教?"这个一再引起争论的问题。儒家"天人合一"思想是就人能体现天道而言,要点就在于"天之超越性只能透过人之道德主体性来理解,人之道德主体亦因而取得超越意义"①。李明辉借由康德自由是道德法则底存在根据,道德法则是自由底认知根据的分判,就内在与超越于存在次序与认知次序上的不同关系界定儒家的内在超越性。"从存在次序上说,儒家底'天'或'道'先于'人',而为其所本;但在认知次序上,'天'或'道'底义蕴却需透过人才能彰显,这是'人能弘道'一语之涵义。"②透过存在次序讲天道之超越性,认知次序谈天道透过道德意识彰显之内在性,可将良知不同于科学经验方法的特性予以凸显,说明逆觉体证的致良知工夫并非作为道德主义之意识形态,而意在开辟一条通往终极实在之途径。

2. 存有论问题

接下来要厘清的是存有论方面的问题。在此应特别留意牟宗三对"道德"一词之特殊界定。就其道德的形上学之主张,"道德"一词自然同时涉及"存有论"与"工夫论"两种面向。所以在说明人类作为有限存有如何能有智的直觉之理由时,他即以"道德"作为肯定人有智的直觉之理论关节:

> 现在先说在什么关节上,理论上必肯定这种(智的)直觉。答曰:这关节是道德。讲道德,何以必须讲本心,性体,仁体,而主观讲的本心,性体,仁体何以又必须与客观讲的道体,性体相合一而为一同一的绝对而无限的实体?欲答此问题,须先知何谓道德。道德即依无条件

---

① 李明辉:《儒家思想中的内在性与超越性》,《当代儒学之自我转化》,页146。
② 李明辉:《儒家思想中的内在性与超越性》,《当代儒学之自我转化》,页141。

的定然命令而行之谓。发此无条件的定然命令者，康德名曰自由意志，即自发自律的意志，而在中国的儒者则名曰本心，仁体，或良知，而此即吾人之性体，即发此无条件的定然命令的本心，仁体，或良知即吾人之性，如此说性，是康德乃至整个西方哲学中所没有的。性是道德行为底超越根据，而其本身又是绝对而无限地普遍的，因此它不是个类名，所以名曰性体——性即是体。性体既是绝对而无限地普遍的，所以它虽特显于人类，而却不为人类所限，不只限于人类而为一类概念，他虽特显于成吾人之道德行为，而却不为道德界所限，只限于道德界而无涉于存在界。它是涵盖乾坤，为一切存在之源的。不但是吾人之道德行为由它而来，即一草一木，一切存在，亦皆系属于它而为它所统摄，因而有其存在。①

由这段说明来看，牟宗三所谓"道德"是指依无条件的定然命令而行的道德过程。而能发此无条件的定然命令的正是吾人之本心、仁体、性体或良知。性体又涵盖道德界与存在界而为道德行为与一切存在之根源。在此所谓"道德"就同时指涉道德界与存在界二者，"道德"与人的道德行为之道德界，乃至是非对错的道德价值之领域于是不能等同，而亦指涉终极实在的本体界。就存有论而言，终极实在之定义为一切存在物之基础，则经验界其他领域相对于此实在而言，定位在第二义之层面实属自然。如此一来，高于知识领域的是本体界，并非道德领域，因为相对于本体界的终极性，道德领域与知识领域都是低一层次的衍生领域，都是终极实在于时空中所呈现的限定相，而异于终极实在的本心：

> 本心即是一自由无限心，它既是主观的，亦是客观的，复是绝对的。主观的，自其知是知非言；客观的，自其为理言；绝对的，自其"体物而不可移"，因而为之体言。由其主观性与客观性开道德界，由其绝

---

① 牟宗三：《智的直觉与中国哲学》，页190—191。

对性开存在界。①

本心事实上即是自由无限心，其作为绝对者开存在界，道德界只是其中主客观性的面向，不能等同于本体界。这个说法还可以从牟宗三对真美善之分别说得到佐证。所谓分别说是指真（科学知识）、美（自然之美与艺术之美）、善（道德）各为一独立的领域，皆由人的特殊能力所凸现，陆象山所谓"平地起土堆"。相对于智的直觉所显之"平地"，真美善三者皆为有限制的"土堆"：

> 分别说的真指科学知识说，分别说的善指道德说，分别说的美指自然之美与艺术之美说。三者皆有其独立性，自成一领域。此三者皆由人的特殊能力所凸现。陆象山云："平地起土堆"。吾人可说真美善三者皆是经由人的特殊能力于平地上所起的土堆：真是由人的感性，知性，以及知解的理性所起的"现象界之知识"之土堆；善是由人的纯粹意志所起的依定然命令而行的"道德行为"之土堆；美则是由人的妙慧之静观直感所起的无利害关心，以不依靠于任何概念的"对于气化光彩与美术作品之品鉴"之土堆。②

分别说的真美善既然皆为人的特殊能力所凸现之土堆，自然不能等同于合一说的即真即美即善的平地之境界。自由无限心即是此平地，人的道德行为只是道德界或道德领域之土堆，二者间须有一分殊。所以牟宗三接着表示，分别说的真只通至现象，未能通至物如；分别说的善只在精进中，未至全体放下之境，常与其他如真与美相顶撞，未臻通化无碍之境；分别说的美住于妙慧静观之闲适，若一住住到底，而无提得起者以警之，则会颓堕而至于放纵恣肆。③可见相对于终极实在的天道，知识、道德乃至美感艺术

---

① 牟宗三：《现象与物自身》，页12。
② 牟宗三：《康德：判断力之批判（上）》（台北：台湾学生书局，2000年），《商榷》，页78。
③ 牟宗三：《康德：判断力之批判（上）》，《商榷》，页82。

领域都属有限而尚有不足。因此就存有论而言,牟宗三的说法并没有抬高道德领域而贬抑知识领域之倾向,如余英时良知的傲慢所言。

总括以上讨论,可以发现就存有论而言,牟宗三对"道德"一词有两种用法。一种是同时作为道德界与存在界之原理,所谓绝对者的"道德",这是合一说的即真即美即善的平地之境界,所谓自由无限心,指涉的是终极实在或本体界的实体,我们可称之为"广义的道德领域"。至于人的道德行为、道德实践所指涉的道德界或道德领域,以及所谓分别说的善,则是一种"狭义的道德领域",只属于道德范围,而不涉及存在界之基础问题。所以就"广义的"与"狭义的"道德之分来看,牟氏并无良知的傲慢倾向,只要我们明白,他在指涉天理、天道时所谓的"道德",是就终极实在之"广义的道德领域"而言即可。

第二节 理路融贯与证立问题

牟宗三所谓道德的形上学,是由道德通往本体之即工夫即本体的进路,人不断从事道德实践于是可以达到无限者的境界。如此一来,就必须进一步将人从事道德实践的层次定位清楚。基于自由无限心作为绝对者,因而与人的道德界或道德领域在存有论上具有差异,是真美善之分别说得以成立,并避免使"狭义道德领域"独大而君临其他领域的关键。那么人的道德实践,究竟该定位在"广义的道德领域"还是"狭义的道德领域",就是一个迫切的问题。因为只要人的道德实践属于绝对者的道德层次,广狭义两种道德领域之分仍将不攻自破。

一、"同于"无限与分别说之抵触

以"实现物自身的创生"为例,其肯定人有智的直觉而在"创生"作用上亦同于天道。这种定位使得"体"(良知明觉、本心)与"用"(物自身)皆为人的道德实践之事,如此一来,道德实践不仅在工夫论上具有优先性,更在存有论上同时跨足本体与经验两领域。是以就实现物自身的创生而言，道德实践虽属人的道德境界之"狭义的道德领域"，同时也上升至"广义的道德领域"，已从经验界其他领域中脱颖而出，而高居于本体界。

正因如此，牟氏在阐释两层存有论时，就无执的存有论立场，将无限心与物自身之体用说为经用；而将知性、想象、感性等识心之执列入执的存有论，这只是"权用，是有而能无，无而能有"①，在价值上即为第二序。如此一来，适与自由无限心作为绝对者开存在界，"狭义的道德领域"只是其中主客观性的面向，不能等同于本体界的说法有所抵触。

相对于"实现物自身的创生"，"本体宇宙论的创生"主张天道作为万物的实现与存在之理，人直接创造的是道德行为，亦即德行，因而只有道德意义的创造，无存有意义的创生物自身。虽在"内容的意义"上"同于无限"，人能直接插手的仍只在道德领域，而非万物生成变化的领域。但问题在于，只要人可借此而同于天道或无限者，由于道德界正是人的道德行为与修养等道德实践问题所处之范畴，就会导出"狭义的道德领域"等同于"广义的道德领域"之本体界，而优于其他一切领域的结论，从而获致高于知识、艺术等其他领域的价值定位。

以上这些探讨也可说明，为何牟宗三在阐述真美善合一说之际，仍然肯定只有道德心之实践才能达至非分别的合一之化境，而能臻此即真即美即善之合一之境者，"仍在善方面之道德的心，即实践理性之心。此即表示道德实践的心仍是主导者，是建体立极之纲维者"②。牟氏虽认为释道两家"最高之理境亦可与此无违"③，却又接着强调："释道两家不自道德心立教，虽其实践必函此境，然而终不若儒圣之'以道德心之纯亦不已导致此境'之为专当也。盖人之生命之振拔挺立其原初之根源惟在道德心之有'应当'之提得起也。此一'提得起'之'应当'亦合乎康德'以实践理性居优位'之主

---

① 牟宗三：《现象与物自身》，序，页15。
② 牟宗三：《康德：判断力之批判（上）》，《商榷》，页83。
③ 牟宗三：《康德：判断力之批判（上）》，《商榷》，页80。

张。"①而他指出,达此化境之道德实践必须通过三关。一是克己复礼关,二是崇高伟大关,三是无相关。此即孟子所谓"大而化之之谓圣"的化境。在此无相关,虽是道德实践之善,也同时至于即美即真之境。因为:

> 到此无相关时,人便显得轻松自在,一轻松自在一切皆轻松自在。此即"圣心"即含有妙慧心,函有无相之原则,故圣人必曰"游于艺"。在"游于艺"中即含有妙慧别才之自由翱翔与无向中之直感排荡,而一是皆归于实理之平平,而实理亦无相,此即"洒脱之美"之境也。故圣心之无相即是美,此即"即善即美"也。
>
> 圣心之无相不但无此善相,道德相,即连"现象之定相",即"现象存在"之真相,亦无掉。盖现象之存在由于对人之感性而现,而为人之知性所决定。但圣心无相是知体明觉之神感神应,此神是"圆而神"之神,已超化了人之感触的直觉与辩解的知性。因此,在此神感神应中,物是无物之物(王龙溪云:无物之物其用神)。无物之物是无"物"相之物,既无"物"相,自亦无"对象"相。无物相,亦无对象相,即是物之如相,此即康德所谓"物之在其自己"也。故圣心无相中之物是"物之在其自己"(物如)之物之存在,而非现象之物之存在,此即是"真"之意义也。故圣心无相是"即善即美",同时亦是"即善即真",因而亦即是"即真即美即善"也。②

道德实践到了无相关,此中含有无相原则的洒脱之美,故即善即美。圣心无相的境界中,物是无物相之物,既无物相,自亦无对象相,即是物之如相,康德所谓"物之在其自己",因而亦是即真即善。由此可知,就牟宗三而言,只有在道德实践之化境中,独立意义的真、美、善相才能被化掉,达到一即真即美即善之境。但如此一来,各种领域即形成不对等的差序关系,道

---

① 牟宗三:《康德:判断力之批判(上)》,《商榷》,页83。
② 牟宗三:《康德:判断力之批判(上)》,《商榷》,页84—85。

德实践确实就处于非坎陷的独大地位,而知识与艺术等亦沦为坎陷之价值上次要领域。这么说来,就合一说之道德实践进路而言,以良知的傲慢称之或许过苛,但也不得不承认,此确已独尊"狭义的道德领域",使其等同于"广义的道德领域"。

二、合一说证立之困难

另外,以上道德实践通往合一说的进路,也会在论证上遭遇类似二律背反(antinomy)的问题。若在分别说的一面肯定真美善三者皆为有限,但在合一说之境,又主张道德心具有理论上的优位,在证立上的困难即随之而来。因为既然真美善都是有限的领域,为何道德又独可达到合一之化境呢?牟宗三肯定儒释道三家皆有智的直觉,佛教与道家实践的最高理境亦通此化境,虽不如从道德意识切入之专当,但仍可达至此化境。因此他亦以庄子所谓"天地之美,神明之容"表述此最高境界。① 若说原因在于"大而化之之谓圣"的化境中,不但含有洒脱之美,又因呈现出无对象义的物之在其自己之如相,因此即真即善。则释与道既然都肯定人有智的直觉,则与儒家处理的同样都是终极实在层面的问题,他们也就都能以美或真为最高境界,借以统摄另外两者。

举道家为例,其进路可归之于艺术之美的一面。徐复观曾指出:"老庄思想当下所成就的人生,实际是艺术地人生;而中国的纯艺术精神,实际系由此一思想系统所导出。"② 劳思光也提到:"道家的情意我,显一观赏之自由,游心利害成败以外,乃独能成就艺术。"③ 牟宗三亦肯定道家之创生性类乎康德所谓反身判断(reflective judgment),审美判断就是一种反身判断,故"道家之主体可以开艺术性关键即在此"④。若比照牟氏对道德化境的解释模

---

① 牟宗三:《康德:判断力之批判(上)》,《商榷》,页86—89。
② 徐复观:《中国艺术精神》(台北:台湾学生书局,1998年),页47。
③ 劳思光:《中国哲学史(一)》,页287。
④ 牟宗三:《智的直觉与中国哲学》,页209。

式,道家在其艺术式智的直觉之下,也大可融善与真于其中。首先,牟宗三承认在道家"徇耳目内通而外于心知"的心斋坐忘之"自知"中,可化除知性"能所对待中之追逐,以及使用概念之模式"。① 由此看来,在这种物自身的呈现中,已超越能所对待之主客格局,就此可说即美即真。此外,牟氏虽强调道家心斋之道心"由遮拨道德之德目而显(如绝仁弃义,大道废有仁义),一往视道德为外在物,并未意识到如何内在化之以开悟道德可能之超越根据(本心仁体)"②,但从"绝仁弃义,民复孝慈",以及"大道废有仁义"等命题呈现的思路来看,道家认为其自然无为的境界,超越于一般相对层次的是非善恶判断,以及约定俗成之德目与行为规范,这才是真正的仁义道德。自其立场观之,也可以说这是即美即善。这么看来,道家亦可宣称其艺术式智的直觉为即真即美即善。以上由道家立场设想的论证,适与牟宗三为道德实践所提出者形成相反方向之二律背反。如此看来,是否能就在智的直觉中善可以统摄美与真,而作为其独享优位之理据,就不是个容易解答的问题了。

第三节 道德实践亦为坎陷之"分殊"

承上述,就牟宗三道德的形上学而言,只要主张天与人之"同",且此"同"可透过人的道德实践达成,就会导致广狭义道德领域不分与合一说证立的困难。此外,在牟氏承认道家亦有智的直觉的情况下,也无坚强论据否定这种艺术进路可以走向涵盖真与善的非分别之境。接下来的调整方向应该是:同时肯定或否定真美善三者为"同于"无限。笔者以为,后一种选择在理论上会较为稳健。也就是说,可以贯彻分别说而承认真美善皆为有限,三者各有其优点与特性,道德实践也属于坎陷后的分殊。

刘述先就是采取这种进路。他也为牟宗三对"道德"一词的用法做出澄

---

① 牟宗三:《智的直觉与中国哲学》,页207。
② 牟宗三:《智的直觉与中国哲学》,页208。

清,提醒我们道德的形上学中,"'道德'一词不可作狭义的人的道德解,否则便有拟人论之嫌,其涵义实是生生不已的天道为存在与价值之源"①。从他的说法来看,牟宗三对"道德"的界定,是超越经验层面人间道德领域之上,属阳明所谓"无善无恶心之体"的层次,亦即本文所谓天道层面之"广义的道德领域"。不同的是,刘述先对牟宗三论点做了修正,强调坎陷也必须应用至道德实践上:

> 事实上任何创造都牵涉到坎陷或客观化的过程,故我提议把坎陷扩大成为一个普遍的概念,也应用到道德的领域。牟先生近期演讲谓道德的实践要靠坤道,基本上证实了他的看法与我的看法的符合。如果生生的天道为本,以"道德"的状词形容天道,当然可以说以道德为本,但人们很容易误解这样的道德为狭义的人间的道德,这样就不免有拟人论之嫌。由中国的观点看,天道创生万类,人为万物之灵,人心通于天心,生生之仁、恻隐之情的推扩不能有封限,故有限而通于无限,人即使可以说禀赋有"无限心",仍然是有限的存在。不加限制地说人是无限的存在,误解天人合一之合为等同于无限,便是一种荡越。②

在这段引文中,刘述先指出任何创造都牵涉到坎陷或客观化的过程,但牟宗三以道德作为天道的形容词,认识心为本心良知之坎陷,的确容易令人产生把人间道德当作第一义、知识当作第二义的联想。所以他提议把坎陷扩大应用到人道德实践的领域。人为万物之灵,人心通于天心,故有限而通于无限。但即使说人禀赋"无限心",仍然是有限的存在。若因此而说人是无限的存在而等同于无限,便是一种荡越。我们不能"只侧重无限的体现遂忘记讲天人之不一,不一不二,这才是真正称理的了解。一方面圣人之心岂有异于天地生物之心,故不二;但另一方面,'天地鼓万物而不与圣人同

---

① 刘述先:《儒学与未来世界》,《当代中国哲学论:问题篇》,页258。
② 刘述先:《对于当代新儒家的超越内省》,《当代中国哲学论:问题篇》,页53—54。

忧',故又不一。忘记讲这一面,则很容易把道理讲得太高,没有照顾到具体现实人生的限制"①。不一,代表的是天人之异;不二,则保留天人之同,不一不二,正是刘氏定义天人间同异并存的另一种说法。

此外,刘述先特别提到牟宗三晚年讲坤道,也印证了他的说法。牟氏在《四因说演讲录》一书中提及作为保聚与终成原则的坤元,认为在现实人生中须乾坤并建,当然乾元很重要,但坤元更重要,因此要"尊乾而法坤":

> 道德实践就是法坤。人需要道德实践,你这个生命就有坤元。我们人的生命有创造性,也有实践性,上帝只有创造性,上帝不需要实践。实践就是通过修养工夫把道德体现出来,儒家讲实践都在坤元里。所以我说"闻道尊孟轲,为学法荀卿"。孟子跟荀子就是一个是乾元,一个是坤元。你要闻道,就要尊孟轲,孟轲代表乾元,但为学的时候,要法荀子,荀子代表坤元。②

在这段话中,牟宗三强调只要从事道德实践,就是讲坤元。坤元强调的就是"人是有限的存在"③,仅就这个说法来看,道德实践就不能直接同于无限或理一,而是有限之分殊。故欲闻道虽推尊孟子,为学时则要效法荀子,荀子代表的就是坤元。刘述先对此的诠释是:

> 凡具体落实的创造必具有限性,也不可能不呈现分殊性,故孔孟、程朱、陆王,各有各的型态,论学不必尽合,所争既在学术,也没什么讳莫如深见不得光的东西。然分殊并不能害理一,所有儒者莫不接受亲亲,仁民,爱物的原则,只各人的解释不同罢了!我一向欣赏庄子《德充符》中归之于孔子(仲尼)的两句话:"自其异者视之,肝胆楚越

---

① 刘述先:《牟宗三先生论智的直觉与中国哲学》,《中西哲学论文集》(台北:台湾学生书局,1987年),页69。
② 牟宗三:《四因说演讲录》,页41。
③ 牟宗三:《四因说演讲录》,页41。

也。自其同者视之，万物皆一也。"①

　　这段话的大意是：凡是人的创造活动都已是坎陷，都是理一之有限的分殊。在牟宗三看来，本心之呈现与其被落实于行为的道德实践过程，皆属"理一"之范围；刘述先则将"分殊"的范围扩大，把个人的道德实践也纳入其中。于是任何价值创造与展现，也只是仁心在某个时空限定下之具体化，此固然是合乎天道之表现，但绝不再是与天同一。因为天道是无限的、生生不已的，但具体落实到人，人的创造是有限的，受外在条件制约，既然人之表现都是有限的，所以即使是个人当下之良知呈现，也不足以为真正的"理一"。就这一点来看，刘述先会认同的应是真美善之分别说，以免让良知坎陷说陷入"良知的傲慢"之泥淖。

---

① 刘述先：《对于当代新儒家的超越内省》，《当代中国哲学论：问题篇》，页47。

第三章　儒学本质之界定：
"圣贤工夫"到"基本操守"

　　时至今日，现代新儒学已逐渐建立其自身地位，学术影响力亦与日俱增。然而在此同时，也有学者发出警讯，指出新儒学的发展与传统儒学已呈现相当的差异性，甚至有偏离传统儒学本质之虞。这种根据以往儒家立场对新儒学提出的质疑，建立在儒学作为成德之学、力求个人道德修养有所成就的特点上。但当代新儒家所体现的，无疑是作为现代学术界意义下之学者的一面，传统的道德实践工夫虽仍被大力提倡，却并未在这些新儒学的代表人物之言行中充分体现。现代新儒学这种"知"与"行"的分离，使得道德修养不再成为堪当儒者之名的条件。如果这样，现代新儒学就只成为一种学术，而非传统儒家的修身淑世之学。由于这是基于儒学内部立场对现代新儒学提出的异议，实有积极探讨之必要。就前一章的讨论来看，从逆觉体证到理一分殊新释之发展，其关键正在人的道德实践是否为坎陷之差异；是则上下与天地同流之圣人境界，固然因道德上超凡之成就而值得尊敬与向往，仍与具有基本道德操守之专业人士乃至学者都属于分殊，各有其特长与贡献，而可以分别在儒学架构下给予适当之定位。这样看来，儒学成德之教由"圣贤工夫"到"基本操守"以走向日用常行化的走向，正是处理"知""行"分离问题之对策。

第一节　儒学本质与新儒学之普遍性与特殊性问题

郑家栋对现代新儒学提出了一个问题,亦即如何调和儒家思想中普遍性与特殊性两者之关系?在讨论中,他将儒家思想的独特精神界定为"即哲学即宗教""即道德即宗教",因此在他的定义中,宗教性就成为儒家之本质,对儒家道统的继承就包括思想与实践中宗教性之开展。他据此指出,牟宗三以道德的形上学表述儒家思想的核心,表明他所关注的重心是哲学而非宗教,而宗教性既然是儒学之本质,牟氏的理论于是就有所缺憾,原因在于:

> 强化儒家思想的宗教性内涵至少要包括以下两个方面的努力:一是凸显儒家的天命、天道作为宗教性的超越性存有的意义;二是强化儒家思想作为一种修身之学的工夫论意义。前者关涉到宗教信仰,后者则关涉到宗教实践。牟先生的理论在以上两个方面均有欠缺:就宗教实在而言,他归宗于宋明儒家也就必然淡化了先秦儒家之天命、天道观念的宗教性内涵;从工夫实践方面讲,他似乎又不及宋明儒讲的虔诚而落实。牟先生的理论特征在于系统和思辨性,而这些正是构成哲学而非宗教的因素。①

从某种意义上说,牟宗三对儒学之阐发的确是重在哲学理论的建构,因为他一生所致力的正是为儒家思想进行哲学上的分析、厘清与论证。在导论中也提到,牟氏的重大贡献,正是从传统儒学工夫论的指引效力中,整理、分析出具有解释效力的部分,使儒学可以呈现出一种理论系统。但牟宗三既然认为儒学乃即道德即宗教,而为一"道德的宗教",也不会忽略儒家思想中存在的宗教性,只不过他认为这种既超越又内在的关系还是要从儒学作为"内圣之学""成德之教"的特色切入才有实义:

---

① 郑家栋:《当代新儒学论衡》,页223。

此"内圣之学",亦曰"成德之教"。"成德"之最高目标是圣、是仁者、是大人,而其真实意义则在于个人有限之生命中取得一无限而圆满之意义。此则即道德即宗教,而为人类建立一"道德的宗教"也。此则既与佛家之以舍离为中心的灭度宗教不同,亦与基督教之以神为中心的救赎宗教不同。在儒家,道德不是停在有限的范围内,不是如西方者然以道德与宗教为对立之两阶段。道德即通无限。道德行为有限,而道德行为所依据之实体以成其为道德行为者则无限。人而随时随处体现此实体以成其道德行为之"纯亦不已",则其个人生命虽有限,其道德行为亦有限,然而有限即无限,此即其宗教境界。体现实体以成德(所谓尽心或尽性),此成德之过程是无穷无尽的。要说不圆满,永远不圆满,无人敢以圣自居。然而要说圆满,则当体即圆满,圣亦随时可至。要说解脱,此即是解脱;要说得救,此即是得救。要说信仰,此即是信仰,亦是内信内仰,而非外信外仰以假祈祷以赖救恩者也。圣不圣且无所谓,要者是在自觉地作道德实践,本其本心性体以彻底清澈其生命。此将是一无穷无尽之工作。一切道德宗教性之奥义尽在其中,一切关于内圣之学之义理尽由此展开。①

此段话可谓是牟宗三探讨道德与宗教关系论点之精要,对于郑家栋的问题已做了最好的回答。在这段话中,牟氏明白指出,由于道德实践所依据之实体,亦即天道为无限,因此有限的道德行为即为无限而达其宗教境界。重点是在人自觉地做道德实践,本其本心、性体以彻底清澈其生命,一切道德宗教性之奥义尽在其中。道德的形上学作为以道德为进路,目标在通往终极实在的工夫,又怎会不能凸显儒家的天命、天道作为宗教性的超越性存有的意义呢?

此外,牟宗三继承宋明儒者是实,但说归宗于宋明儒会淡化先秦儒家之天命、天道,此则令人费解。孔、孟思想中具有宗教性的超越意涵自不待

---

① 牟宗三:《心体与性体(一)》,页6。

言。但孔子之罕言性与天道,以致其弟子发出不可得而闻之论,才会有一些学者误以为孔子是寡头的人文主义者,而宋明儒正是就性与天道等概念有积极发挥者。以一般对宋明儒之了解,其结合论、孟、易、庸,以天道性命相贯通为其主要论点之一,正是对先秦儒家天命、天道思想做了创造性的继承与诠释。劳思光在其《中国哲学史》系列著作中,甚至以天道观表述濂溪、横渠思想之特色,朱子更因将天理或太极抬高至本心之上,使理在存有论上成为纯超越的存有而备受陆王之反对。由此看来,说宋明儒淡化先秦儒家之天命、天道,其理论依据何在?若未对此先进行系统而详细的论证,据此批评牟宗三就难以成立。至于郑家栋的第二项质疑重点,则在于牟宗三并非直接用心于传统的圣贤工夫,而是以学者的身份阐扬儒学,所以与其说他是儒者,不如说"是一位哲学家"[1]。这牵涉更复杂的问题,将留待下一节再做交代。

郑家栋并从宗教性超越于历史时空的普遍意义出发,认为传统儒家与新儒家所共同关注的,无非以下两个问题:

> 一是人之所以为人的问题,此为安身立命即宗教性层面的问题;二是中国人之所以为中国人的问题,此为历史层面的文化传承问题。用传统语言表述,前者是"人禽之辨",后者是"华夷之辨"。可以说,当代新儒家所关注的仍然是上述两个层面的问题,而新儒家不仅区别于科学主义和实证论者,且不同于西方现代某些人文主义派别的重要之点,即在于他们是把个人的安身立命问题与"家国天下"意识和接续"斯文"、承担"道统"的文化使命感联系在一起,这本身即鲜明地体现了与传统儒家之间的继承关系。[2]

由这段说明来看,郑家栋所谓如何调和儒家思想的普遍性与特殊性两

---

[1] 郑家栋:《当代新儒学论衡》,页195。
[2] 郑家栋:《当代新儒学论衡》,页219。

者关系问题,即指对儒者而言,人之所以为人的宗教问题,以及中国人之所以为中国人的文化传承问题乃统一而不分者,但两者中间却又存在一种紧张关系,就本来意义而言,新儒家应当不但在现实的文化选择上,而且在人生的究极意义和终极关怀上皆归趋于儒家。但以儒家思想作为现实的文化选择就必须要强调其关联于历史传统的独特价值,因此要承担儒家的道统;而以儒家内圣成德之教作为自己的安身立命之地,则要彰显其超越历史时空的普遍意义,是以如何处理这种普遍与特殊的矛盾,就成为新儒家不能回避的问题。①

此种质疑牵涉许多概念,其中诸多分际必须予以厘清。首先,人之所以为人的人禽之辨问题,的确是儒者关怀重点,却不能与宗教问题等同。众所皆知,自孟子以作为道德意识的本心、良知标示人之所以异于禽兽的几希之处,历代儒者莫不共守之。依尽心知性知天之说,此本心、良知自是通于天道而无隔,从而具有超越的宗教性,不过即据此断定儒学中安身立命问题等同于宗教性问题,却有论证跳跃之虞。我们可以说儒者安身立命之处的天道、本心具有超越性、宗教性,却不能借此即逻辑地推导出,儒者的安身立命问题就是宗教性层面问题。依牟宗三的诠释,宋明儒所讲的"性理之学"亦可直曰"心性之学",亦曰"内圣之学""成德之教""道德的形上学"。此学确为亦道德亦宗教,即道德即宗教,道德宗教通而一之者。②不过一个思想理论具有宗教性,这可以只是其中一个面向而无法穷尽其全貌,更不代表其安身立命的实践问题就是一种宗教性问题。事实上,儒家的工夫论具有"既超越又内在"的特质,其中"内在"层面的工夫就不是一种宗教问题,而是道德实践问题。若从牟宗三的说明来看,成德或所谓道德实践更适合被称为儒学本质。李明辉即发挥牟宗三在这方面的思路而明确指出:

儒家思想底基本精神或本质何在?依笔者之见,儒家传统之所以

---

① 郑家栋:《当代新儒学论衡》,页221。
② 牟宗三:《心体与性体(一)》,页4—9。

> 有别于其他传统者在于：它将一切文化活动视为人类精神生命之表现，而以道德价值为其他一切价值之共同根源或基础。①

李明辉认为儒家之本质正是道德价值，而以道德价值为基础，开展出其他层面的人文活动。是以在重要性上，对儒家而言，道德性还在宗教性之上。这同时也解释了，牟宗三何以会借由良知的坎陷说明儒学如何开出民主与科学。就此看来，径以宗教性作为儒学乃至现代新儒学之本质，难免于被质疑之可能。

其次，中国人之所以为中国人的文化传承问题，与承担儒家的道统也不能完全等同。近百余年来，中国在西方思想与科技成就的进逼下节节败退，作为中国文化主流的儒家思想就成为被攻击的众矢之的。"五四"以后，"打倒孔家店"的口号亦甚嚣尘上，新儒家抱着存亡继绝的志向，既求努力保存与阐发儒学中既有精华，也思以改造其中不合理、不合时宜的部分。从这个意义上来说，他们的确是把个人的安身立命问题与"家国天下"意识和接续"斯文"、承担"道统"的文化使命感联系在一起。但新儒学面对的既然是当今世界主流的西方文化，要凸显的就不能只是儒学作为中国文化主流的地位，而是与全人类有关的共同问题上的成就。保留与发扬儒家的思想精华，承继儒者的道统，是在一个普遍的意义下看待传统儒学，亦即儒学对解决全人类（这当然也包括全体中国人）所面对的问题可以有的贡献，而非无条件地保留传统儒学之思想与制度架构的特殊性问题。如此一来，就不能简单地将当代新儒家的道统论视为传统儒家（尤其是宋儒）的道统论之翻版，熊十力一系的当代新儒家以整个民族之常道为道统，尽管他们不否认少数圣贤特别能自觉地彰显道统，但仍不将道统专属于少数圣贤，也不重视道统谱系之安排。李明辉对此的评论是：

> 牟先生系就一个民族在其历史中透过其独特的观念型态所表现的

---

① 李明辉：《当代儒学之自我转化》，序言，页（3）—（4）。

"意义"来说"道统"。此"意义"本身固然有普遍性,但其表现方式则是特殊的。故牟先生说:"孔子讲'仁'当然不只对中国人讲,仁道是最普遍的。然表现仁道而为孔子的'仁教'则有其文化生命上的特殊性。"简言之,道统即是在特殊性中表现普遍性的历程。①

李明辉指出,牟宗三乃从一个民族在其历史中透过其独特的观念形态所表现的"意义"来说"道统"。这个"意义"本身具有普遍性,但由于是透过儒学予以表达,因而是特殊的。"传统儒家底道统论偏重于'道'之普遍性,当代新儒家底道统论则兼顾其普遍性与特殊性。由于兼顾到'道'之特殊性,当代新儒家甚至承认不同的民族各有其统,不必强求其同。"②笔者以为,非独儒学,任何一种具有理论价值的思想系统情况莫不如此。我们不会说亚里士多德的哲学系统因为具有独特的历史情境与理论形态,就认定其中不包含普遍性的理论观点或价值,而无法对全人类面对的普遍问题提出有意义的见解。普遍的意义与特殊的表现形态两者间未必存在矛盾,反而是人作为时空中有限的存有者必定面对的情境。可见道统在现代新儒学已不再特指专属儒家的思想与典章制度,而是一种整个历史文化之精神方向所展现出的意义与特质,从而与传统宋明儒学之道统论有所不同。

就现代新儒学而言,儒学的本质既然并非一成不变地就是传统儒学留下来的一切,而可定义为整个文化大传统中具有普遍意义的部分,自然就会聚焦于其中相对于全人类具有重要性的万古长新之要素。刘述先强调传统的资源与负担乃一根而发,必须做出必要的简择,反对一味强调传统好处而照单全收的态度。并将道统解释成一种精神方向与使命感。刘述先认为,承继道统可以解释成知识分子对儒家一些普遍理想如发明本(道)心、修德讲学、教化百姓、弘扬斯学等的自觉担负。因此这是一种"道之重新把握",如狄培理(William Theodore de Bary)翻译道统用英文"the repossession of the

---

① 李明辉:《当代新儒家的道统论》,《当代儒学之自我转化》,页165。
② 李明辉:《当代新儒家的道统论》,《当代儒学之自我转化》,页172。

way"所表达的意思。① 如此看来,道统若指涉知识分子对文化理想与黎民百姓福祉之关注,则与西方社会对知识分子之期待并无二致。范围早已超过中国人之所以为中国人的文化传承问题,而不再只是限于特定历史文化地域的特殊性主张。可见现代新儒学所要维护的虽是儒学此特殊传统,但其支持儒学的论据与所针对的问题都是对人类具有普遍重要性者。

事实上,郑家栋也注意到新儒学"更倾向于从一个普遍性的层面肯认儒家思想的意义,即强调儒家思想作为身心性命之学对于人类具有普遍而恒久的价值"②。但由于误解牟宗三等当代新儒家对传统与道统的态度,才会认为信仰儒教在某种意义上说就一定要成为一个中国人。质言之,新儒家即便是以接续"斯文"、承担"道统"的文化使命感讲儒学,但由于这是立足于儒学相对于全人类的普遍意义上立论,因此普遍性与特殊性的矛盾并不会发生,而且新儒学若越能在普遍的层面上被证成,其作为一家之言的特殊性就越能被确保与肯定。

事实上,与其说当代新儒家注意的是中国人之所以为中国人的文化传承问题,不如说是更致力于儒学之所以为儒学,因而对全人类可以提供的思想贡献问题。而且在其理论开展中,天道之超越性特色自然蕴含宗教性于其中,而为儒学要素之一,却不能仅以此表现儒学之本质。若能明确掌握当代新儒家此思想走向,则郑家栋设想的上述矛盾将不复存在。

第二节 "知"与"行"分离问题

传统儒学作为成德之学,追求自我德行之修养与完满,以期达到上通生生之天道的圣人境界,在这过程中,又不只是独善其身,以个人之成就与境界为已足,更要兼善天下,在实践过程中推己及人,以成己成物,"老吾老以及人之老,幼吾幼以及人之幼",所以这忠恕之道的道德实践向来就是儒学

---

① 刘述先:《对于当代新儒家的超越内省》,《当代中国哲学论:问题篇》,页42。
② 郑家栋:《当代新儒学论衡》,页220。

之本质，历来儒者皆奉行不疑。但儒学发展到了当代，情况却有所改变。当代新儒家的身份是学术界中的学者、学院中的教授，修齐治平的工作已不是他们的主要焦点，其成就更远不能与传统的儒者相提并论。提倡儒学者本身却未在成德事业上取得成就，使得当代新儒家是否堪当儒者之名启人疑窦。就算这些新儒家学者在学术上取得相当成就，到底也不符合儒者的条件。郑家栋正是提出此类质疑，他认为牟宗三等人在哲学上的成就越高，就越近于现代意义上的专业哲学家，而非传统意义上的儒者。而寄身于现代学院的儒学研究，也注定要使儒学偏离其作为"为己之学"的本质规定，而被作为某种知识（历史的或哲学的）加以研究和传授。他指出：

> 当代新儒学后来的发展中，理论的铺陈、系统的展开和学理的圆融似乎越来越成为关注的重心所在，道德实践、良知呈现、道德意识能否通上去等等，在很大程度上都已成为学理之事，而非真正的实践之事、生命之事。尽管新儒家极力要使自己与某些学院派哲学划清界限，但此界限越来越多地是表现在学理上，而非个人的生命型态上。儒学之作为身心性命之学的真正危机，不是来自所遭遇到的外在攻击，而正是来自"知"与"行"的内在分离。知识化的儒学所关注的是本体而非工夫，是系统的整全而非实践的笃实，"工夫"反成为了可有可无的东西。知识化将使儒学偏离其作为圣学的整体精神，也将使之偏离"即哲学即宗教"的立场。[①]

若说对知识化的儒学而言，工夫成为可有可无的东西，这并不符合实情。新儒家本身是否在道德实践上有所成就，是一个问题；但他们对实践工夫肯定或重视与否，又是另外一个问题，不能混为一谈。仅就对实践工夫是否重视而言，以牟宗三为例，他对工夫自然相当重视，才会极力主张逆觉体证的工夫形态，甚至认为康德由于不够正视道德实践的工夫，以致达不到孟

---

① 郑家栋：《没有圣贤的时代——代序论》，《当代新儒学论衡》，页 5—7。

子"理义之悦我心,犹刍豢之悦我口"之体悟,而误解人如何能有兴趣于道德法则,是一不可解明的问题。可见道德实践工夫在其理论中的重要性。

但换个角度来看,就另一个问题,亦即新儒家本身是否在道德实践上有所成就来看,则可谓一针见血。当代新儒家乃至后起研究儒学者,几乎很难说曾在道德领域上取得任何重大成就,而儒学不再作为"为己之学",而被当作某种知识加以研究和传授之现象亦越来越明显。余英时也曾对此提出警讯,他指出儒家的现状就像是"游魂",因为儒家已失去传统与政治运作、日用常行结合而全面安排人生秩序的地位,而一方面越来越成为知识分子的一种论说(discourse);另一方面,其价值也和现代的人伦日用越来越疏远。① 是以余氏也表现出与郑家栋类似的疑虑:

> 传统儒学的特色在于它全面安排人间秩序,因此只有通过制度化才能落实。没有社会实践的儒学似乎是难以想象的。即使在道德领域内,儒学的真正试金石也只能是在实践中所造成的人格,即古人所说的"气象"或"风范"。如果儒学仅仅发展出一套崭新而有说服力的道德推理,足以与西方最高明的道德哲学抗衡,然而这套推理并不能造就一个活生生的人格典范,那么这套东西究竟还算不算儒学恐怕总不能说不是一个问题。②

除了与郑家栋同样认为新儒家学者未在成德上实下工夫、取得成就,而只从事学术研究乃偏离儒家本质,余英时更进一步从儒家与一般人民生活的关联切入,指出儒家的价值必在"人伦日用"中实现,而不能仅止于成为一套学院式的道德学说或宗教哲学,因为在传统社会,"从个人道德、家族伦理、人际关系到国家的典章制度以及国际的交往,都在不同的程度上受到儒家原则的支配"③。当代新儒家若要延续这种宝贵的成就,在儒学已无

---

① 余英时:《现代儒学论》,序,页Ⅵ。
② 余英时:《现代儒学的困境》,《现代儒学论》,页163。
③ 余英时:《儒家思想与日常人生》,《现代儒学论》,页171。

法如以前般普遍建制化的情况下,似乎是一大难题。所以余氏再提出以下问题:

> 现在的问题是:现代儒学是否将改变其传统的"践履"性格而止于一种论说呢?还是继续以往的传统,在"人伦日用"方面发挥规范的作用呢?如属前者,则儒学便是以"游魂"为其现代的命运;如属后者,则怎样在儒家价值和现代社会结构之间重新建立制度性的联系,将是一个不易解决的难题。儒家并不是有组织的宗教,也没有专职的传教人员;而在现代社会中,从家庭到学校,儒家教育都没有寄身之处。一部分知识分子关于现代儒学的"论说",即使十分精微高妙,又怎样能够传布到一般人的身上呢?八十年代新加坡"儒家伦理计划"的失败便是一个前车之鉴。①

由此可见,余英时与郑家栋都表现出对当代新儒家一种共同的疑虑:这种逐渐学术化的儒学事实上已不能体现儒家本质。一方面当代新儒家已成为现代意义下的学者,不再做圣贤工夫;另一方面则是余英时担心的,儒学已从人们日常生活中的行为准则、礼仪习俗中淡出,逐渐只成为知识分子的论说,一种专业知识。如此一来,当前现代新儒家所要回答的问题有二。第一个问题是:儒家在现代的处境,是否果真如余英时所描述的如此黯淡呢?第二个问题则为:若情况果真如此,又能否找出对策,以走出当前的困境?

第三节 儒家不同面向之分析

依照前一节对儒学现状的表述来看,其情况可谓令人忧心。无可否认地,余英时与郑家栋的确点出了一些值得深思的事实与问题,接下来的重点则是:这些事实与问题的严重性程度到底如何?儒学不复昔日的风光与地

---

① 余英时:《现代儒学论》,序,页Ⅵ。

位已是人尽皆知,但我们又可以隐约感觉到,它还是以某种程度左右或影响着我们。劳思光即明言,儒学作为"传统文化虽然已经失去正面引导生活的力量,但其影响并未完全消灭,仍然隐存在社会心态的底层"①。我们又该如何解释这个现象?

刘述先常常提及儒家是一个极为复杂的现象,要对儒家进行有意义的讨论,就必须在概念上有所分疏,因此他对儒家提出了一种三分法:

(1)精神的儒家(spiritual Confucianism),这是指孔孟、程朱、陆王的大传统,也正是当代新儒家通过创造性的阐扬与改造力求复兴的大传统。

(2)政治化的儒家(politicized Confucianism),这是指由汉代董仲舒、班固以来发展成为朝廷义理的传统,以纲常为主,但也杂入了道家、法家,以及阴阳家的因素。

(3)民间的儒家(popular Confucianism),这是在草根层面依然发生作用的信仰与习惯,重视家庭、教育的价值,维持勤劳、节俭的生活方式,杂以道教、佛教的影响,乃至鬼神的迷信。②

刘述先从这三个面向出发,借以分析儒家在今日对日本与中国台湾、中国香港、新加坡、韩国等亚洲四小龙的影响,他的结论是:制度化的儒家已经死亡,但政治化儒家的威权体制虽一度被视为资本主义发展的障碍,经过转型之后,却在东亚的经济发展上扮演重要的角色。民间的儒家尤其是东亚发展经济的基础,但这些传统的习惯与信仰因为受到现代化的影响,也有流失的危机。精神的儒家不再扮演国家义理的角色,强调精神境界的提升与社会批判的功能,呈现学术转型的态势,当代新儒家即是如此。③

依刘述先的说法,他与郑家栋、余英时的共识在于当代新儒家确实走向学术化、学院化的道路。但分析许多学者对儒家思想在东亚现代化过程

---

① 劳思光:《虚境与希望——论当代哲学与文化》,页148。
② 刘述先:《儒学的理想与实际——近时东亚发展之成就与限制之反省》,《儒家思想意涵之现代阐释论集》(台北:"中研院"文哲研究所,2000年),页122。
③ 刘述先:《儒学的理想与实际——近时东亚发展之成就与限制之反省》,《儒家思想意涵之现代阐释论集》,页140—145。

中发挥的作用之研究结果后，他认为儒家对一般民众的日用常行仍然具有影响，尽管这影响正在消退中。李明辉也举"文革"期间发生的"批孔扬秦"运动，以及20世纪80年代以后在中国大陆知识界普遍流行的反传统思潮为例，指出儒学与中国现实社会并未失去联系。李明辉还以外国学者卡恩（Herman Kahn）与伯格（Peter L. Berger）的判断为佐证，指出他们两位都肯定儒家思想对东亚经济奇迹具有正面的助力。① 可见儒家的影响虽然大幅减退，却并未从中国人的日常生活中完全消失，甚至还对东亚各国经济的发展起了一定的作用。

再将焦点转到当代新儒家的学术化。事实上，从某个角度来看，儒学的学术化未必无可取之处。当许多对传统儒学持批判态度者抨击儒学是传统封建极权与僵化礼教的护卫者之际，当代新儒家的回应是：这些流弊之产生，并非儒家思想落实的结果，反倒是因为儒家之理想受到扭曲所致。全面安排人生秩序的儒家必定要与政治结合而形影不离，否则必难以竟其功。只不过利之所至、弊亦随之，这种连体婴关系，导致儒家于政治与社会制度层面之弊病往往也要概括承受，难辞其咎。当儒学由这种与政治牵扯不清的关系中退出，逐渐成为西方学院意义下的学术流派之际，反而比较能保住其超脱于现实的理想精神，体现针砭时政的知识分子良知。刘述先针对余英时所提的"游魂"困境，指出"脱离了与现实政权的关连，当代新儒家可以发扬过去所未充分发展出来的批判精神，也未始没有其好处"②。他以熊十力、牟宗三两位为例，强调"当代新儒家最突出的是一种知识分子的'批判'的精神"③。李明辉也认为此乃"塞翁失马，焉知非福"：

> 即使我们承认"制度化儒学"已不复存在，而儒学在今天已成了"游魂"，这或许不完全是坏事。因为只要儒学在本质上代表人类底常

---

① 李明辉：《当代儒学之自我转化》，导论，页3—6。
② 刘述先：《论当代新儒家之转型与展望》，《现代新儒学之省察论集》，页15。
③ 刘述先：《儒学的理想与实际——近时东亚发展之成就与限制之反省》，《儒家思想意涵之现代阐释论集》，页144。

道与理想，能继续对时代与现实社会保持批判的功能，这又何尝不是一个转机，使儒学可在自我澄清与自我转化之后重新开展？①

从以上分析可知：儒学在现代社会中的确已不再扮演全面安排人生秩序的角色，但仍具一定的影响力。民间的儒家与转型后政治化儒家对东亚现代化与经济成就皆有所贡献，精神的儒家也由成圣成贤逐渐蜕变为专业学者，在护卫与阐扬文化传统上成效斐然，如今也正与西方哲学积极对话、增进相互了解与合作，并对时政发挥了一些批判与建言的精神。

但不可否认的是，许多传统儒家的价值理想与信念，因为受到现代大众文化的影响，正面临流失的危机。若对此视若无睹，而完全听任儒家思想从对人们日常生活的影响退出，只成为学术讨论的话题，代价也似乎过大。最佳选项应该是：既能作为立身处世之道，又可形成一股清流的学术力量。如此一来，新儒家亟待克服的问题就可归结为两个，一是与传统成德之学精神的背离问题。在当代新儒家将重心由修齐治平转向成一家之言后，儒学的内涵已在改变中。新儒家除了成为专业的学者与回归以往传统的践履性格两个选项外，有没有更好的第三条路？若有，又该从何着手？二是儒家思想如何持续在一般人的日用常行中发挥作用？是该重新寻求成为政治或法律制度的组成部分，还是止于作为人们立身处世的一种信念或寄托？这些就是我们接下来要处理的问题。

第四节　道德实践大门之敞开：理想境界到基本操守

如果儒学要往偏离道德实践的方向发展，刘述先则期期以为不可："传统儒学从来不是空谈理论，如果完全缺少践履的层面，自根本脱离了儒学的本旨，沦为观念游戏，这样的东西是没有多大意义的。"②质言之，可以首

---

① 刘述先：《当代儒学之自我转化》，导论，页21。
② 刘述先：《儒学与未来世界》，《当代中国哲学论：问题篇》，页262。

先把践履问题锁定在一般人的日用常行中,将道德实践从圣人的高标准先转向个人的道德基本操守,圣人形态是理想境界,姑且不论当代新儒家,就算是传统儒者,真正能达到的也寥寥可数,如何确定臻此境界也是困难重重,是否动心起念一切如理,有时也只能在个人"无声无臭独知时"扪心自问,他人难以评断。将道德实践的标准定在遵守基本的道德要求,不但容易施行,也能避免礼教吃人之流弊。如此一来,则可以走出居于纯理论研究与传统圣贤要求之间的第三条路,更有希望在现代人的立身处世中发生作用。

此种思路前贤实已倡言之。余英时虽然宁可以"失之于过高"的方式,揭示出现代儒学的困境,其目的仍是要激起大家的思考以脱离此困境。[①]而他也为儒家走出"游魂"的困境提出建议,指明"儒家的现代出路在于日常人生化,唯有如此才可以避开建制而重新发生精神价值方面的影响力"[②]。而这样的日常人生化是从明清以来的儒家就已开始的走向。明清儒家不再把"道"的实现完全寄托在建制上面,对于皇帝以致朝廷的作用也不像宋儒那样重视,"以前儒者把希望寄托在上面的'圣君贤相',现在则转而注重下面的普通百姓怎样能在日常人生中各自成圣成贤"[③]。如果把修身、齐家划归私领域,治国、平天下划归公领域,则日常人生化的现代儒家只能直接在私领域中求其实现,在修身、齐家的层次上发挥重要的作用;但对于治国、平天下的公领域则无法直接插手,只能以背景文化的地位投射间接的影响力。余英时的看法是:

> 如果继续运用《大学》的语言,我们可以顺理成章地把"修身、齐家"划归私领域,把"治国、平天下"划归公领域。这两个领域之间虽存在着千丝万缕的交涉,然而同时也存在着一道明确的界线。公领域不再是私领域的直接延伸,不过两个领域还是互有影响的。日常人生

---

① 余英时:《现代儒学的困境》,《现代儒学论》,页164。
② 余英时:《儒家思想与日常人生》,《现代儒学论》,页173。
③ 余英时:《儒家思想与日常人生》,《现代儒学论》,页175。

化的现代儒家只能直接在私领域中求其实现,它和公领域之间则是隔一层的关系。这大致类似西方现代政教分离的情况。换句话说,儒家在修身、齐家的层次上仍然可以发挥重要的作用,但相对于治国、平天下而言,儒家只能以"背景文化"的地位投射间接的影响力。我们如此划分公私二领域并非完全效法西方,而是进一步发展明清以来儒家日常人生化的大潮流。①

余英时认为,基于儒家乃为己之学,是以修身又比齐家更为根本。他更将道德实践的标准从成圣成贤松开,只要求道德上一定程度的修养。而这种在私领域中的成就仍有助于公领域秩序的建立和运作。因为包括民主社会在内的任何社会,都离不开一个领导阶层,而人民必然也会要求这些领导阶层具备一定程度的道德修养。他接着指出:

> "徒法不足以自行"终究是经得起历史考验的原则。制度离不开人的运作,越是高度发展的制度便越需要高质量的人去执行,美国人文主义思想家白璧德(Irving Babbitt)在《民主与领袖》(Democracy and Leadership)的名著中特别以孔子与亚里士多德(Aristotle)并举,使东方与西方的人文精神互相补充。他的主要论点便在于孔子之教可以造就民主领袖所最需要的"人的品格"(man of Character)。孔子主张以身作则(exemplification),其结果是塑造出公正的人(just man)而不仅仅是抽象的公正原则(Justice in the abstract),在白璧德看来,这才是民主社会的唯一保障。这岂不是"徒法不足以自行"的现代翻版吗?②

"徒法不足以自行"强调的是"人的品格",一定程度的道德修养于是成为民主社会的唯一保障。这种走向一般民众的日用常行化与一定程度的道

---

① 余英时:《儒家思想与日常人生》,《现代儒学论》,页178。
② 余英时:《现代儒学的回顾与展望:从明清思想基调的转换看儒学的现代发展》,《现代儒学论》,页42。

德修养,正是余英时构思儒学如何走出困境的重点。姚才刚亦呼应余英时的看法,认为"今日的儒学不必(也不可能)再全面安排人生秩序,但如何重建'日用常行'的儒学,应是我们必须深入研究的重大课题"①。他并进一步指出,刘述先主要发挥的是儒家思想理想性的层面,对这问题则并未照顾到:

> 刘述先主要还是发挥了儒家思想理想性的层面。这确实有助于重建民族智慧、维系数千年文化慧命于不堕,同时有助克服现代人所面临的"精神的迷失"及"生命的惶惑",在目前世俗化的今天重新唤起人们对神圣、崇高的向往,提醒人们要正确抉择自己的终极关怀和精神寄托,以免陷溺于金钱、名利之中而不能自拔。但是过分看重超越的精神理念,以至于把形上学的一套架构越说越高,越说越玄,也不可谓之无弊。……余[英时]先生认为,现代儒学将重点放在宗教与哲学方面,这一路数的现代儒学的重建工作,如果获得具体的成就,其价值是不容置疑的。但儒学的价值不能仅仅停留于成为一套学院式的道德学说或宗教哲学,否则其影响力就只能局限于学术思想及少数儒学团体,而无法波及于社会。现代儒学的出路恰恰在"日用常行"的领域。②

姚才刚认为,刘述先主要还是发挥了儒家思想理想性的层面,此路向虽有其价值与贡献,却因过分看重超越的精神理念,以至于把形上学的一套架构越说越高,越说越玄,也不可谓之无弊,未能体会现代儒学的出路恰恰在"日用常行"的领域。质言之,姚氏此评系建立在误解之上。因为刘述先正是主张儒学要走进日常生活,是以才针对当代新儒家理论做了调整,将道德实践标准从理想境界调整到基本操守,致力于新儒学走向日用常行化的发展。他对儒家在现代的道德践履与余英时有类似的定位,指出生活在现代要的是"全民共有的低限度的道德,不能再顺着传统那样讲希贤希圣,培

---

① 姚才刚:《终极信仰与多元价值的融通:刘述先新儒学思想研究》(成都:巴蜀书社,2003年),页296。

② 姚才刚:《终极信仰与多元价值的融通:刘述先新儒学思想研究》,页295。

养专业的道德家,否则效果会适得其反"①。以当代新儒家的一些代表人物为例,他们虽然多以学术研究和教育为专职,而与其他学者一样有同样的行规,要接受例行的评估与考核。但他们仍与一般学者有所不同:

> 他们不只在专业范围内有超特的成就,同时他们对社会有很深的关怀,在文化价值上有一定的担负,对时代问题本着知识分子的良知与勇气发言,在道德操守上表现出凛凛的风骨,那么这些人就不只是专业学者而已! 他们还是有别于一般学者的知识分子,成为中国大传统在现代延续下去的象征。这些人不一定作传统的修身工夫,也没资格作圣贤,但他们的确把自己的生命融入学问之中,乃使得他们脱颖而出,散发一般学者所没有的影响力。②

在此刘述先主要提出了两个论点。其一是把日常人生化的基本道德要求,从一般民众扩及儒家学者,治儒学者不必再像传统那样担负沉重的道德包袱。其二是当代新儒家的道德修养虽未至圣贤境界,却也是以生命体现出学问,表现出高于一般人的道德风范,这又使他们区隔于一般的专业学者。此番评论不啻表示,新儒学也是要走出介于纯理论研究与传统圣贤要求之间的第三条路。

第五节 重新界定儒学本质

那么该如何走出这第三条路呢? 首要之务则须从儒家的本质着手,给予一种清楚的界定。因为儒家之所以为儒家而非道家或佛家,必有其区隔于其他学术思想的特性,新儒学要走出第三条路,仍必须与此儒家内在特性一致,否则就算理论再巧妙高深,仍难免于偏离儒学本质之讥。为了解决这

---

① 刘述先:《对于当代新儒家的超越内省》,《当代中国哲学论:问题篇》,页40。
② 刘述先:《对于当代新儒家的超越内省》,《当代中国哲学论:问题篇》,页40。

个问题,刘述先将儒家的本质界定为以下两点:一、孔孟的仁心;二、宋儒发挥的生生不已的精神。① 以下分别对这两个概念予以说明。

一、孔孟的仁心

"仁"之概念一向是儒家思想核心,历代儒者莫不遵守并予以阐发。不但当代新儒家如熊十力、牟宗三、徐复观、唐君毅等人特别标举孔、孟、明道等先儒对仁的论点,后继者除了刘述先,李明辉也特别强调"儒学底本质应当定在'仁'字所涵摄的精神价值上,这种精神价值独立于特定的制度,而有其超越性"②。仁作为全德,乃一切道德判断与实践之基础,其内涵丰富而多面。忠恕之道作为仁的表现,要求人尽己与推己及人,孔子"己所不欲、勿施于人"一语甚至在全球伦理运动中屡被提及,成为共通于世界各大宗教传统核心价值的经典表述之一。③ 孟子提出恻隐之心亦为仁的表达之一,这是一种对万物的不安不忍之情,是一种超越个体自我限制而关怀他人他物的高贵情操。明道进而指出"仁者浑然与物同体""仁者以天地万物为一体",则人之仁心与天地万物感通而无隔之义更显,甚至更有以天地为一身,天地万物为四肢百体而爱之的胸襟。

当代新儒家承继传统儒家思想,则特别强调仁与天的关系。牟宗三认为孔子"践仁知天",以仁作为人之所以能契接"天"之主观根据。因仁心之感通没有界限,此即函其向绝对普遍性趋之伸展,而且因践仁知天,仁与天必有其"内容的意义"之相同处,才可知之、默识之、契接之,故人与天终可合而为一。孟子则从道德的本心着手,摄仁于心、摄存有于活动,因此言"尽心知性知天"。④ 这些都是将仁心与天之超越性、无限性衔接起来。依刘述先之见,理一是无限者、是创生万物的天道,自然可以成为人们终极托

---

① 刘述先:《儒学与未来世界》,《当代中国哲学论:问题篇》,页234。
② 李明辉:《当代儒学之自我转化》,导论,页11。
③ 凡此全球伦理运动以及儒家参与其中的相关说明,请参见本书第六章。
④ 牟宗三:《心体与性体(一)》,页21—26。

付的对象,而其内容的意义正是仁。"我"的创造,"我"的仁心寻求具体的表现,并不只是为了成就外在的功业,而是为了满足"我"自己内心的需要。"我"的小小的创造正是天地之化的具体呈现,在这一意义之下,有限乃通于无限,虽然并非等同于无限。① 仁表现于道德实践的意涵不外乎忠恕之道、恻隐之心、人我间之感同身受等,其实这些都早已内化为日用常行中基本的道德规范,若以简单的口语表达,不外乎不自私、替他人着想、站在别人的角度体谅他人、同理心等。因此仁心作为终极托付,无非就是把基本道德操守作为立身处世之准则,合乎象山所谓的易简之道。

二、"生生"的重新诠释

在第一章的讨论中,提及牟宗三强调中国人是从"生"这个地方说存在,所谓"生生不息",也是从"生"讲存在。如此一来,在儒家学说中,"生"字指涉的是所谓存在,而非个体生命。以生生为内容之天道,是以存在物之不断创生实现来定义,而无个体生命不断维持、不可灭亡之义。

刘述先对生生不已的诠释,则强调天道在万物之灵的人身上如何落实,尝试为此不断创生实现的生生过程赋予更丰富的说明。有限的人承继无限的天道,以天为楷模,不断就其禀赋而发挥人的创造性。圣人就是能把作为生道的天道之创造性,在他的生命之中充分发挥出来的人,所以可以作为众人的楷模。值得注意的是,刘述先认为这种创造力或潜能并非只局限在道德行为中,而是一种涵盖人生各个价值层面的创造:

> 由现代新儒家的观点来看,理一而分殊,超越的生生的精神当然不必具现为现代社会的拼搏精神,但也不必排斥它在现代寻求新的具体的表现的方式。于是有人可以由学术来表现自己的生命,有人可以由文学艺术来表现自己的生命力,当然也可以有人由企业来表现自己的

---

① 刘述先:《两行之理与安身立命》,《理想与现实的纠结》,页227。

生命力。但我们应该了解到，这些仍然都只是生生的精神的有局限性的表现。一方面我们由分殊的角度肯定这些成就，当下即是，另一方面我们也要像宋儒那样体悟到，由超越的角度看，尧舜事业也不过如一点浮云过太空。这才是两行之理的体现。①

为了使学术研究的成就与儒家的道德实践建立联系，刘述先强调，理一而分殊，超越的生生的精神要在现代寻求有别于传统的、新的具体的表现。根据其对理一分殊的新释，生生之天道不一定只限于道德行为处之显发，也可以表现在学术、文化艺术甚至是企业精神上。如此一来，当代新儒家就算不以圣贤工夫见长，也仍是顺乎生生之天道而行事。这些创造活动仍是在生生之架构下勉力行之，要说道德实践，这也是一种道德实践，不过乃是立足于理一之"广义的道德领域"，再分殊于各存在层面之实践，它当然涵盖着眼于是非对错的道德价值，以及人的道德实践之"狭义的道德领域"之实践，但又不限于此"狭义的道德实践"，而是各种价值百花齐放的道德实践，可称之为一种"广义的道德实践"。刘述先认为，这种广义的道德实践，既不违儒家之本旨，也能合乎现代多元分工的精神：

> 生生之仁是超越特定时空，历万古而常新的普遍性原则，即所谓"理一"；有限的个体所实现的则是"分殊"，受到自己的材质，时空条件的拘限。这样我一方面要冲破自己材质的拘限以接通无限，另一方面又要把创造性实现在自己有限的生命之内而具现一个特定的价值。这一价值不必一定是狭义的道德，也可以是科学、艺术、经济、技术，乃至百工之事。②

依刘述先之意，传统儒学虽以道德修养与圣贤境界为核心关怀，时空转

---

① 刘述先：《论儒家理想与中国现实的互动关系》，《理想与现实的纠结》，页125—126。
② 刘述先：《方东美哲学与当代新儒家思想互动可能性之探究》，《现代新儒学之省察论集》，页249。

换到了现代,生生之仁的肯定却不必仅限于此,人的创造性也可以在其他领域展现,并肯定其价值,范围可以包括科学、艺术、经济、技术,乃至百工之事。这就使生生的意涵更加丰富,从道德领域延伸至其他专业与技艺,儒家认同就不再专属于致力道德工夫者,而可以是各行各业的专业人士,这样一来,对于现代工商业的成就也能够在儒学架构下予以肯定:

> 现代工商业的成就是要加以肯定的。只要不伤天害理,以欺骗下流的手段致富,孔子就说过,"富而可求也,虽执鞭之士吾亦为之。"(述而第七)只有当不以其道得之的情况,则富贵于我如浮云。而正德利用厚生,以正当的方法增加生产,蓄积财富,又在同时热心公益,取之于社会,用之于社会,这丝毫并不违背儒家的宗旨。在一个现代社会中,正好像一个基督徒可以去选择做任何行业,一个以儒家的仁心与生生的精神为终极关怀的人也可以依自己性之所近选择去做科学家、政治家或企业家。理一而分殊,这是儒家理想与精神的扩大,绝对不可以抱残守缺,固守壁垒,以致造成精神上的萎缩,恰恰违背生生的宗旨。现代新儒家努力寻求给予儒家的信息崭新的解释,一方面要大胆地创新,另一方面却又有所传承,对于时潮并不盲目接受,而在同时有所批判,有所选择,才能真正找到自己要走的道路。①

以理一分殊的精神从事广义的道德实践,个人可以选择做科学家、政治家或企业家,这并不违背儒家的宗旨。因此财富之追求若在正德利用厚生的原则下亦可加以肯定。此番论点对如何在儒学架构下,肯定并吸纳工商业的成就已具有起头的作用。②

---

① 刘述先:《论儒家理想与中国现实的互动关系》,《理想与现实的纠结》,页127。
② 可以说,一个创业成功、蓄积大量财富的企业家,若愿意将其资源用于热心公益之上,对社会中许多遭遇不幸或处于不利地位的民众而言,将是一股莫大的帮助,其贡献更应该被肯定。这种将商业成果转化为社会公益的慈善事业,已经是现代社会中备受赞扬的义举。如何于儒学架构下肯定,乃至纳入这种正面活动,也应该是对儒学进行现代诠释值得重视的一环。

此外，既然生生是人的创造性之实现，这意味着对各层面的现有成就进行不断的检视与改进，而不能把现实的东西等同于理想而令其绝对化。从这点来看，从前儒者把三纲五常那一套视为颠扑不破，妨碍了创造力的发挥，反倒是违反了生生的原则。郑家栋指出在历史上儒家曾出现"屈天以从人"之蔽，问题就出在"把现实存在混同于超越理想本身，从而使对现实社会人生的评判失去了超越的尺度和依据。例如：把现实的伦常法规等同于超越的、永恒的道德之善，就会出现戴震所批判的'以理杀人'的情[形]"。① 依刘述先之见，这种情况就是错把分殊当成理一，是把有限的分殊无限上纲，当作超越的道理本身：

> 理在不同的时代要有不同的表征，而过去人却往往有一种倾向把一个时代的表征当作超越的道理本身，汉代所谓三纲五常正是一个典型的例证。超越的理一要具体落实，就必成为有限的分殊，而把有限的分殊无限上纲就会产生僵固的效果。《论语》中孔子讲礼，明明是合乎人情的自然流露，到了后世，徒具形式，失去精神，甚至堕落成为了违反人性的吃人礼教，这是何等的讽刺！②

可见生生的创造，强调对现有成就的不断检视与改进，努力的过程实无穷无尽，不容停滞在某一历史阶段而听其僵化。每个时代都必须不断发挥其创造性，但这既然是有限的分殊，也必须具有开放的心胸随时接受批评与修正的可能，否则就会导致错把分殊当作理一之弊病。

---

① 郑家栋：《当代新儒学论衡》，页216。
② 刘述先：《两行之理与安身立命》，《理想与现实的纠结》，页236。

第二部分

广义道德实践之发挥

第四章　内圣外王新诠：
"曲通"到"广义的道德实践"

第一节　内圣外王的概念诠释

道德与政治之相互关系为何？亚里士多德对这问题的解答是：政治是伦理生活的延长。无独有偶，儒家内圣外王的理论取向也呼应这种说法。此语虽始于《庄子·天下篇》而非儒者自创，却一语道破儒学对道德与政治关系的定位。要之，儒家界定道德成就与原理为政治事务之基础，殆无疑义。这种视政治生活为道德生活之延长的观点，在《大学》之三纲领、八条目中表述地最为系统而清楚，由格物、致知、诚意、正心、修身之内圣工夫，达致治国、平天下之外王事业，正是一由本而末，贯彻始终的理论。① 就这些面向而言，道德相对于政治有一种奠基性。时至今日，儒学内部有关内圣外王问题之讨论不仅早已汗牛充栋，更呈现出纷纭错杂的观点。毫无疑问，内圣而外王乃儒家处理道德与政治关系的基本原则，但随历史之发展、人事之日趋复杂，乃至西方政治制度与哲学之传入，这些传统思想与当今世界现实局势如何接轨，就成为一大课题。于是当代新儒家即在传统思想的基础上，对这些论点相应于时势者，或予以凸显，或做现代的重新诠释。本章正是要以牟宗三与刘述先两位现代新儒学代表人物为焦点，讨论他们对内圣外王的诠释与差异。

---

① 余英时先生曾于《儒家思想与日常人生》一文中提到"齐家"乃"内圣"与"外王"之间的一种过渡，今从之。详细内容可参见氏著：《现代儒学论》，页176。

牟宗三对内圣外王的创造性诠释在于，内圣工夫必须经过曲通，一种道德心的坎陷，以理性之"运用表现"与"内容表现"转出"架构表现"与"外延表现"，才能成就民主与科学之外王事业。刘述先基本上也视内圣外王为道德与政治间关系之探讨，但从他的说法中，还可将内圣外王进一步诠释为：基于理一分殊之精神，而投入广义的道德实践之过程。首先，若把外王视为民主政治此新外王，基于在同一理念下分工合作之必要，就必须亦视道德心为分殊，使各种专长与技艺处于一个对等而开放之结构下。其次，也可以将外王的内涵扩大，成为基于仁心与生生之精神，而从事的各种分殊的文化创造活动，这不但包括政治上的治民，也涵盖了经济、商业乃至艺术各层面。这两种情况皆指向广义的道德实践。两相对照，可知牟宗三所指的内圣之学乃逆觉的良知之教，外王则为民主与科学此新外王；内圣对刘述先而言，则是以仁心与生生精神为终极托付，外王则指在合乎仁心与生生之前提下，从政治而延伸至商业、学术、艺术等活动之广义的道德实践。由此可见，当他们各自从逆觉体证与理一分殊新释出发，对内圣与外王两概念就产生了不同的诠释。但双方虽然在概念诠释上有差异，却又抱持一种共识，亦即都同意内圣为本而开出外王的原则。以下即进一步讨论他们两位的理论。

第二节 "内圣外王"与牟宗三的开出说

一、"民主政治如何可能？"：曲通说之提出

孟子曾指出"先王有不忍人之心，斯有不忍人之政"，可见儒家内圣外王之道，特别强调道德意识或道德禀赋乃政治制度之基础。礼乐仁政皆根于仁心，所要回答的是"良好政治制度如何可能"的问题。就此问题而言，传统儒家一直到当代新儒家的进路一向是以道德意识作为其可能性依据。这种思想倾向之特性与优点，若借由参考当代西方政治哲学中类似的思路，

则更形显著。内格尔(Thomas Nagel)认为讨论政治理论时,必须兼顾个人(personal)与非个人(impersonal)两种立场。非个人立场产生强有力的对普遍公正与平等的要求,而个人立场只顾及个人的动机与需求,形成追求以及实现非个人立场的障碍,合理的政治安排必须调和个人与非个人这两种立场。内格尔指出:"政治问题解决之道虽必诉诸政治手段,其理论本质上却是道德的。政治制度之正当性建立在一个伦理条件之上,就是能兼顾公正与合理的偏私,而没有人可以合理地提出异议。"① 他并补充说:"个人之间利益的冲突,要以伦理的而非政治议价的方式解决,正来自非个人,亦即公正立场的要求。"② 一些明显表现在政治生活上的实践问题有其理论与道德上之根源。"道德信念是政治选择之驱动力,道德意见缺乏共识达到严重程度的话,会比纯粹的利益抵触引起更多的不和。"③ 他强调道德直觉的重要性在于,即使我们不知道何者为是,这种直觉仍可告诉我们何者为非。内格尔并说出以下这段发人深省的话:

> [道德]直觉的确可能会被习俗、自我利益或对理论的坚持所败坏,却并不需要如此,而一个人的直觉往往为他提供证据,证明他个人的道德理论有所缺失,或是他从小到大视为自然不过的社会安排实际上并不公正。道德直觉对政治理论之不满乃其理论形成之必要来源。它可以在不必指出如何修正错误的情况下,告诉我们哪里出了问题。对甚至是现有最理想版本的政治举措,它也可以提出合理的响应。④

道德直觉虽有被私心与成见败坏的可能,但还是可以在不受这些因素影响的情况下,对道德及政治理论发挥检视的作用。道德意识对政治制度与安排的不满,正是政治理论不断前进的动力,此无疑已点出道德意识实为

---

① Thomas Nagel: *Equality and Partiality* (New York: Oxford University Press, 1991), p. 52.
② Thomas Nagel: *Equality and Partiality*, p. 47.
③ Thomas Nagel: *Equality and Partiality*, p. 6.
④ Thomas Nagel: *Equality and Partiality*, p. 7.

政治举措之先决条件,而与儒家礼乐仁政皆根于仁心的说法不谋而合。以上解释已概略说明了为何道德意识相对于政治制度应具有主导地位。进一步来看,对照于民主理念已为普适价值之今日,若要说明儒家之仁如何能与当代政治思想接轨,顺成其为民主政治制度奠基之妥适性,却需要进一步地理论铺述,这正是牟宗三所致力者。

牟宗三注意到,中国之所以未开出民主政治,其理由有二。就现实历史而言,阶级对立是西方民主政治产生之重要因素,在中国则无此种对立。就思想之因素来看,民主政治的本质条件是个性的自觉,此在西方,表现为一种"分解的尽理之精神";相较之下,中国文化表现的是"综合的尽理精神",这正是民主政治未在中国出现之主因。① 他又以"理性之运用表现"说明综合的尽理精神;"理性之架构表现"说明分解的尽理精神。在政治上,凡理性之运用表现,重点在免去对立,成为圣君贤相对人民的一种上下隶属的关系;但分解的尽理精神或理性之架构表现却"由一种对待关系而成一对列之局",借此对列之局:

> 将政权由寄托在具体的个人上转而为寄托在抽象的制度上。这一步构造的底子是靠着人民有其政治上独立的个性,而此独立的个性之出现是靠着人民有其政治上的自觉,自觉其为一政治的存在。如此人民对于皇帝成一有独立个性之对立体即敌体。只有在此敌体关系上才能把政权从个人身上脱下来,使之寄托在抽象的制度上,而为大家所总持地共有之。人民一有其政治上的独立个性,则对待关系与对立之局成。此即政道之所由来。政道出现,则民主政体出现。政道是民主政体之所以出现之本质的关键。②

揆诸牟氏之意,要开出民主政治,必须将理性由上下隶属关系的运用表

---

① 牟宗三:《历史哲学》(台北:台湾学生书局,1984年),页181—183。
② 牟宗三:《政道与治道》,页53。

现,转为对列平铺的架构表现,每个个人之主体性才能建立,制度与民主政治才会出现。而在析述欲开出民主制度,须由理性的运用表现转为架构表现后,牟宗三继而解释这如何可能。他指出,就传统圣君贤相之内圣外王理论而言,是由内圣直通外王,外王只成了内圣之作用;但若外王指的是民主政治此新外王,有鉴于其为对列而非隶属格局,架构表现而非运用表现,就只能曲通而非直通。此曲通乃理性自身之辩证发展,由顺其本性之道德理性与运用表现转为逆其本性之观解理性与架构表现,最后在此"客观的实现"中消融此表面之矛盾而进入二者之统合。① 此亦即他在《现象与物自身》一书中揭示的"良知坎陷"概念。民主政体之出现"就是一个最高的或最大的道德价值之实现。此即表示欲实现此价值,道德理性不能不自其作用表现之形态中自我坎陷,让开一步,而转为观解理性之架构表现"②。民主政治之开出,必由良知天理所决定,故良知必须要求自己成为别之认知心或识心。同时因识心乃与物为二者,故为无对之良知的"坎陷"。"坎陷者下落而陷于执也。"③ 良知是知无知相、意无意相、物无物相而不拘执于任何相。但一停住则显停滞相,故成为执。据是,良知若要成就民主政治,则须由无对坎陷为有对,无执坎陷为有执。有对,统治者与人民方为对等;有执,方会对特定事务据理力争,研商表决。

针对此良知坎陷的曲通开出说,有一种批评是:牟宗三此方法无经验证据支持,是以理论的次序代替发生的次序。这种说法指出:证诸中外历史上民主政治发展之实况,从未发现这种良知坎陷而开出之例,使这种理论显得无中生有。例如林安梧即表示中国进入民主政治是一种"学习之次序",既非"发生之次序",也非"理论之次序",而牟宗三却混同了"理论之次序"与"发生之次序":

> 大致说来,牟先生并未清澈的指出"发生之次序"并不同于"理论

---

① 牟宗三:《政道与治道》,页55—57。
② 牟宗三:《政道与治道》,页59。
③ 牟宗三:《现象与物自身》,页123。

之次序",但他却也隐约的透露了此中的不同。只是牟先生以哲学家的姿态,太强调理性本身作用的展开罢了。就"民主"、"科学",乃至其他人类之活动而论之,其于历史之发生而言,原先由无而有,如此创造之发生,此为一;再者,既已有之,再以学习而体现之,此为二;又者,省察此如何可能,此为三。一是"发生的次序",二是"学习的次序",三是"理论之次序",三者不可混淆为一也。华人社会之走向现代化,施行民主,开启科学,此是一"学习之次序",非原先"发生之次序",亦不是以"理论之次序"所能做成的。当代中国学者论及于此,多未能分别清楚,殊可叹也。牟先生亦因时代的限制,于此并未清楚分别。①

林安梧在这段话中表示,牟宗三只是隐约地而非清澈地指出"发生之次序"并不同于"理论之次序",惜未进而指出其所以隐约而不清澈之处何在。撇开此点不谈,可以确定的是,他主张华人社会采纳民主与科学乃是"学习之次序",牟宗三则不但没提及此点,更未清楚分别"理论之次序"与"发生之次序"。事实上,牟宗三的确未特别提及"学习之次序",原因应该在于,只要对中国近代史略有了解者,对此皆知之甚详,无须在哲学著作中详加讨论。若要对此课题进行深入研讨,则进入史学或思想史范围,这也不是牟宗三之关注所在。就"发生之次序"而言,前已述及,牟宗三明确指出中国之所以未开出民主政治,就现实历史而言,阶级对立是民主政治之要件;就思想之因素来看,民主政治的本质条件是个性的自觉,但在中国此两者都未曾出现。所以他对民主政治在历史发生学上的讨论亦提出了说明。牟宗三的开出说承袭了仁心作为仁政理论基础之思路,要处理的本就是"儒学开出民主科学的可能性"之理论次序问题,以证明儒学并不与民主科学冲突,而是可以兼容。是要由"政治制度如何可能"问题更进一步,尝试解决在儒学架构下"民主政治如何可能"的理论问题,并非"实际上

---

① 林安梧:《道的错置:中国政治思想的根本困结》(台北:台湾学生书局,2003年),页208—209。

儒学已开出或如何开出民主科学"的历史问题,因此类似质疑应不致构成问题。①

二、道德涵容思想:在个体与社群间力求平衡

儒家内圣外王的第二种解释,就个人修养而言,是一种在心态上涵容他人、他物的道德境界。指出他人与家国天下乃个人生命的延伸与扩大,要在个人与群体之间力求平衡。强调道德修养必得印证在"成己成物"的行为表现上。孔子说"夫仁者,己欲立而立人,己欲达而达人"②,兼求己立、己达与立人、达人。就孟子而言,这种人生态度是从个人出发,而推扩至亲人、他人乃至其他事物上,所谓"亲亲而仁民,仁民而爱物"③。程明道进而将仁从人我的层面延伸到天地万物,上达"仁者与天地万物为一体,莫非己也"④的精神境界。孔子所谓"修己以安人""修己以安百姓"⑤则是将其落实在政治层面。真正的道德实践不能只局限在个人范围,必扩充至他人他物,亦即安人、安百姓上。顺是,政治上的效验就成为儒者道德实践不可或缺的一环,治人乃修己之具体落实,而非各不相干。以上说法可以称为一种道德涵容思想,而同时涉及个人修养与政治成就两个层面。

在政治层面,牟宗三诠释道德涵容思想之重点,乃肯定人民为"存在的生命个体",视为儒者在政治思想与政治实践上所立的最高准则。从内圣开外王的角度出发,儒家思想一样肯定个体,这种肯定是由具有权力的君王或道德修养作为表率的君子这两种角度出发,肯定人民作为个体的价值与权利。此"个体主义"所重之个体,乃人民或他人之个体,要求执政者照顾其

---

① 此问题的相关论述,亦可参考李明辉为牟宗三开出说所做的厘清,相关文章皆收入李明辉:《儒学与现代意识》(台北:文津出版社,1991年)。
② 杨伯峻:《论语译注》,雍也第六,页141。
③ 杨伯峻:《孟子译注》,尽心章句上,页448。
④ 程颢、程颐:《河南程氏遗书》,卷2上,《二先生语上》。收入《二程集(上)》(北京:中华书局,2004年),页15。
⑤ 杨伯峻:《论语译注》,宪问第十四,页338。

他个体之具体生活、价值与幸福。西方政治哲学中自由主义所重的个体,为个人自己,注重保障每个人自身的各项权益,并未将他人与社群考虑在内。"存在的生命个体"之特色如下:

> "存在的生命个体"是首出的观念,是直下须肯定的观念……这是儒者在政治思想,政治实践上所立的一个最高的律则。而这个律则是直就人民为一存在的生命个体而注意其具体的生活,价值,与幸福,而被体认出的。不是通过西方所首先表现的政治意义的自由、平等、人权、权利诸形式概念而立的。此种尊生命,重个体,是理性之内容的表现,而通过政治意义的自由,平等,人权,权利诸形式而来的尊生命,重个体,是理性之外延的表现。……在"理性之内容的表现"之路数中尊生命,重个体,那些外延表现中的形式概念可以一起含藏于所尊之"存在的生命个体"中而不自觉地或无容疑地被肯定。①

牟氏认为西方通过政治意义的自由、平等、人权、权利诸形式而来的尊生命、重个体是理性的外延表现。儒者则直就人民"存在的生命个体"而注意其具体的生活、价值与幸福,此种尊生命、重个体是理性之内容表现。在理性之内容表现中虽不能直接开出民主,但从其尊生命、重个体的态度出发,那些外延表现中的形式概念如自由、平等、人权、权利,可以一起含藏于所尊之"存在的生命个体"中而被肯定。而且不但肯定人民作为个体之价值与权利,还要帮助人民实现其个别价值,满足其需求。亦即所谓"民之所好好之,民之所恶恶之",也就是中庸"以人治人"的表现。② 牟宗三对此的说明是:

> 主观敞开,服从客观,则客观方面即全散开而落在"存在的生命个体"之"各适其性,各遂其生"之"各正性命"上。无骚扰,无矫揉,无

---

① 牟宗三:《政道与治道》,页118。
② 牟宗三:《政道与治道》,页120。

悬隔，无设计，个体落实地还其为个体，此为儒者"理性之内容的表现"之德治之极致。此种全幅让开散开的德治亦可以说是内容表现上如实如理的个体主义之极致。（个体主义是重个体，不是唯是个体。）①

牟宗三理性之内容表现所肯定的"个体主义"，乃儒家德治之思想核心。要让"个体落实地还其为个体"之意涵，是要直就人民为一存在的生命个体而注意其具体的生活、价值与幸福，也就是同时对个体之物质与心灵层面之需求皆予以肯定与保障。依牟氏之见，民主政治中保障民权的概念如自由、平等、人权、权利诸形式概念，亦可在此架构下予以肯定。但要注意的是，牟宗三既然在政治领域要开出民主之新外王，此个体主义之肯定，就必须由圣君贤相层面转为由制度层面予以保障，并落实为政策与法律保障人民的自由、平等、人权等诸种权利。此外，以政治权利的平等概念（此与后面讨论的"人皆可以为尧舜"之道德人格平等不同）为例，圣君贤相乃将执政者予以道德化之结果。圣君贤相固然会行仁政，照顾人民生活，保障人民权利，但此道德化之掌权者与人民仍是上下隶属关系，不一定会接受平等的观念。圣君贤相爱民如子，但若视民为子，就可能对日用而不知的百姓秉持教育之、管理之、限制之等等态度。虽是出于好意，但双方并非处于对等地位，或许会认为民可使由之，而不可使知之，导致平等理念难以落实。因此，自由、平等、人权、权利诸形式概念之保障，不一定能从圣君贤相直就人民为一存在的生命个体，而注意其具体的生活、价值与幸福的原则导出。若以曲通方式开出民主之新外王，这些概念仍须具体化为客观的法律制度，方能得到确切保障。

在个人层面，儒家要凸显的道德涵容思想，乃是调和个人与社群之生活理念，不论是孔子"己立立人、己达达人"之思想，或是孟子由亲亲而仁民、爱物的主张。此种调和个人与社群，视大我为小我生命之扩大的观念，放在今日来看仍具有其时代意义。

---

① 牟宗三：《政道与治道》，页117—123。

如前述，自由主义所重的个体，为个人自己，注重保障每个人自身的各项权益，并未将他人与社群之权利、福祉考虑在内。在当代西方政治哲学的讨论中，此种"个人主义基设"（individualistic assumption）饱受社群主义者（communitarians）之抨击。桑德尔（Michael Sandel）即谓罗尔斯的道德人（moral person）概念，以先验的观点定位自我，使自我从文化、社群等经验脉络中抽离，成为一种各自独立而互不关心之个人主义。[1] 这种孤立自足的个人，也会形成一种忽视社群价值之弊病。而基于罗尔斯把自然资产（natural assets）及其运用之所得皆视为集体拥有者，实又预设了某种共同之拥有主体，亦即社群的存在。[2] 桑德尔强调，即使罗尔斯承认，只要不违反先于目的之个别主体前提，这种自我对所有考虑与价值观的态度就是开放的，因此社群价值就像任何人们可能追求的价值一样，会在正义原则所规制的社会中存在乃至繁荣滋长。不过基于自我先于其目的之前提，在罗尔斯理论中社群的价值取向与目的总是其自我的属性而非构成要素，因此"社群感也只是良序社会之属性而绝非必备要素"[3]。

桑德尔认为罗尔斯理论中实已预设了社群之大我，对个人权益及特性之讨论不可能离社群而进行，可谓一针见血。然而他断定人的身份是由欲望、目的以至历史社会文化脉络所塑造而成，则推论太过。就有学者反对这种"构成式的社群观"（constitutive conception of community）。[4] 认为自我并非全然被动地由目的、动机构成，因而与社群的关系不只是自我理解，也包

---

[1] Michael Sandel: *Liberalism and Limits of Justice* (Cambridge: Cambridge University Press, 1998), pp. 59–65. 桑德尔认为，这种个人主义产生了两个问题，首先，罗尔斯为了避免自我成为"完全情境化主体"（radically situated subject），却落入了一种"完全空洞化主体"（radically disembodied self）之极端。这种自我可以说不需要正义原则。因为既然从各种经验属性抽离，一则由缺乏这些属性导致的先验主体同一化，引发缔约者其实是众多的同一人之荒谬结果，协议显得多此一举。（*Ibid.*, pp. 128–129.）其次，原初位置中的道德人过度形式化与抽象化，从而无法解释选择动机之必要性，更无须计较现实生活中各种社会与自然基本善之获得与分配问题，难以说明先验自我与经验目的及欲求之衔接问题。（*Ibid.*, pp. 27–28.）

[2] Michael Sandel: *Liberalism and Limits of Justice*, p. 80.

[3] Michael Sandel: *Liberalism and Limits of Justice*, p. 64.

[4] Michael Sandel: *Liberalism and Limits of Justice*, p. 150.

括选择与判断。我们的确发现自己身处于种种关系之中,却并非照单全收,从而会对其进行判断与质疑。① 因此自我至多也只是部分地由个人背景,以及个人目标或目的所构成,从而可相当程度地参与其身份之决定过程。②

如何评断罗尔斯与社群主义者对自我观的歧异并非本文重点。③ 但检视这场论争,则提醒我们必须具备一种统合观点:社群不只是反映人彼此间关系的外在组合,自我价值与个人权益必须在社群中才得以完全实现;个人也不致被社群的一切内容所渗透而淹没其中,仍可对其保有相当的自主性与选择能力。而这正是道德涵容思想之胜场所在。正如余英时所言:"中国传统在理论方向上不趋极端,企图兼顾群体与个体,而获致一种平衡。"④ 就道德实践而言,儒家自是从个人出发,孟子提倡"人皆可以为尧舜"的道德人格平等主义,"由仁义行,非行仁义"之命题,强调个人为道德立法之普遍能力,相对于社会之道德规范仍可保有其自主的选择权。⑤ 凡此皆与罗尔斯自由主义奉为圭臬之康德目的王国概念合辙。但由另一方面来看,儒家也不至于产生原子式的个人或忽略社群价值之流弊。理由在于,道德涵容思想要求走出自我,使生命不断扩大,由己立己达走向立人达人,指向自我与他人、群体之交融和谐中。李明辉即注意到,就儒家传统强调个人与社会间的联系性而言,儒家与社群主义有不谋而合之处:

> 如果我们将儒学置于西方当代自由主义与社群主义之争的脉络中来为它定位,我们会发现:传统儒学在伦理学的基础与自我观方面

---

① Will Kymlicka: *Contemporary Political Philosophy: An Introduction* (New York: Oxford University Press, 2002), p. 226.

② Chandran Kukathas, Philip Pettit: *Rawls: A Theory of Justice and its Critics* (Cambridge: Polity Press, 1990), p. 108.

③ 事实上,桑德尔对罗尔斯的批评未必都站得住脚。除了上述构成式社群观的争议,针对原初位置的个人缺乏选择动机之诘难,罗尔斯可以做出如下响应:原初位置中道德人并非毫无属性,因其具有中性而互不关心之工具理性以及追求基本善之价值观,不至毫无动机导致不知做何选择。但为免离题,此处只能略而不谈。

④ 余英时:《群己之间》,《现代儒学论》,页169。

⑤ 杨伯峻:《孟子译注》,离娄章句下,页263。

与自由主义有可以接榫之处，而在个人与群体的关系及对传统的态度方面又与社群主义同调。自由主义着重个人对社会及历史的超越性，社群主义则强调自我之形成必须内在于社会与历史的脉络；双方似乎都将"超越"与"内在"对立起来。儒家"内在超越"的思想特色为自由主义与社群主义之争论提出了一个可能的化解之道：或许双方的争执是一种可以化解的"背反"（antinomy）而非无法调停的"矛盾"（contradiction）。①

李明辉在此借由儒家"内在超越"的思想特色，强调可以在坚持自我超越于（此为自由主义论点）与内在于（此为社群主义特色）社会及历史脉络的两种思路之间做出调解。对此，也有学者持相同意见。何信全指出，自由主义与社群主义的论争，可以帮助我们重新发掘儒家思想的现代意义。儒家建立在个人人格平等，以及自我之道德实践基础上的个人主义，个人之自我实现乃是通向他人与群体，亦即在与他人及群体互动交融的过程中，达成自我的实现。就此而论，儒家的人观与自由主义一样挺立个人，然而个人却不是如同社群主义者所批评的孤岛般的存在，而是在与他人互动交融的社群场域之中，致力于实践之事。② 可以说，经由考察自由主义与社群主义之论争，儒学这种个人与社群可互通而交融的思想，如果再加以进一步的理论建构与系统化，乃是可与当代精神相通且弥足珍贵的思想资源。

三、道德与政治之分际

细究传统内圣外王之构想，实先预设一套道德工夫论，以此自修其德，

---

① 李明辉：《儒学、义务论与社群主义》，《儒家视野下的政治思想》（台北：台大出版中心，2005年），页235—237。
② 何信全：《儒家政治哲学的前景：从当代自由主义与社群主义论争脉络的考察》，收入黄俊杰主编：《传统中华文化与现代价值的激荡与调融（一）》（台北：喜玛拉雅研究发展基金会，2002年），页207—228。

再由个人推扩至群体国家,如此一则可安民、立人达人,二则作为模范而风行草偃,引导他人起而效尤。这种要求落在政治人物上,则形成圣君贤相之理想。就孔孟而言,亦即要执政者实行一种德治,其消极面是一种"恭己正南面"的无为而治,要求执政者别把自己的意志强加于人民身上。[1] 积极面则是孟子先养民再教民之仁政内容。前述内圣外王第一种解释,是要说明仁政之可能基础,以仁心为仁政之根源;圣君贤相之德治作为另一种解释,强调的是仁政的具体内容,亦即其实践原则。就孟子而言,仁政之内容为:先要能养,再求能教。就前者而言,"要以满足现实生活的基本条件为基础",所以孟子强调"养生丧死无憾,王道之始也"[2]、"民之为道也,有恒产者有恒心,无恒产者无恒心"[3]、"明君制民之产,必使仰足以事父母,俯足以畜妻子,乐岁终身饱,凶年免于死"[4]。但这只是仁政之必要条件,非充分条件,盖"饱食暖衣,逸居而无教,则近于禽兽"。故又须能教,借道德理想的追求,来提升人之所以为人的存有价值。[5] 此外,孟子又强调须能与民同乐,"古之人与民偕乐,故能乐也"[6]、"与百姓同乐,则王矣"[7]。要执政者能与民同享乐,与百姓同享幸福。

但由于此种君主之德治仍是一种人治,于是产生了徐复观所谓的政治上"二重主体性"现象,亦即政治的理念,民才是主体;而政治的现实,则君又是主体。[8] 此现象导致历史现实往往与理想目标背道而驰。正如林安梧所言,中国后来是往"宰制性的政治连结"透过"血缘性的自然连结"而利用"人格性的道德连结"为工具的异化方向走,导致君道侵袭父道与圣道之

---

[1] 杨伯峻:《论语译注》,卫灵公第十五,页345。
[2] 杨伯峻:《孟子译注》,梁惠王章句上,页7。
[3] 杨伯峻:《孟子译注》,滕文公章句上,页158。
[4] 杨伯峻:《孟子译注》,梁惠王章句上,页22。
[5] 曾春海:《儒家哲学论集》(台北:文津出版社,1989年),页64—65。
[6] 杨伯峻:《孟子译注》,梁惠王章句上,页5。
[7] 杨伯峻:《孟子译注》,梁惠王章句下,页36。
[8] 徐复观:《中国的治道》,《儒家政治思想与民主自由人权》(台北:台湾学生书局,1988年),页224。

"道的错置"问题。① 国君反而要求人民以道德修养为先,养民则是为后,甚至置诸脑后。

平心而论,此"道的错置"问题是儒家思想在落实过程中与现实因素相激荡所产生的异化,而非其内在理论问题。林安梧对此亦做出澄清,儒家在理论层次上强调"人格性的道德连结"优先于"血缘性的自然连结",只不过在发生学的层次上,前者不离于后者。② 且"血缘性的自然连结"与"人格性的道德连结"之结合,是想经由一种推扩的工夫达于四海天下,这原与"宰制性的政治连结"对反。③ 是以此问题根本上是刘述先所谓"政治化的儒家所造成的折曲"④,是儒家理想落实在现实政治上所付出的沉重代价。

既然此弊病之主因,正由于把道德领域中对德性之强调移植到政治领域中,是对儒家思想的扭曲而非其内在理论问题,因此对治之法正是直就人民"存在的生命个体"而注意其具体的生活、价值与幸福,以此为政治领域首要课题。这意味着重新厘清道德与政治二者之分际。儒家若要突破传统内圣外王理论之瓶颈,必须要"通过此一由道德(修己)与政治(治人)之分际的体认,开展出一条衔联二者的理论通路。就此二者的衔联而言,应先确立的是外在的消极自由,盖有了政治社会的外在自由之后,才能物各付物,就个体而顺成去实现内在自由,从而促致人生自由之全幅实现"⑤。牟宗三正

---

① 林安梧认为中国政治社会共同体基本上是由三种连结所构成:"宰制性的政治连结",其最高阶位的精神象征为"君";"血缘性的自然连结",其最高阶位的伦理象征为"父";"人格性的道德连结",其最高阶位的文化象征为"圣"。秦汉帝制之后,在"宰制性的政治连结"的管控下,使"血缘性的自然连结"成为其工具,由于"人格性的道德连结"又是依附在"血缘性的自然连结"上,因此形成一以"君"为核心,侵袭了"父"与"圣",而使"父道"与"圣道"皆不能独立之"道的错置"问题。"君"成了"圣君",又成了"君父","君"成了中国民族心灵的金字塔顶尖,是一切汇归之所,是一切创造的源头,是一切价值的根源,及一切判断的最后依准。关此详情可参见氏著:《道的错置:中国政治思想的根本困结》,页123—128。
② 林安梧:《道的错置:中国政治思想的根本困结》,页58。
③ 林安梧:《道的错置:中国政治思想的根本困结》,页129。
④ 刘述先:《有关儒家的理想与实践的一些反省》,《当代中国哲学论:问题篇》,页221—241。
⑤ 何信全:《儒学与现代民主——当代新儒家政治哲学研究》(台北:"中研院"文哲研究所,1996年),页194。

采取此种理论走向。孟子先养民后教民的主张,是站在统治者施行德治的立场上说的,因此焦点在政治领域。牟氏则进一步严分道德与政治两领域,以利用厚生为政治领域原则;正德律己为道德领域原则。并指出王道不能只是德,必函重视人民的幸福:

> 从王道方面讲,正德必函厚生。正因为德是指道德的真实心,仁义心言,故一夫不获其所,不遂其生,便不是仁义心所能忍。从个人道德实践的立场上说,律己要严;从政治王道的立场上说,对人要宽,要恕。正德求诸己,利用厚生求诸人,而亦必教之以德性的觉醒。①

这段话的意思为,就治人的王者而言,正德首先要求在政治举措上须注重养民,亦即所谓"利用厚生";至于在道德领域,则须分辨个人自己实践上的道德与政治教化上的道德,其内容与差异在于:

(1)个人自己实践上的道德:此是一无限的前程,深度与广度俱无止境,而且其实践过程上的内在律则亦曲折多端,难归一律。皆由自己存在的主观方面以无限的精诚甚深的悲愿以赴之。要以成圣为宗极,而成圣即是一无限之过程。此全为内在的。

(2)政治教化上的道德与一般社会教化上的道德:此只是维持一般的人道生活上的规律,则须严守"先富后教"之原则。在政治措施上,就个体而顺成,生存第一。"教"只是教以起码普遍的人道。此只是维持一般的人道生活上的规律。此只能对之做外在的维持,既不能内在地深求,亦不能精微地苛求。②

依上述,就牟宗三而言,要摆脱异化困境,重点在指出儒家实有区分修己与治人的理论向度,指出正德属道德领域,要注重的是实践工夫;厚生属政治领域,最优先的是人民的生存与权利。而且人君之道德修养还须区分

---

① 牟宗三:《政道与治道》,页28。
② 牟宗三:《政道与治道》,页126—127。

个人自己实践上的道德与政治教化上的道德。对人君自己是成圣成贤,要从严;对人民为基本道德,要从宽。徐复观也呼应牟宗三的讲法,认为孔孟与先秦儒家在修己与治人两方面所提的标准完全不同,修己方面总是要将自然生命不断向德性上提,绝不在自然生命上安顿人生价值;谈到治人,则首先是安设在人民的自然生命要求上。若以修己的标准治人,会演变成思想杀人之悲剧;相反地,若以治人的标准律己,则将误解儒家修己以立人极的道德工夫。①

李明辉则对此做出总结,强调在传统儒家思想中,政治之道德化有两方面的限制:消极方面有"先富后教"的原则,积极方面则有"为政以德"的原则。前者系针对人民,后者则是针对统治者。儒家的"德治"系相对于"刑治"而提出的,道德的要求主要并非针对人民,而是针对统治者,故有"为政以德"的原则。统治者在道德上只能自我要求,而不能责求人民做圣人。道德的教化主要是以建立一个适于每个人发展其道德人格的社会为目标;而为了达到这项目标,统治者必须先满足人民基本的生活需求,此即"先富后教"的原则。这显然不是道德原则之直接应用,因为道德原则要求无条件地服从,不能以生活需求之满足为前提。这无异于承认:政治原则并非道德原则之直接延伸,而是政治有其自己的原则。② 可以说,当代新儒学研究者的共识是:严守道德与政治、修己与治人两者间应有的分际,方能体现传统儒家德治的理想。

四、人治与法治问题

但圣君贤相的理想还有一个内在理论问题,同样属于混漫道德与政治界域之流弊,亦即治人先于治法的观念。已有学者指出,这种圣君贤相的政治格局,正是古代中国迟迟未发展出民主政治的原因之一。张灏从其"幽暗

---

① 徐复观:《儒家在修己与治人上的区别及其意义》,《儒家政治思想与民主自由人权》,页203—205。

② 李明辉:《儒学与现代意识》,页82—83。

意识"说出发,提到儒家人可体现至善的"乐观人性论",造成圣王与德治的思想,把政治权力交给已经体现至善的圣贤手中,让德性与智慧来指导和驾驭政治权力,即为中国传统之所以开不出民主宪政的一部分症结。① 何信全也指出:"儒家对政治生活中的人性,则抱持乐观态度。此种乐观态度,表现在由性善论导出德治。德治一方面相信一般人民可以'导之以德',犹如'草上之风必偃';另一方面亦相信政治人物会'为政以德'、'子帅以正'。在这种对政治生活中天理必胜人欲底乐观预期之下,使得法治观念毫无落脚之处。"② 质言之,圣君贤相格局应被民主政治取代已成学者多数意见,对这一点,牟宗三亦无异议。

依上述,既然牟宗三与徐复观都主张要严分修己与治人,即已意识到须区隔道德与政治两种层面;另外,他们两位也都具有应以民主政治取代传统圣君贤相格局的体认。以牟宗三为例,他解释传统圣君贤相架构形成的原因,是政权之取得由打天下而来且成为世袭,儒者又未提出使政权为公有的办法,也没想出客观有效的法律轨道使政权与治权分离,因此:

> 皇帝在权与位上乃一超越无限体,完全不能依一客观有效之法律轨道以客观化与理性化者。在无政道以客观化皇帝之情形下,儒者惟思自治道方面拿"德性"以客观化之。但是此种客观化是道德型态,不是政治法律的型态。儒者自觉地根据儒家的德化首先要德化皇帝与宰相。皇帝在权与位上是超越无限体,儒者即顺其为无限体而由德性以纯化之,以实之。由德性以纯化而实之,这在古人便说是"法天"。而法天的结果,则是物物各得其所,乾道变化,各正性命。……皇帝如此,方是尽君道。此为圣君,而相则为贤相。圣、贤是德性上的名词,不是权位上的物质力量。③

---

① 张灏:《幽暗意识与民主传统》(台北:联经出版事业股份有限公司,1989年),页28—29。
② 何信全:《儒学与现代民主——当代新儒家政治哲学研究》,页145—146。
③ 牟宗三:《政道与治道》,新版序,页30。

但这种约束只是道德上的约束。要人君忘掉自己现实上的无限权位，而进至法天以达到道德上的无限。这种缺乏客观有效的法律制度的约束人君方式，正是中国君主专制延续不断之主因。牟宗三进而指出中国以前只有治权的民主，而无政权的民主。但这种以"圣君贤相"的出现为前提之治权的自由是不可靠的。唯有推行民主政治，建立政权的民主，才能真正保证治权的民主。民主政治的另一个优点是，它可作为新外王的"形式条件"，传统所谓事功更要在此形式条件的保障下才能充分实现，在民主政治下才有事功。①

当然，说儒家不重视法治并不公平，徐复观就提醒我们，孟子"徒善不足以为政，徒法不足以自行"的看法，即一语道破治人与治法不可偏废之理。若将法解释为政治上所应共同遵守的若干客观性的原则，及由此等原则而形成之为制度，见之于设施，则孟子乃至整个儒家实具法治思想，儒家在政治上所说的礼都是法治。②不过徐复观也承认这只是具备法治之基本精神，传统所谓"礼"与"法"仍与现今之制度及宪法不同。③牟宗三也强调传统所谓法只是"维持五伦之工具，赏罚之媒介，其本身无独立之意义"④。质言之，"礼"之主要意涵是日常生活的基本道德规范或应对进退之礼仪，典礼之仪式程序；就"法"而言，中国传统之法，是各朝依其统治实际需要所定，是行政机关之内规或命令。美国法律学者昂格尔（R. M. Unger）即把中国传统之礼与法归入其所谓"官僚法"范畴中，以与现代严格的法律秩序或制度区隔。⑤依笔者之见，传统之礼法与现代所谓法制有以下不同：

（1）非代表民意之立法机关所定，民意基础低或是全无。

---

① 牟宗三：《政道与治道》，新版序，页20—24。
② 徐复观：《孟子政治思想的基本结构及人治与法治问题》，《中国思想史论集》（台北：台湾学生书局，1993年），页138—140。
③ 徐复观：《孟子政治思想的基本结构及人治与法治问题》，《中国思想史论集》，页136—138。
④ 牟宗三：《政道与治道》，页49。
⑤ [美]R. M. 昂格尔著，吴玉章、周汉华译：《现代社会中的法律》（南京：译林出版社，2001年），页82—104。

（2）无宪法、法律、命令之分。所有规定之效力依主张者之官位高低而定，不具稳定性。

（3）法条之修改来自执政者之自由心证，无公开、民主、客观、公正之程序。

（4）一改朝换代，法律则可大幅修改，缺乏一致性。

（5）法之地位仍在执政者之下。

（6）无依法独立审判之机关。刑部、衙门等并非独立之司法机关，执事者并非民选，也非法律之专业人才。

平心而论，传统儒家以正人心为重亦有其独到之处。李明辉指出，以性善说为基础的民主理论可以针砭过分相信民主机制的制度论者。他以英国学者沃尔海姆（Richard Wollheim）的说法为例，后者认为民主制度有一种"预计到的危险"，可能来自为了施行它而设计的机制或社会中其他因素之影响，因此无法自我保证。李明辉并做出如下补充："传统儒家并非不重视制度，但亦不相信制度是万能的。……对于制度本身的弱点保持警觉，或许才是民主制度之最佳保障。"①

事实上，对民主制度所应警觉者，在于要意识到法律制度是人所制定、由人来推行，若人无心遵守，则违法乱纪乃至玩法自利的现象将层出不穷。余英时在讨论儒家未来展望的时候，提到修身可以在日用常行中发挥为己之学的正面功能，成为社会上领导阶层的修身论而在公领域中有其贡献。他强调："'徒法不足以自行'终究是一条经得起历史考验的原则，制度离不开人的运作，越是高度发展的制度便越需要高质量的人去执行。"②可见孟子"徒善不足以为政，徒法不足以自行"的建议还是具有其现代意义的。

但不可讳言的是，缺乏法律制度产生的流弊更为严重。人重于法就会使律令之尊严不显、稳定性不够而缺乏客观独立之裁决标准，如此一则会产生徐复观所谓政治上"二重主体性"现象，亦即政治的理念，民才是主体，

---

① 李明辉：《性善说与民主政治》，《儒家视野下的政治思想》，页69。
② 余英时：《现代儒学的回顾与展望》，《现代儒学论》，页42。

而政治的现实，则君又是主体。① 二则应验劳思光所谓忽略众多主体并立境域本身之特性，结果在主体交互关系中之一切问题，均不能如分解决。② 礼与法因为僵化或被私心自用，不是造成礼教吃人，就是在面对复杂事态之际，显得缓不济急或无法调解利益与思想观念上之冲突，也就是说对人民之权利问题难以妥善处理。孟子治人与治法并重，是道德修养与政治制度皆已成熟并相互交融之最高境界，但在达到此理想前，道德只能用于修己，政治则必诉诸制度。徐复观对此已有清楚体认，并据以指出要解除中国政治上二重主体性的矛盾，必诉诸制度。③ 对照圣君贤相体制企求徒以道德上的要求收到政治制度的效果，牟宗三与徐复观主张以民主政治取代人治，实已找出问题症结所在。

第三节 理一而分殊：广义道德实践之外王

一、内圣而外王：牟宗三与刘述先对民主政治之共识

传统内圣外王的诠释以及牟宗三的理论建构，本质上皆是以内圣为基础的思路，而且牟宗三认为，除了圣君贤相格局已过时，而须以民主政治代替，此理路实有一些理论优点。《大学》所谓"自天子以至于庶人，壹是皆以修身为本"，于是成为传统儒者乃至当代新儒家所共许的基本原则。刘述先也指出，若就道德与政治之关系来看内圣外王，情形应当是："内圣为本，本立而道生，就内圣与外王的关系来看，必定是内圣为主，外王为从。凡儒者莫不有推明治道的向往，并作出这方面的努力，但不因此可以倒转过来说外王为本。"④ 所以刘述先也赞同牟宗三放弃圣君贤相间架，改采民主政治的做

---

① 徐复观：《中国的治道》，《儒家政治思想与民主自由人权》，页224。
② 劳思光：《文化哲学论集》（香港：香港中文大学出版社，2000年），页125—137。
③ 徐复观：《中国的治道》，《儒家政治思想与民主自由人权》，页247。
④ 刘述先：《论回环的必要与重要性》，《论儒家哲学的三个大时代》，页264。

法,以及严分政治与道德二者分际的判断。刘述先提到:

> 中国的传统政治理念是"仁政"。当经验显示,事实上难得有圣君贤相的时候,就不能不幡然改图,接受西方民主的制度,建立一个"民有、民治、民享"的政府。诚然民主并不一定能产生最好的效果,但集思广益,避免把权力集中在一家一姓之手,的确是我们所知制度里面可能产生最少恶果的一种方式。民选出来的领袖不是哲王,也不是圣贤,只是有能力处理众人之事的政治领袖。这样,政治不再是伦理的延长,他本身是一个独立自主的范围,有它自己的游戏规则。但它也不是完全和伦理道德切断关系,因为我们仍然必须选出有最低限度道德操守的政治领袖,而我们投票给他,主要是看他的政府是否真正能够照顾到大多数人民的利益,为人民服务。①

刘述先认为,当经验显示事实上难得有圣君贤相的时候,就不能不幡然改图,接受西方民主的制度。他也强调道德与政治虽然不是可以完全切断关系,仍有各自的分际而不可相互干扰。这些都是他与牟宗三的共识。所以他指出如果我们把"外王"当作政治之事,那么照现代人的看法,政治自有其规律,不可与伦理道德的问题混为一谈。由这样的角度来看,现代的发展的确突破了传统儒家思想的窠臼,此处必须与时推移,万不可以抱残守缺。若借用牟宗三的说法,传统中国文化生命偏于理性之"运用表现"与"内容表现",而要转出政道、开济事功、成立科学知识,则必须转出理性之"架构表现"与"外延表现"。② 可见刘述先对牟宗三以理性之"运用表现"与"内容表现"转出"架构表现"与"外延表现"的看法,表现出认同的态度,也认为这就是中庸所谓"致曲"观念之拓展。③ 而且刘述先多次重申,中国传统只有"民本"思想,而这与现代西方的民主制度,事实上颇有出入,而

---

① 刘述先:《"理一分殊"的现代解释》,《理想与现实的纠结》,页171。
② 刘述先:《论儒家"内圣外王"的理想》,《理想与现实的纠结》,页154。
③ 刘述先:《论儒家"内圣外王"的理想》,《理想与现实的纠结》,页155。

且他也怀疑，如果没有西方的冲击，中国自己能否产生出民主的观念：

> 孔孟所相信的是君主制度，所谓圣君贤相，这是"民本"的思想，并不是现代西方式的"民主"的思想。我们不能因为《礼运大同》篇中有所谓的"选贤与能"的说法就说中国古代有民主选举的思想，这是不相干的附会，因为原典的意思只是贤明的统治者选拔贤能来为人民服务，依然是民本的思想。我十分怀疑，如果不是受到西方的冲击，中国自己能不能够产生民主的思想。黄梨洲的《原君》虽然深刻地揭发了私天下的思想的弊病，却仍然回到三代之治的向往，并没有转出西方式民主的思想来。①

以刘述先的说明来看，中国的传统政治思想特性是"民本"，这与现代西方的民主政治仍存在相当落差，最重要的差异即在于执政者与官员并非由公民透过选举制度而产生。由此也可看出牟宗三要以曲通的方式开出民主政治的合理性与必要性。因为若不在理论根据上予以疏通，建立儒家思想与民主政治在逻辑上可以兼容的基础，就儒学立场来谈民主政治将会陷入理论上无法自圆其说的窘境，这应该是刘述先与牟宗三站在同一阵线的原因。刘述先曾为开出说提出如下解释：

> 牟先生的开出说是受到佛家"一心开二门"的启发而发展出来的说法。如以生生的仁心为本，理应开出科学与民主。这样的说法并不意涵，传统中国文化不受到西方的冲击便自己可以开出西方式的民主与科学，也没有提供任何具体的方案来促成这样的转变，牟先生的用心只是要指出，肯定我们传统文化的本根，不只不必排斥西方的科学（架构式的思想）与民主（客观化的制度），而且要积极吸纳这样的东西。坎陷说也只是用另一种方式来说明同样的道理。如以生生的仁心为本，

---

① 刘述先：《由权威到威权》，《理想与现实的纠结》，页137—138。

则必须取道德心坎陷的方式，以曲通的方式发展出民主的制度与科学的知识的成就。①

依刘述先之意，牟宗三提出开出说与坎陷说的用意，皆在经由曲通之概念，说明儒家思想与西方民主及科学可以兼容，肯定我们传统文化不只不必排斥西方的科学（架构式的思想）与民主（客观化的制度），而且可以积极吸纳这些成就。但刘述先虽同意这样的思路，在其理论表述上，却没有采取开出说的表述。其做出的解释是，他担心这样的说法会引起他人的误解，而虚耗时间与精力在不断澄清与说明上。因为由效果的角度着眼，这些说法"引起太多不必要的误解，不值得花那么多的时间与精力来应付一些无谓的缭绕与纠缠。开出说容易令人联想到传统中国文化如何由自身本有的资源产生科学与民主的虚假论旨"②。

二、教化与限权的两难与广义的道德实践

另外，刘述先亦为当代新儒家采纳民主政治提出一点建议：民主政治的内容必须包含许多制度与组织，这样庞大的机制要能顺利运作，就需要不同领域的人才通力合作。

> 当前新儒家所亟需要的是在与传统的典章制度以及渣滓解纽之后，参照西方的经验、配合自己的国情，发展出一套新的政治、经济、社会的体制，与其核心的仁（人）道创造的思想相配合，而这有赖于有政治、经济、社会专长的学者的接力来完成这重要的任务。现代的问题太复杂了，不是一个人的力量可以担负得了的，黑格尔一个人编纂百科全书的时代已经过去了。今日要讲系统哲学，是要首先建立起一个开放的

---

① 刘述先：《对于当代新儒家的超越内省》，《当代中国哲学论：问题篇》，页52—53。
② 刘述先：《对于当代新儒家的超越内省》，《当代中国哲学论：问题篇》，页53。

架构,吸引一批在基本精神上有所契合的学者,分头努力,开发出新的领域,抵拒住黑暗的时潮,以期望一个丰收的未来。①

如果儒家在今日要实行民主政治,必须邀集一些具有政治、经济、社会专长的学者共同合作,牟宗三以理性之"运用表现"与"内容表现"转出"架构表现"与"外延表现"的曲通方式,已经为这样的可能性提供理论基础。但这些学者除了在基本精神上必须有所契合,更需要一个开放的架构,从这一点来理解,我们就可以理解,为何刘述先认为取道德心坎陷的说法会引起误解,其原因正在于,"认识心为道德心的坎陷又容易引起在实际的层面上把道德当作第一义、知识当作第二义的联想"②。所以他认为在曲通的构想中,不宜再提坎陷的字眼,若一定要用坎陷,则必须"把坎陷扩大成为一个普遍的概念,也应用到道德的领域"③。

由此可见,刘述先认为曲通要以广义的道德实践之概念充实之。原因在于新儒学处理教化与限权上所面对的两难。他特别点出,新儒家对在儒学架构下采用民主政治可能遇到的一个难题意识不够,此即,传统德化政府的理想与现代西方式民主政府功能不兼容的问题:

> 新儒家已清楚地了解到限权观念的重要,而主张采用民主的政治制度。然而新儒家在同时强调教化的重要性,于是不免陷入到一种两难的情况之内。如果政府是一个有为的政府,那就不免要干预到人民的生活,甚至有可能侵害到人权!如果政府什么都不做的话,那就没有可能发挥到教化的作用。新儒家有时似乎把文化发展的主导力量以及教化的责任完全放在政府身上,而这是现代的民主政府担负不了的责任。新儒家在这方面的反省似乎不够透彻,传统德化政府的理想与现代西方式

---

① 刘述先:《关于"儒家与政治学"的讨论》,《大陆与海外:传统的反省与转化》,页207。
② 刘述先:《对于当代新儒家的超越内省》,《当代中国哲学论:问题篇》,页53。
③ 刘述先:《对于当代新儒家的超越内省》,《当代中国哲学论:问题篇》,页53。

的民主政府的功能似乎是不兼容的,两方面很难牵合在一起。①

刘述先点出,现代民主社会的基本出发点是政教分离,"政治制度采取民主的方式,而公民自己负责道德与文化方面的修养"②。但当代新儒家似乎还是把文化发展的主导力量以及教化的责任完全放在政府身上,这却是现代的民主政府担负不了的责任,因为民主政府若要充当教化的力量,就有可能干预人民的生活,甚至侵害到人权。所以在牟宗三仍极力凸显圣贤理想之际,刘述先鼓吹的是走向日用常行化的基本道德修养。其中关键在于传统德化政府的理想与现代民主政府之功能并不兼容。

质言之,刘述先认为传统儒家存在一个严重的问题,亦即"过分强调道德伦理的单向发展,以致压抑了其他方向发展的可能性"③。可以说,牟宗三对内圣外王的创造性诠释在于内圣工夫必须经过曲通,一种道德心的坎陷,才能成就民主与科学的新外王事业。刘述先与其不同之处在于将内圣外王扩大为由理一而分殊的广义道德实践过程,首先,若把外王视为民主政治此新外王,基于在同一理念下分工合作之必要,就必须亦视道德心为分殊,使各种专长与技艺处于一个开放之结构下;其次,我们也可以将外王的内涵由政治予以延伸,成为基于仁心与生生之精神而从事的各种分殊的文化创造活动,这不但包括道德修养,也涵盖了经济、商业乃至艺术各层面。这两种思路无疑都指向广义的道德实践。刘述先提到,孔子就是一种广义的道德实践之实行者,因为孔子说过:

> "志于道;据于德;依于仁;游于艺。"(述而)还不至于收缩到一种偏枯的境地。但中国的儒家传统确有过分偏重道德之嫌。事实上道德的完人只是一种可能发展的方向而已!我们对于有高度道德修养的道

---

① 刘述先:《当代新儒家思想批评的回顾与检讨》,《大陆与海外:传统的反省与转化》,页249。
② 刘述先:《由权威到威权》,《理想与现实的纠结》,页138。
③ 刘述先:《论儒家"内圣外王"的理想》,《理想与现实的纠结》,页152。

德人、宗教人有着最高的崇敬,但却不必勉强人人走上同一样的途径,我们也需要成就科学家、艺术家、乃至企业家的型态。故此我们对于道德只能有一种低限度的要求:人人都得有某一种的道德操守。但却不能有一种高限度的要求:人人都要成圣成贤,或者成仙成佛。过高的理想无法实现反而造成伪善的反效果;也正是由于这样的反激,现代人反对不近情理的僵固的传统,却不了解,追溯回传统的源头应该是一颗新鲜活泼的仁心,现代人却连这也一并否认了,岂非因噎废食,造成了极不良的后果。①

对照第三章的讨论,可知刘述先在此谈的正是一种广义的道德实践概念。各行各业的人在认同仁心与生生的前提下,从事各种价值创造活动,虽不必追求成圣成贤,却仍有一定的道德操守。从广义的道德实践出发,他特别讨论中庸所谓"至诚"与"致曲"两个概念,认为传统内圣外王将诚的形着专指狭义的道德实践,范围过于狭隘:

> 传统内圣外王理想的表达太过直截,结果沦为乌托邦的梦想,不切实际。第一序"至诚"的理想既难以实现,故此在传统的再解释上,我们不妨退一步,注重第二序的"致曲"观念的拓展,才可以接上现代化的潮流。文化的多样性的表现,必须通过曲折的方式始能得到充量的发展。"和而不同",乃是文化哲学的最高理念。而文化之间的会通在其"真实无妄",依然是"诚的表现",这是文化发展的道德基础。诚的形着,不只是表现在狭义的伦理道德之上,也表现在科学技术、政治经济、文学艺术之间,各有其自身的规律,不可以勉强加以比同。理想的境界是像华严的帝光珠网,各逞异彩,互相辉映,交参自在,无障无碍。②

---

① 刘述先:《论儒家"内圣外王"的理想》,《理想与现实的纠结》,页153。
② 刘述先:《论儒家"内圣外王"的理想》,《理想与现实的纠结》,页155。

刘述先以"至诚"与"致曲"诠释由内圣到外王的表现过程。他强调诚的形着不只是表现在狭义的伦理道德之上,也表现在科学技术、政治经济、文学艺术等领域。从他对内圣外王的诠释可以明确看出,所谓外王既指涉民主政治,也是各种文化创造形式,这种种不同的价值创造形式展现出和而不同的精神。从其他角度来看,这种广义的道德实践也有助于调和朱子与象山之间的歧异,这就牵涉到下一章的内容了。

第五章 "尊德性"到"先后天工夫并重"：论朱子格物致知

第一节 牟宗三对朱子的定位

牟宗三对儒学的阐述，无疑是以某些基本设定为背景。其心理合一、价值与评价主体合一的思路基本上是以孟子所开，陆王继之的心学一系为主轴，扩而充之，这即是所谓的"纵贯系统"。① 除此以外，他还指出另有一"横摄系统"，则由伊川、朱子所代表。前者是宋明儒之大宗，亦合先秦儒家之古义；后者是旁枝，乃另开一传统者。牟氏认为横摄系统在"体"（即天理自体、理体、道体）上理解有误，故于工夫上也有偏差。就体而言，由于其认为心与理二，心只是后天的、实然的经验之心，理才是超越的存有。故在工夫上，只能涵养一实然的"敬心"；而"致知"也只是通过格物去知那作为本体论的存有的超越之理，并不是一般的经验知识：

> 自此而言，照顾到实然的心气，则其所成者是主智主义之以知定行，是海德格所谓"本质伦理"，是康德所谓"他律道德"，此则对儒家之本义言根本为歧出、为转向，此处不能说有补充与助缘之作用。但因其在把握超越之理之过程中须通过"格物"之方式，在格物方式下，人

---

① 牟宗三将宋明理学分为三系。依序为五峰、蕺山系（此系乃承濂溪、横渠、明道而开出者），象山、阳明系，以及伊川、朱子系。并将前两系判为纵贯系统，伊川、朱子系则为横摄系统。详情请参考牟宗三：《心体与性体（一）》，综论第一章第四节：宋明儒之分系。

可拖带出一些博学多闻的经验性的知识，此则于道德实践有补充助缘之作用。但此非伊川朱子之主要目的，但亦未能十分简别得开，常混在一起说，是即所谓"道问学"之意也。①

牟宗三此结论，是经过将朱子与孟子及北宋四大家濂溪、横渠、明道、伊川对照下所得。而他比较的主要参考点为：
（1）对于孟子心、性、情、才之理解。
（2）对于孟子尽心知性之理解。
（3）对于中庸中和之理解。
（4）对于濂溪诚体、神体与太极之理解。
（5）对于横渠离明得施不得施之理解，以及对于大心篇之理解。
（6）对于明道"其体则谓之易，其用则谓之神"之理解，以及其对于其言仁之理解。

对于以上六点，牟氏认为朱子之理解皆不相应，而其关键即是："对于形而上的真体只理解为'存有'（being, ontological being）而不活动者（merely being but not at the same time activity）。但在先秦旧义以及濂溪、横渠、明道之所体悟者，此形而上的实体（散开说，天命不已之体、易体、中体、太极、太虚、诚体、神体、心体、性体、仁体）乃是'即存有即活动'者（在朱子，诚体、神体、心体则不能言）。此是差别之所由成，亦是系统之所以分。"②

基于以上说明，牟宗三对他的两系统之分做出简单的提要：

> 依"只存有而不活动"说，则伊川朱子之系统为：主观地说，是静涵静摄系统，客观地说，是本体论的存有之系统，简言之，为横摄系统。依"即存有即活动"说，则先秦旧义以及宋、明儒之大宗皆是本体宇宙论的实体之道德地创生的直贯之系统，简言之，为纵贯系统。系统既

---

① 牟宗三：《心体与性体（一）》，页50。
② 牟宗三：《心体与性体（一）》，页58。

异，含于其中之工夫入路亦异。横摄系统为顺取之路，纵贯系统为逆觉之路。①

从以上说明来看，牟宗三认为朱子的道问学是静涵静摄的"以知定行"之"本质伦理"，康德所谓的"他律道德"。因此对儒家之本义言根本为歧出，为转向，此处不能说有补充与助缘之作用。但因朱子在把握超越之理的过程中须通过格物之方式，在这种方式下人可附带获得一些博学多闻的经验性知识，这对于道德实践则有补充助缘之作用。其立论的要点是：朱子的系统因心与理二，因顺取的途径，故偏离儒家本意。由此导致两个偏差：一则不能挺立起真正的超越的道德主体，成为他律道德；二则在格物致知中所拖带的知识，非道德实践之本质，只具有补充助缘的作用。

第二节　道德实践与知识

一、论道德实践与知识之关系

以上牟宗三的朱子评论，其实可以归结为对"道德实践与知识的关系"问题之探讨。因为他认为朱子的顺取之路可以成立的是知识，而知识在道德实践中，既对人们从事道德行为与否难以发生主导作用，又不能挺立起超越的道德本心，才会将朱子工夫论定位在助缘的角色。是以首先我们就要从道德实践与知识的关系切入讨论。

要分析道德实践与知识的关系，就必须回到吾人身处道德情境的实际状况。人在面对道德情境之际所显示之应然的判断意识，若要落实于行为中，必须经由道德情感，一种不同于认知、反省及概念分析的感性作用，以提供动力。休谟（David Hume）早已指出知识或理性只能是情感之奴隶，在

---

① 牟宗三：《心体与性体（一）》，页59。

道德行为中之真正动力乃是一种道德感。康德也强调道德感是道德行为之动机，诱发道德行为的根据。① 现象学伦理学的代表人物舍勒更直接点明道德感之普遍性与成现于行为之动力性，并对此做了系统性的阐述。② 虽然以上这些哲学家对道德感的见解不一，但可以确定的是：这种情感状态无任何概念运作，也不能是观念之链接，与知识根本是两种东西。任何知识的积累或归纳既不能使之增减，也无以令其改变。于是可以说，知识对一行为之实践与否根本无主导力。

知识是否一定无法使人产生道德意志，从而也难以推动行为？对于主张"理由基础论"（Reasons Fundamentalism）的哲学家如托马斯·斯坎伦（Thomas Scanlon）而言，答案则是否定的。道德判断有真假可言，如果能够将其中的道理说清楚，任何理性的人都不能反对，就可同时产生依道德知识而实践的动力。亦即理由本身即足以产生实践动力，构成道德意志，而无须另觅动力之源（例如道德情感或传统儒家的心性）。一个理性行为者信服道德层面的某个道理具备充分理由，但却不依之而行，是不可理解的。③

以上看法同时涉及道德理由内在论（reasons internalism）与理性形态的道德判断内在论（moral judgment internalism）两种观点。前者认为道德理由本身即足以成为道德行为动机，无待于欲望（如休谟所主张者）或道德情感之推动。后者指出道德判断本身即足以促使吾人从事道德行为，无待于其他助力，但进行道德判断的并非道德情感，而是理性。④ 对这两种看法

---

① 主张道德感作为道德行为之动力，康德与儒家所见同（虽然同中仍有异），李明辉对此有详细而深入之论述。参见李明辉：《儒家与康德》。
② 经由比较哲学的研究，可以发现舍勒的论点与孟子乃至牟宗三存在许多不谋而合之处。舍勒与孟子在道德情感上都主张其超越普遍性，这点李明辉已做了详细探讨，参见氏著：《四端与七情：关于道德情感的比较哲学探讨》（台北：台大出版中心，2005年）。至于舍勒与牟宗三对道德情感的论点之比较研究，则会在本书第六章第二节进行相关探讨。
③ 上述论点散见于托马斯·斯坎伦相关著作之中。参见 T. M. Scanlon: *What We Owe to Each Other* (Cambridge: Massachusetts: Belknap Press of Harvard University Press, 1998) 及 T. M. Scanlon: *Being Realistic About Reasons* (Oxford: Oxford University Press, 2014)。
④ 以上划分乃参考瓦莱丽·泰比里厄斯（Valerie Tiberius）之分类方式。参见 Valerie Tiberius: *Moral Psychology: A Contemporary Introduction* (New York: Routledge, 2015), pp. 46-84。

的各种反对意见中，最具代表性者如"休谟式动机理论"（Humean Theory of motivation）或"情感主义"（sentimentalism），皆主张欲望或情感才是真正能引发行为之动力，理性只是受这两种力量之引导，也无法抵御其力量。针对托马斯·斯坎伦以下主张：一个人在理性上信服某道德原则或道理，认为其具备充分理由，却竟然不依之而行，此乃不可理解。"休谟式动机理论"者将做出以下回应：其实并非不可理解，非但可理解，而且现实生活中常常发生。因为生活经验告诉我们：吾人所做的理性判断，不见得皆能付诸实行，例如明知不应该偷窃而故犯者，往往并非在理性上否定偷窃为错事，而是出于个人利益或欲望之满足，而在理性之劝阻下，仍旧一意孤行。这是意志薄弱问题，而非理性欠缺问题。

此外，若援引道德理由内在论与理性形态的道德判断内在论，借以支持知识可以产生道德意志之主张，必须面对的另一个问题是：在这些论述中，主张可以产生道德意志，或是推动道德行为之关键，乃道德理由或道德理性，而非知识。尽管我们可以承认：道德理由或道德理性与知识具有诸多关联，概念上仍然必须做出区隔，并非可以直接与知识等同，此乃逻辑上显而易见之事。借助道德理由与道德理性支撑知识可以直接产生道德意志的主张，恐有偷渡概念之嫌。

可是知识也并非与道德实践全无干涉。就经验知识而言，它可以在吾人做出道德判断之后，有助于道德行为之实现。这就是阳明所说："是个诚于孝亲的心，冬时自然思量父母的寒，便自要求个温的道理；夏时自然思量父母的热，便自要求个清的道理。"① 经验知识是道德意识（思孝亲）表现于道德行为（思量父母的寒热）的辅助者（温清的道理）。牟宗三对此有清楚的论述：

> 在致良知中，此"致"字不单表示吾人作此行为之修养工夫之一套（就此套言，一切工夫皆集中于致），且亦表示须有知识之一套以补

---

① 陈荣捷：《王阳明传习录详注集评》卷上，页30。

第五章 "尊德性"到"先后天工夫并重":论朱子格物致知 / 159

充之。此知识之一套,非良知天理所可给,须知之于外物而待学。因此,每一行为实是知识宇宙与行为宇宙两者之融一(此亦是知行合一原则之一例)。良知天理决定行为之当作,致良知则是由意志律而实现此行为。然在"致"字上,亦复当有知识所知之事物律以实现此行为。吾人可曰:意志律是此行为之形式因,事物律则其是材质因。依是,就在"致"字上,吾人不单有天理之贯彻以正当此行为,且即于此而透露出一"物理"以实现此行为。①

牟宗三的观点是:每一道德行为都是本心良知与经验知识合作所成就者。前者决定行为方向,所以是行为之形式因;后者决定行为内容,则是行为之材质因。例如在本心下"孝"之判断"后",为了在行为上贯彻此"孝"的指示,就必须探求相关知识。所以须有知识之一套以补充之。知识因此是"孝"心实现之助缘。这与劳思光以"完成义"解释道德与知识的关系若合符节。劳氏认为:

> 一道德行为即一如理之行为。就"根源义"讲,无论作此行为之人具有之知识是否正确,此行为之道德性视其意志状态而定;换言之即"发心动念"处之公私决定其道德性。但就此行为能否如理完成讲,因离开知识则行为即无内容,知识愈缺乏,行为之完成亦愈不可能。故在"完成义"下,知识亦提供道德行为之内容。②

所谓"根源义"是就行为是否合乎道德而言,在此知识不能有任何决定力;但就道德行为能否顺成之"完成义"而言,因知识提供道德行为之内容,可见知识是道德实践上不可或缺之辅助。

整体而言,在道德实践领域,道德意识与经验知识的确呈现出相互合

---

① 牟宗三:《从陆象山到刘蕺山》,页250—251。
② 劳思光:《哲学问题源流论》,页87。

作的情形。道德意识可指引经验知识之应用，经验知识在"完成义"上有实现良知要求之作用，或是作为一行为实现之材质因，从而不可或缺。虽缺一不可，但这是相互合作而非相互影响，因为知识不能改变道德意识，只能帮助良知实现自身之要求，为良知所用。就道德实践而言，基于道德意识对经验知识的指导与定位作用，两者还是有主从之分，道德意识为主、经验知识为从。

二、从道德实践论朱子格物致知

由以上论述可知，若朱子果真想要以认知的方式建立道德感或道德意识，的确会不如逆觉的方式来得顺适，而且这过程中所附带得到的知识，就道德实践而言也只能作为辅助的角色，那么牟宗三对朱子助缘的定位就言之成理。所以我们现在就要将焦点转到朱子的工夫论上。

事实上，朱子对本身在道德实践工夫上有所虚歉已经有自觉，他曾指出：

> 大抵子思以来，教人之法唯以尊德性、道问学两事为用力之要。今子静所说专是尊德性事，而熹平日所论，却是道问学上多了。所以为彼学者多持守可观，而看得义理全不仔细，又别说一种杜撰遮盖，不肯放下。而熹自觉虽于义理上不敢乱说，却于紧要为己为人上，多不得力。今当反身用力，去短集长，庶几不堕一边耳。①

朱子在此自承于义理上的道问学工夫虽有所得，尊德性工夫却多不得力，在此相对于象山显得有所不足，而主张在两者间去短集长。但象山却明确拒绝朱子此"去两短、合两长"的调停态度，坚持两者工夫仍有主从之别。他的理由是：

---

① 《朱子文集》，卷54。

> 朱元晦欲去两短、合两长，然吾以为不可。既不知尊德性，焉有所谓道问学？①

象山的立场是，就成德工夫而言，若未先立本心，建立坚强的道德意识，就算有再多、再丰富的义理涵养，也是在外面绕圈子的支离之路。才会指出"既不知尊德性，焉有所谓道问学"。既然两边相持不下，我们不妨直接检视朱子自己的理论，作为判断的依据。

在朱子学说的表述上，其工夫论重点在格物致知，而格物致知的理想为达到所谓脱然或豁然"贯通"的境界可说是学界共识。于是我们可先检别出其格物致知说的三个层面。探究事物的性质与原理是经验认知模式，这是格物致知的外求层面；对社会的道德规范箴言进行反省与体会，就是要借由自我反思获得道德上的见识，此为内省层面的工夫。朱子认为这两层面的工夫必须兼备，他指出：

> 致知一章，此是大学最初下手处，若理会得透彻，后面便容易，故程子此处说得节目最多，皆是因人之资质耳。虽若不同，其实一也。见人之敏者太去理会外事，则教之使去父慈子孝处理会，曰"若不务此而徒欲泛然以观万物之理，则吾恐其如大军之游骑，出太远而无所归"。若是人专只去里面理会，则教之以"求之性情固切于身，然一草一木亦有理"。要之内事外事皆是自己合当理会底，但须是六、七分去里面理会，三、四分去外面理会方可。②

这段话透露出朱子两个论点，第一是他认为外求与内省须并重，第二是两者虽要兼顾，但内省之比重占了六七分，还是多于外求的三四分，显然更为重要。朱子指出格物致知应是经验知识与道德见识双管齐下的方式，不

---

① 《象山全集》，卷36。
② 《朱子语类》，卷18。

可拘执一边。当然，这两层面活动虽皆不可或缺，却也都只是准备工夫而尚未完备。前者类似知识累积与经验科学的方向，追求道德见识则倾向于成为处世智慧或伦理学说。这些学问或智慧自然重要且必要，却仍不可谓为已足。作为一代大儒，他还是继承儒家成德之教的精神，要由内省与外求之"学"这两个层面，再提升至另一最高层次——知行合一之道德实践层次。朱子追求贯通的目的，最主要不是在知识或道德见识的获得，而是要在不断求知及内省的过程中，磨炼心的功能，使心能做最大的发挥，回归不受人欲的影响，而能知理顺理的知至、物格、明德之本然状态。朱子说：

> 致知，不是知那人不知底道理，只是人面前底。且如义利两件，昨日虽看义当为，然而却又说未做也无害；见得利不可做，却又说做也无害；这便是物未格，知未至。今日见得义当为，决为之；利不可做，决定是不做，心下自肯自信得及，这便是物格，便是知得至了。①

至于物格、知至正是朱子用来描述贯通的话，朱子云：

> 所谓致知在格物者，言欲致吾之知，在即物而穷其理也。盖人心之灵，莫不有知；而天下之物，莫不有理；惟于理有未穷，故其知有不尽也。是以大学始教，必使学者即凡天下之物，莫不因其已知之理而益穷之，以求至乎其极。至于用力之久，而一旦豁然贯通焉，则众物之表里精粗无不到，而吾心之全体大用无不明矣。此谓物格，此谓知之至也。②

所谓贯通，是众物之表里精粗无不到，而吾心之全体大用无不明的境界，也是心超升至一理平铺，无情意、无计度的心灵状态，亦即充满道德行为意识之从心所欲而不逾矩的最高层面。可见朱子优先处理的还是儒家传

---

① 《语类》，卷15。
② 《四书集注》，大学章句，格物补传。

统的成德之学，亦即道德实践问题。如此看来，贯通应是一种异质的跳跃，此异质是相对于前两层外求与内省工夫所获得之经验知识与道德见识而言。其中差异主要可分三点论之。

首先是形上形下之异。贯通所格之理是存在之所以然的太极，这是形而上之理；相对来说，经验知识与道德见识的对象，自然是形而下之理。形而下之理是存在之所以然之理分殊的显现，这两层理虽具有连续性与内在联系，还是不能浑同为一。刘述先指出："贯通并不是科学层面上找到一个统一的理论来说明事象的关连，而是隐指一异质的跳跃，为世间的万事万物找到一超越的形上学的根据。"① 即是指涉此形上与形下之差异。

其次是概念内容有无之异。形上之理既然是无情意、无计度、无造作的净洁空阔的世界，对应于此的脱然贯通境界自然亦为无思虑、无内容曲折的意识状态。这由朱子解释明明德的镜明之喻可见一斑。而且由于超越了概念思考活动，一些概念上的二元对立，如精粗、大小、表里之划分，乃至主客对立的认知模式，也都在此心境中予以化解。相较之下，经验知识与道德见识多少带有各式各样的想法、思虑及概念内涵，乃至概念上的区分、比较与判别。

最后是具实践性与否之异。贯通是知行合一、具有坚定道德意识之精神境界，保有随时成就道德行为之德性修养。就此而言，牟宗三以"心静理明"一词解释朱子格物致知，认为贯通即在使吾人之心气全凝聚于此洁净空旷无迹无相之理上，一毫不使之缠夹于物气之交引与纠结中，然后心气之发动始能完全依其所以然之理而成为如理之存在，实为恰当之诠释。② 贯通之"知无不尽""周遍精切而无不尽"，正是要在应对事事物物之际皆能保持此如理状态。以此来看经验知识与道德见识，前者不能引发道德行为已甚显，道德见识固有助于道德修养或人格之养成，却不与其等同，这种意义上的知善知恶，无法直接导出好善恶恶之行为。但贯通正是要把道德见识直接落

---

① 刘述先：《朱子哲学思想的发展与完成》，页540。
② 牟宗三：《心体与性体（一）》，页104—106。

实于行为实践当中。①

相较于经验知识和道德见识，贯通既然有形而上下、概念内容与实践性三项差异，而且这些差异皆指向质而非量之不同，那么这种异质的跳跃又如何可能呢？朱子看起来只预设了有此异质之跳跃，而未思及其可能性问题。德性之知是要建立道德意识与修养，朱子外求与内省并重的工夫入路获得的是与其异质之经验知识与道德见识，刘述先曾指出，要达到异质跳跃所需的工夫为一种逆觉，"朱子预设此逆觉，却终不能正视此一逆觉，是其不足处"②。质言之，贯通之所以可能实必须预设一种与理为一之道德意识，在心与理一的条件下贯通才有必然性，在此意义下，可以说"朱子已先预设了象山所说的本心"③。若不一则成偶然之凑泊，成不成功就难以操之在己，才会令朱子感觉如此艰苦，少有活泼泼地愉悦。如此一来，贯通如何可能始终是朱子必须面对的难题之一。是以牟宗三认为朱子不能挺立起真正的超越的道德主体有其理据。

至于外求与内省并重所获得的经验知识与道德见识，如前所述，就道德实践而言，的确处于辅助地位。这么一来，牟宗三依儒家内圣之学，从道德实践的角度判定朱子格致工夫为助缘，是站得住脚的评断。

第三节　刘述先对朱子的评价

一、对道问学的批评：内圣成德之学的观点

如前所论，牟宗三强调成德的本质工夫为逆觉体证，而判定朱子的道问学为助缘。此就建立道德意识的狭义道德实践而言，确是如此。在这方面，

---

① 此处有关贯通与内省和外求两种工夫之异质性的论述，系依据笔者另一篇探讨朱子脱然贯通的论文。参见张子立:《释朱子脱然贯通说》，《儒学之现代解读:诠释、对比与开展》，页17—41。
② 刘述先:《朱子哲学思想的发展与完成》，页531。
③ 刘述先:《朱子哲学思想的发展与完成》，页527。

刘述先与其立场一致：

> 朱子走顺取的途径，假定人自幼及长，有良好的德俗的训练，久而久之，就终必能建立德性的自觉，这是一种过分单纯的想法。事实上要建立这样的自觉，必须经历一逆觉体证，澈底由闻见之知、经验对象知识的模式翻出来，作一异质的跳跃，始有所得，否则若只是依样画葫芦，所立只不过是一套习熟足以自安的他律道德而已！①

从这段引文中，可以发现刘述先接受牟宗三对朱子顺取与他律道德的定位，也认为要建立德性的自觉，就必须诉诸逆觉体证的工夫。进一步来看，既然朱子与象山都以孟子学为正宗，则与孟子学直接相关者乃是道德实践。道问学作为外在知解、文字理会之明理工夫，与道德践履并无本质的相关之处。牟氏正是据此指出："如道问学是直接与道德践履相关之道问学，如象山所意谓者，则不知尊德性，自无此种道问学。"②就这一点而言，刘述先也完全认同象山与牟宗三的判断，他对此的看法是：

> 表面上看来，朱子的态度比较平衡，象山却咄咄逼人，不留任何余地。然而从义理上看，象山紧紧追随孟子先立其大之义，反对在外部盘旋，朱子也不能不承认陆学在日用工夫上有其过人之处，而自己则往往不免支离之病。由内圣之学的规模看，两方面的确不能齐头并列，而必须建立主从关系。象山也不是真的要人完全不读书，所谓六经皆我脚注的含意是，六经毕竟只是外在的迹，真正的基础仍在每个人内在的千古不磨心上。由这一线索追溯下去，既以孟学为判准，则我不能不同意牟宗三先生以朱子为"别子为宗"的见解，同时也不能不反对朱子之批评陆子为禅。那是没有充分根据的联想。③

---

① 刘述先：《朱子哲学思想的发展与完成》，页526—527。
② 牟宗三：《从陆象山到刘蕺山》，页94。
③ 刘述先：《有关理学的几个重要问题的再反思》，《理想与现实的纠结》，页256。

刘述先认为就内圣之学的标准来看，朱陆二者的确必须有主从之别，因此牟宗三视朱子"别子为宗"的见解不无道理。他更依据本质程序与教育程序之分野，指出"由本质程序的观点看，真正要自觉作道德修养工夫，当然首先要立本心。如果问题在教人作自觉的道德修养工夫，那么作小学的洒扫应对进退的涵养工夫，读书、致知穷理至多不过是助缘而已，不足以立本心"①。

要注意的是，刘述先虽然认为就内圣成德之学来看，朱子格致工夫为助缘；但也力求平衡，而从其他角度肯定其长处。所以他说："我认为朱熹的首要关怀是内圣之学，是宋明理学中一个重要的环节。但既以孟学为判准，那就不能不支持牟先生以朱子为'别子为宗'的论断。不过朱子对现实人性的驳杂是有深刻的理解，几乎可以预见王学末流的弊害。"②在刘述先的理路中，除了成德的观点，也同时存在广义的道德实践之构想，接下来要讨论的就是他从这个面向对朱子格致工夫的肯定。

二、对道问学的肯定：广义道德实践的观点

质言之，刘述先并不完全同意象山的进路，因为象山虽在本质程序上了解正确，但在教育程序上却并非完全无误：

> 但肯定象山为正统，并不意谓他的思想是不可以批评的。他在本质程序上了解正确，并不表示他在教育程序上也一定了解正确。先后天修养工夫必须同加重视，方是正理。但象山却完全排斥后天工夫，未免把问题看得太易。……同时象山把知行结合得太紧，乃少曲通之效，以致门庭狭窄，开拓不出去。陆学之不能与朱学竞争，其来有自，绝不是完全偶然的结果。到了明代，王学之兴足可以与朱学抗衡，而王学末流之病乃恰与陆学末流如出一辙，由此不能不佩服朱子眼光之锐利。③

---

① 刘述先：《朱熹的思想究竟是一元论或是二元论？》，《理想与现实的纠结》，页280。
② 刘述先：《有关理学的几个重要问题的再反思》，《理想与现实的纠结》，页262。
③ 刘述先：《有关理学的几个重要问题的再反思》，《理想与现实的纠结》，页256—257。

刘述先在此指出先后天修养工夫必须同加重视，正是从广义的道德实践出发，所以才为朱子道问学提出辩护。因为象山的工夫虽长于道德意识之建立，但其工夫论也仍存在问题，不能排除朱子格致工夫。因为道问学的后天工夫自有其价值所在，而须与象山之先天工夫并重。其中的理由在于，良知与见闻其实存在着一种辩证关系，而且朱子对气禀之杂保持戒心，也可对治一些儒者对人性过度乐观的弊病。

（一）良知与见闻的辩证关系

牟宗三认为朱子格致工夫因心与理二的顺取倾向，偏离了儒家本意。首先就成德而言，不能挺立起真正的超越的道德主体，成为他律道德。其次在格物致知中所拖带的知识，非道德实践之本质，只具有补充助缘的作用，刘述先对此并无异议。他在谈到朱子对象山不够重视事理的批评时指出：

> 其实陆王一系是直接由孟子的大体小体之辨自然发展出来的思路，不必有朱子所批评的毛病。阳明就有极明白的分殊，圣人所把握的只是天理（仁心之生生不已），岂能够无所不知，无所不能（要打仗岂能够不行军布阵），而良知不滞于见闻，却也不离于见闻。事实上没有人要你去截断见闻，只是必须要有大小本末之别罢了。此则朱子也不能违背者。而良知之发用必藉见闻，但二者的层次则不容许错乱。事实上正是在这个最紧要的关头上朱子却缺少了分疏，此其病也。穷理究竟穷的是什么理？若穷的是天理，则在求放心之外不能再另外说穷理，（朱子晚年之说非也），若穷的是事理、物理，则不必与求放心（立大本）有任何直接的关连，盖天理虽不外事理、物理，却与之分属两个不同的层次，不可混在一起说。①

依上述，刘述先指出朱子对天理与物理、事理两方面缺乏必要的分疏。

---

① 刘述先：《朱子哲学思想的发展与完成》，页531。

因为若穷的是天理,则在求放心之外不能再另外说穷理;若穷的是事理、物理,则不必与求放心(立大本)有任何直接的关联,因为天理虽不外事理、物理,却与之分属两个不同的层次,不可混在一起说。此与牟宗三所谓顺取不能挺立起真正的超越的道德主体意同。但刘氏既然指出先后天修养工夫必须同加重视,对朱子的道问学必然在其他方面有所肯定。这就是他提到阳明的原因。阳明认为良知不滞于见闻,却也不离于见闻。成德不是要截断见闻,只是必须要有大小本末之别罢了。而良知之发用必借见闻,但二者的层次则不容许错乱。所以在个人修身成德上,朱子格致工夫的确是助缘;但依据广义的道德实践来看,尊德性与道问学存在一种微妙的互动关系,所以必须对先后天修养工夫同加重视,而可一起涵摄于阳明之良知教中。

职是之故,刘述先借由闻见之知与德性之知之间的辩证关系说明朱子的贡献。而重新诠释阳明"良知不由见闻而有,而见闻莫非良知之用,故良知不滞于见闻,而亦不离于见闻"这段话。他认为:

> 阳明已体证到,良知要具体实现,就离不开闻见之知。德性之知,也即良知,所要体现的乃是大人与生俱来的生生之德,这确不假外求,属于宋儒所谓"理一"的层次。然而除了这一个层次之外,还必得有真正具体落实内在化的"分殊"的层次。……朱子一生之所以能够成其大,正因他把大部分精力放在分殊的探究上,不意反而在理一处却不免虚歉,这是十分可憾的。阳明在校正了朱学的缺失之后,在原则上仍非不可以吸纳朱学的精粹。由此可见闻见之知与德性之知之间有一高度的辩证性的关系:良知要真正具体落实外在化,显发其作用,就不能离开见闻。①

在此,刘述先以阳明学为例,指出闻见之知与德性之知之间有一高度辩证性的关系。这种辩证关系的内容是:经验知识几乎都有潜在的道德意涵,

---

① 刘述先:《有关理学的几个重要问题的再反思》,《理想与现实的纠结》,页258—259。

道德意识对经验知识于是具有定位之作用。但是良知要真正具体落实外在化，显发其良能，又不能离开见闻，所以经验知识对道德意识落实于行为亦有襄助之作用，两者因此形成一种相互合作的紧密辩证关系：

> 我们不能通过建立经验知识的方式来建立有普遍性的道德原则，而在另一方面，却又要清楚地体认到，没有经验知识是没有潜在的道德意涵的。举例说，造原子弹或试管婴儿的技术是科学的事，但实际应用这样的技术就会产生十分严重的道德后果。也就是说，良知能否发生作用，就要看它是否能通过批判性的检验，适当地定位这样的经验知识，而不能只说，知识是另一层面之事，与道德应然的层面没有关系。再举一个例说，没有科学能够证明人必须维持身心的健康，因为帮助吾人维持身心健康的科学已预设了这样的前提，它只能是出于良知或实践理性的要求。但这样的要求的具体实现却不能不依靠当前的科学知识……由此可见，普遍性的规约原则与具体性的科学知识二者缺一不可，它们同是我们在现实世界中体现价值的两个重要的环节，不可加以偏废，彼此之间存在着一种紧密而复杂的辩证关系。①

良知与见闻的辩证关系在于，维持身心健康的科学之产生，已预设了良知或实践理性之要求，但这种要求要落实，就不得不倚赖当前的科学知识。良知可以给予经验知识适当的定位，因为没有经验知识不具有潜在的道德意涵，但良知或道德意识之要求欲实现，又非得经验知识之助不可，所以普遍性的规约原则与具体性的科学知识二者缺一不可，同是体现价值的两个重要环节。

总括来说，可知就孟子成德之教而言，刘述先认同牟宗三朱子乃别子为宗，以及其工夫属成德之教助缘的看法。但就广义的道德实践而言，却要"深入了解良知与闻见之间的高度辩证关系，那就可以掌握儒家传统的睿

---

① 刘述先:《儒学与未来世界》,《当代中国哲学论：问题篇》,页263—264。

识"①。象山之学潜藏有余英时所谓"反智论"的危险，因为：

> 他[象山]说我虽不识一个字，也可堂堂正正做一个人，这就道德人格而言是一点不错的。然而这却可以助长一种倾向，就是对于知识方面的不够重视；到晚明乃有"现成良知"的说法，驯至满街皆圣人，其害不可胜数。由现在的观点看，通过知识固然不能建立道德良知，但道德的具体实践却不能不依靠知识。我们可以拥有全世界最好的善意，要是缺乏知识的话，仍可以好心做坏事，同样可以造成巨大的祸害。……阳明的见解就要复杂精微得多。他说："良知不由见闻而有，而见闻莫非良知之用，故良知不滞于见闻，而亦不离于见闻。"(《传习录》中，答欧阳崇一)这样的看法就深刻全面得多。尽管阳明本人仍偏在德性一边，通过创造的解释，却可以建立德性与见闻之间的高度辩证关系。②

由此看来，象山确实"不明白德行、见闻之间的辩证关系"③。是以刘述先才强调朱陆先后天修养工夫必须同加重视，亦即赋予同样的重要性，而这是牟宗三所未提出的论点。但就以阳明之良知教融摄朱陆而言，由于牟宗三已意识到，经验知识是道德意识(思孝亲)表现于道德行为(思量父母的寒热)的辅助者(温清的道理)，指出每一道德行为都是本心、良知与经验知识合作所成就者。前者决定行为方向，所以是行为之形式因；后者决定行为内容，则是行为之材质因。这就与刘述先认为良知可以给予经验知识适当的定位，而良知或道德意识之要求欲实现，又必须经验知识之助的看法类似，可见他们两位对象山虽评价不同(牟宗三对象山之肯定多于刘述先)，对阳明的看法则是一致的。

另一方面，刘述先也深契朱子对现实人性的驳杂之深刻理解，以致预见王学末流弊害的先见之明，这就与牟宗三表现出更明显的差异。所以接着

---

① 刘述先:《有关理学的几个重要问题的再反思》,《理想与现实的纠结》,页262。
② 刘述先:《对于当代新儒家的超越内省》,《当代中国哲学论：问题篇》,页30—31。
③ 刘述先:《对于当代新儒家的超越内省》,《当代中国哲学论：问题篇》,页31。

就要探讨这个议题。

（二）对有限性之警醒

从儒家的立场来看，天与人的关系应该是一种内在超越的形态。道器不离不即，理之流行即在气上显，人经过自觉的道德实践即可到达天人合一之境。但就外在超越的形态来看，天与人乃截然二分，上帝是纯粹的超越，人是纯粹的内在，两者永远存在着不可逾越的鸿沟。而依刘述先的看法，外在超越形态的困难在于其必须面对的一种两难：若要维持住纯粹的超越性，就不能与人和世界发生联系；但若要被人所认知，又难以保持其纯粹的超越性。"因为上帝要与人以及世界发生关联，就不能不进入内在的领域而受到这方面条件的局限。既然上帝要给与人类指引往往要通过启示，而被挑选来传达上帝信息的先知是内在于此世的人，他们也必须用人的语言才能传达超越的信息，那就不可能保持真正纯粹的超越性了。"① 但他强调纯粹的超越虽是一种偏向，却可以提醒我们不可使天的超越性丧失：

> 儒家也可以在天人合一的强调之外，多讲一些天人的差距。天的生生的精神固然内在于个体的生命之中，但人毕竟不即是天。有限可以通于无限，并不意味着有限可以等同于无限。儒家的思想既需讲差等，所谓"理一而分殊"，就不能只强调理一，也要重视分殊。由理一可以讲天人之不二，由分殊却要谓天人之不一。在理一的层面，乃可以讲："上天之载，无声无臭，至矣！""尧舜事业如一点浮云过太空"。这可以引发人对精神理想境界的向往。但在分殊的层面，却只可以讲："士希贤，贤希圣，圣希天"，即到了圣人的境界也还要讲"畏天"，而不能把一切的差别相加以泯除。②

---

① 刘述先：《论宗教的超越与内在》，《刘述先自选集》（济南：山东教育出版社，2007年），页403。

② 刘述先：《当代新儒家可以向基督教学些什么？》，《大陆与海外：传统的反省与转化》，页264。

刘述先强调儒家也可以在天人合一的强调之外，多讲一些天人的差距。因为天人合一虽讲有限可以通于无限，却不意味着有限可以等同于无限。由理一可以讲天人之不二，由分殊却要说天人之不一，否则就会有意想不到的负面效果。"天通过人来表现固然是不错的，但往往造成一种结果，即人之无穷扩大，到了一种情况，根本就见不到天，而导致天（上帝）之引退。"① 在讨论良知与见闻的辩证关系时，刘述先在"圣人所把握的只是天理"这句话后面，特别补充天理是仁心之生生不已，已经表现出他是以其对儒家仁心与生生的本质界定，来谈闻见之知与德性之知的辩证关系。因此生生的广义道德实践架构是他提出此辩证关系的出发点。而在广义道德实践中，人的一切文化创造活动，包含逆觉之道德实践皆是良知之坎陷，亦即理一之分殊的表现，所以人对于其作为有限的存有者也必须要有所体认，这正是他一贯主张的天与人同异并存之见解。关于这点，刘述先认为朱子确有很深的体会。"朱子于现实气禀之杂，人欲之私，则确有体验，不可轻弃加以抹杀。"② 整个儒家过分强调人性的光明面，也不能说没有缺失：

> 其实整个儒家是过分强调人性的光明面，故也不能谓之无蔽。相形之下，基督教对现实人性之阴暗面实有更深刻的体验。故田立克以此世之内充满了含混暧昧（Ambiguities），只有在绝对超越的上帝那里才有完全的清明。这样的思想虽不免仍有偏于他世之嫌，但决不会像传统儒家那样把纲常的内容也当作绝对，由现代的观点看来，显不能谓之无病。于此，我们只有改造传统儒家义理的规模才行，理一而分殊，真正超越绝对处只在理一，分殊处乃有局限性，不可以绝对化。朱子的理气二元放在形上学的本质层面看是一个错误，但由实体而转为功能，移在践履论上讲，却表现了很深的睿识。③

---

① 刘述先：《当代新儒家可以向基督教学些什么？》，《大陆与海外：传统的反省与转化》，页263。
② 刘述先：《朱子哲学思想的发展与完成》，页532。
③ 刘述先：《朱子哲学思想的发展与完成》，页532。

就刘述先来看，朱子的理气二元放在形上学的本质层面看是一个错误，其理显而易见。因为如此将导致析心与理为二，使超越与内在截然二分，分殊之创造活动断绝了与理一之直接联系，与基督教同样有偏于他世之流弊。但真正超越绝对处只在理一，分殊处乃有局限性，不可以绝对化，所以人与理一乃同异并存关系。朱子格致工夫若移在践履论上讲，的确表现了很深的睿识。"我们即使肯认人人内在本具的良知为道德之源，具体道德的实践仍然不能轻忽渐修的功夫。阳明对这一个问题的处理就比象山要好得多。"①由此可见，刘述先依据其广义的道德实践构想，注意到朱子格致工夫照察了人在践履上的有限性，可补传统儒家过分强调人性光明面的缺失，于是主张先后天修养工夫必须同加重视，而在阳明学中予以统合。

---

① 刘述先：《对于当代新儒家的超越内省》，《当代中国哲学论：问题篇》，页30。

第六章　普遍人性析论："实践的印证"到"共识的印证"

第一节　"仁"之为普遍人性

就儒家哲学而言，仁作为普遍人性乃基本共识。牟宗三认为孔子之仁即孟子所谓本心，表彰的正是作为人之能自觉地做道德实践之"道德的性能"或"道德的自发自律性"。① 刘述先在主张儒学走入日用常行，建立广义道德实践的构想中，也是以仁此普遍人性作为儒学之本质规定。现在的问题是：我们如何说明这种普遍人性呢？康德认为是实践理性。如此一来，道德情感与实践理性将二分，两者之必然连结难以保证。舍勒则强调价值领域中的普遍人性是先天的价值感，价值感可以察知外在于它的客观而独立自存之价值领域，道德乃体现在实现较高价值的行为中。至于何以要从事实现较高价值的道德行为，就不是容易解释的问题。牟宗三"逆觉体证"的工夫论，将普遍人性定义为心性情合一之道德主体，这种对普遍人性内容之说明，可以避免康德与舍勒要面对的问题。他并采用"实践的印证"方式，针对"道德意识具体化"问题提出说明。他将情感与理性视为普遍道德主体之内涵，成为其中不同的作用，道德感提供行为动力，实践理性制定道德法则，两者皆是道德主体的不同面向，两者之一致也成为道德主体之自我要求。而且此普遍道德禀赋即表现在将道德意识落实于道德行为之动态过程，在实践中呈现之同时也证实之，仁心之表现就成为可被旁观者与行为者所

---

① 牟宗三：《心体与性体（一）》，页40。

确认的事实,不再是抽象概念或高谈阔论。

至于相对主义者一向诉诸的价值判断不一致与多元化倾向,以此证明人性中缺乏可沟通的普遍性之论点,则可援引刘述先"共识的印证"进路予以回复。刘氏在参与全球伦理运动的过程中,体认到可以透过"存异求同"的态度,经由理一分殊而非经验归纳的方式,进行不同文化与宗教间平等而诚恳的交流对话,就可寻求彼此在精神上的感通,建立一些宽松的共识,普遍人性的内涵才得以表现出来。这事实上正是一种学术对话之广义的道德实践之应用,而且广义道德实践楬橥的生生之仁心的实质内容,亦可以从这方向来探索。传统儒家与牟宗三理论中必须面对的"道德主体普遍性"之落实问题,也可以借由补充"共识的印证"而予以回应。如此一来,儒家就可以诉诸"实践的印证"与"共识的印证"之理论架构,以肯认普遍人性。但须同时体认到儒家与各宗教文化都是在分殊层面的努力,不能由其中任何一方定于一尊,各文化才能在全球伦理运动上作为对等而积极的参与者,寻求不同宗教与文化间的交流与共识。

第二节 普遍人性之界定:以康德与舍勒为例

一、康德论实践理性

康德对人心是否具有一致性的问题给出了肯定答案。在其感性与理性二分的主体架构下,作为自由意志的实践理性是独立于感觉世界的决定性原因。而且每个理性存有者的意志是普遍的立法意志,这表示意志也具有普遍性,若以此具有独立性与普遍性的意志为道德价值之根源,则其提供之价值原理也必兼具这两个特性,所以康德说:

> 作为理性存有者,因而也是隶属智思界的存有者,除了在自由概念下,人类不能再以任何其他方式思考他自身的意志因果性。因为自由

是独立于感性世界的决定性原因（理性必须总是如此自我认定）。自由概念与自律概念必不可分，自律概念又与道德的普遍律则如影随形，道德的普遍律则乃所有理性存有者行为之依据，就如同自然法则是所有表象的根据一样。①

要注意的是，我们不能把康德视为价值主观论者。因为后者是以人的欲望、偏好、兴趣等心理事实来定义价值的。康德却已看出这些主观因素的相对性而排除于价值标准之外。他说：

> 从人性的特定自然构造、从某种情感和癖好，不仅如此，如果可能甚至从专属于人类理性的任何特定倾向中推出，而并不必然适用于每个理性存有者的意志，这确实可以提供给我们格准，但不能提供规范；只能提供主观行为原则，根据主观原则我们可以有行动的癖好和倾向；但不能提供客观原则，我们应该根据客观原则之引导而行动，尽管我们的全部癖好、爱好和自然性情都与它抵触。②

由于人的情感和癖好只能提供个别的、主观的价值，故康德才以普遍的自由意志作为价值之保证，既要顾及主体的自主评价，又提供普遍而稳定的价值标准。科斯嘉德（Christine Korsgaard）强调对康德而言，人的理性选择能力（rational choice）具有"赋予价值之地位"（value-conferring status）。③ 实践理性作为采纳某个目的之理由的充分性的检测标准，追求的是无条件的善。这不会导致随意的价值认定，因为价值之成立必须具备充分理由。善良意志乃价值来源。科斯嘉德强调，在两个情形之下某事物具有客观价值：

---

① Immanuel Kant: *Groundwork of the Metaphysics of Morals*, Trans. Mary Gregor (Cambridge: Cambridge University Press, 1998), p. 57.

② Immanuel Kant: *Groundwork of the Metaphysics of Morals*, pp. 34–35.

③ Christine Korsgaard: *Creating the Kingdom of ends* (New York: Cambridge University Press, 1996), p. 122.

"一是作为无条件的善;二是作为有条件的善,并且当其所以为善之条件被满足时。"① 符合无条件的善之要求者唯有善良意志,善良意志作为理性选择能力遍存于理性存有者之中。经由实践理性选择之目的,则为有条件的善。理性主体成为其对象价值之来源。这种价值赋予,并非意指主体是目的,其对象为手段。而是说事物要实现其价值或成为目的,必须透过具普遍性的理性主体活动。所以科斯嘉德认为,理性主体的活动或经验是"为事物之价值(善性)提供种种理由者"②。可见实践理性的善良意志乃作为理性地证成行为之客观性基础。

对康德而言,超越主体不仅具有价值之选择与赋予能力,更有助于价值在行动中落实。因为价值既然是实践理性所自定自发,那么意志要实现价值也就出于自愿,而非外力之介入。所以纯粹理性自身就具有实践能力,行动对自由意志而言,不但是可能的,而且其至是必然的。这正是其自律伦理学的精神。③ 但康德强调,欲望或情感活动虽可充当行为之驱动力,但真正能给予道德行为的动机者,须是一种敬重实践理性法则的道德情感。在康德学思历程中,曾一度将道德情感视为道德的判断原则之一,而与理性共同作为道德之基础。但在其后期思想中,情感逐渐在道德领域中成为理性的辅助者。④ 凡情感皆只是感性的经验之情。所以有关道德的情感,都只是道德法则施加于感性的结果。就其产生不快而言,是消极情感;就其引发对法则的敬重而言,是积极情感。而两者实是一体的两面,一起作为康德意义下的道德情感:

> 道德法则加诸在情感上的消极影响,其结果(不快)属于感性之列。在这一点上,它与其他东西施加于情感上的效用一样,而且这个结

---

① Christine Korsgaard: *Creating the Kingdom of ends*, p. 258.
② Christine Korsgaard: *Creating the Kingdom of ends*, p. 267.
③ Immanuel Kant: *Groundwork of the Metaphysics of Morals*, pp. 47–51.
④ 关于道德情感在康德前后期思想中的定位,李明辉曾有专文介绍。可参见氏著:《四端与七情:关于道德情感的比较哲学探讨》,第一章"康德的'道德情感'理论与席勒对康德伦理学的批判"。

果与一般的情感没有什么区别。不过,这种受偏好癖恶影响的理性存有者之情感,作为受道德法则意识影响的结果而言,它势必同一个超感性的原因(即作为最高立法者的纯粹理性主体)有关联,我们可称之为羞耻心(理性的自我贬抑);但就它涉及这种羞耻心的积极根源(即法则)来说,它的出现又是一种对法则的敬重。尽管事实上并不存在关于这条法则的感情,但是,在理性运用其判断力的过程中,法则克服了各种困难险阻——从这个意义上看,一种障碍被清除了,这等于说,对原因性概念的积极帮助是值得敬重的。因此,我们同样可以把这种情感称之为敬重道德法则的一种情感。而且,基于以上两个理由,它也可以被称作道德感。①

在康德的义理间架下,道德情感可算是道德行为的动机。但这说法只能适用于道德感的积极面,而与其消极面无关。因为,就康德而言,道德的真正基础落在实践理性上,唯独它才能决定一件行为的道德与否。道德情感作为动机,是意志的法则施加于感性之上,令其遵循而发之于行为之主观根据,它不是价值赋予之来源,只是依法则而行之动机。这动机并非作为消极感情的羞耻心(不快),因羞耻心不能认识纯粹实践理性自身,只能感受到其抵抗感性动机的力量;敬重感才能直接认识道德法则的力量,克制人的感性癖好,成为自愿遵从法则的自觉意识,充当主观的行动原理或动机。所以康德说:

> 我们应当把对道德法则的敬重感,视为一种法则施加到感情上的积极而间接的影响。它借由贬抑自我尊崇削弱倾向之影响,故也应当被当作主观的行动的原理,亦即,把它视为人们遵从法则的一个动机,以及一种服从法则的生活所遵从之准则原理。②

---

① Immanuel Kant: *Critique of Practical Reason*, Trans. T. K. Abbott (Amherst, New York: Prometheus Books, 1996), pp. 95–96.

② Immanuel Kant: *Critique of Practical Reason*, p. 100.

如此一来，在康德伦理学中，敬重感作为对道德律之意识是我们接触实践理性之管道，顺是也成为道德行为的动机，因此才是真正的道德情感。尽管如此，对康德来说，任何情感，不论是感官感觉或是积极与消极的道德情感，都限制在生理或心理感觉范围之内，又由于感性皆属不具普遍性的经验领域，是以无法作为道德的真正根据，这种根据只能在实践理性中找到。康德的道德理论优点在于，告诉我们人心其实具有一致性，亦即可以自我立法的实践理性或善良意志。行为动机也并非狭隘地只有欲望，作为行为动机的道德感还是存在的。

但是，康德将理性与情感二分，也产生了一个问题：就康德而言，道德法则由实践理性提供，行为动机则来自实践理性影响感性而形成的对其敬重之道德感。但感性是否会对实践理性敬重而驱使吾人付诸行动，却仍在未定之天。因为理性与情感分属主体的两种不同能力，康德并未对二者如何能协同一致予以说明或提供确切保证，而且产生行为之力量又出于感性而非理性，行为之引导者（理性）与落实者（感性）二分，两者的连结即无必然性，就不一定如康德所说的"应该蕴含着能够"，而在道德实践的解释上有所缺憾。

二、舍勒的先天价值感理论

就西方伦理学的传统来看，道德探讨的重心主要都放在理性，而感性层面则因其殊别性、经验性，而被排除于道德基础之外。前述康德伦理学即是一例。此理论导向引起舍勒之不满。舍勒指出康德的问题正在于，否认情感在道德层面有任何决定性的角色，只成为道德法则运作于感性层面的主观效果。康德对感性层面的了解是快乐主义式的（hedonistic），感觉都只追求快乐或欲望的满足，而欲望与欲望对象间的关系总是偶然的、经验的、后天的，自然不能作为无条件的真正道德之基础。由此可见，即使是人的价值感及其对应之价值，在康德眼中都是欲望满足之对象，建立于其上的伦理学于是都属于一种快乐主义（hedonism）。就舍勒而言，这观点有一个错误的预设：除了理性，道德经验中并无其他具有普遍次序之原理。但他提出与此相反的观点，认为情感才是人性中普遍的根据，并如此说明价值感：

> 有一种经验，其对象是理性完全无法企及的。理性无视于这些对象，就好像耳朵和听觉无视于颜色一样。这是一种引导我们进入真正的客观对象及其永恒秩序——亦即价值及其等级次序——的经验，此经验包含的序列与律则就如同逻辑与数学之序列与律则般精确自明。也就是说，在价值与价值态度之间有一种明确的关联与对照，偏好等行为建立在它们之上，道德决定及其法则的真正根据亦以它们为基础而具有可能性与必然性。①

舍勒的态度是：人的情感面有其并非来自理性和意志之行为合法性，其先天内容只能透过伦理学而非逻辑来展现，情感的价值察知乃通往价值领域（当然也包括道德价值）的唯一通路。② 如此一来，普遍人性与道德基础反而来自情感而非理性了。至于情感之所以堪当道德基础之关键，在于其亦具先天普遍的内容。事实上，精神的情感状态（感受、偏好、爱、恨……）具有独立于思考能力之先天（$a\ priori$）内容，所以他反对传统理性导向的伦理学把人的情感一律归入感觉层面的做法，如此一来情感就完全受限于物理—心理机制，忽略情感之先天普遍性。舍勒指出：

> 精神性的情感要素，像是感受、偏好、爱、恨、和意愿，也拥有一个不是从思想那里借来的，在伦理学独立于逻辑时必须显示出来的原初先天内涵。帕斯卡（Blaise Pascal）说得好，存在着一个先验的心的秩序

---

① Max Scheler: *Formalism in Ethics and Non-Formal Ethics of Values*, Trans. Manfred S. Frings, Roger L. Funk (Evanston: Northwest University Press, 1973), p. 255.

② Manfred S. Frings: *Max Scheler: A Concise Introduction into the World of a Great Thinker* (Milwaukee: Marquette University Press, 1996), p. 41.

（ordre du coeur）或心的逻辑（logique du coeur）。①

舍勒对情感先天性的强调，是要凸显康德将感性一律视为生理及心理机制之狭隘性。在感官感觉之外，还有对价值之察知、偏好与爱恨等情感活动，这些活动皆反映了心之先验秩序或逻辑。由以上分析可知，舍勒与康德对情感的看法有两个基本分歧：（1）感性层面除了心理与生理感觉，还有独立于此的与价值相关之情感；（2）这些与价值相关之情感可察知价值，并有其先天普遍的等级次序。

就舍勒而言，先天的价值感可以察知价值标准，同时也能成为道德行为之动力。众所周知，舍勒乃是应用胡尔塞现象学方法于伦理学、社会学、人类学等学科领域的代表性哲学家。他认为构成哲学这种特殊认识方式的前提条件是一种道德立场，其任务和目的就是要克服一切把目光紧盯在此在身上的实践态度。顺是，舍勒提出异于胡塞尔的还原方式，别出心裁地以人实际与世界的互动，活生生的价值感受与取舍作为直观利器，他说：

> 价值是在与世界（无论是心理、物理或是其他世界）的感受着的、活的交往中，在偏好与拒斥中，在爱与恨本身中，即在那些意向活动和行为的进行线索中闪现出来。②

这种先天情感活动具有内容，它不是纯思想形式，而是人应事接物时价值意识、道德情感之直接涌现。但并非所有情感活动都是先天的，必须是一种具备超出自身之外的相关物的意向性情感才属之，此相关物即客观独立之价值。③ 而且认为道德价值要具体落实在行为中，所以才说"善与体现善的行为是一体两面（located on the back of this act）"④。诚如弗林斯（Manfred S.

---

① Max Scheler: *Formalism in Ethics and Non-Formal Ethics of Values*, p. 63.
② Max Scheler: *Formalism in Ethics and Non-Formal Ethics of Values*, p. 68.
③ Max Scheler: *Formalism in Ethics and Non-Formal Ethics of Values*, pp. 105–110.
④ Max Scheler: *Formalism in Ethics and Non-Formal Ethics of Values*, pp. 25–27.

Frings)所点出,在舍勒的理论中:"道德价值是要借由道德行为实现四种实质价值,例如道德行为即是偏好生命力价值甚于感官价值,或是偏好精神价值甚于生命力价值之行为。道德上的善恶正出现在实现较高(此即善)或较低(此即恶)价值的行为中。"① 可见舍勒对现象学还原的解释为一种对情欲及冲动的观念化或非现实化。他将胡塞尔对主体以外的客体世界存在之不表态、不关心,亦即对其分立独存性之中止判断,从知性上的态度翻转为道德实践的生活态度,不关心的焦点更明确地集中在人的情欲干扰上,而非外在事物之存在与否。道德行为表现于实现较高的精神与神圣价值中,是以若情欲干扰到更高价值的实现,就成为在现象学还原中要排除的对象。哲学认识的本质,系建立在对受肉体及感官知觉支配的本能冲动之自我控制,和通过自我控制所能实现的对象化。② 可见还原在舍勒代表一种非肉体化、对七情六欲之超脱,舍勒注意到有关道德层面的情感直观不但是一道德意向,也指向此意向之实现于行为中。

不过舍勒虽然对康德的道德情感概念做了修正,其理论在道德实践上仍存在难题。舍勒的实质伦理学乃一种"情感的、先验的客观论"③。价值感虽具普遍先天性,却非主客合一、情感与价值合一者。价值与价值感各为一分立独存的领域,两者之关系为对应,而非同一;价值作为本质,是在情感活动中被给予,被感知,而非自觉自知。④ 这导致了一个问题,亦即行为标准与行为动机之一致性仍无法获得保证。因为价值与价值感共同作为道德依据,客观价值作为行为标准可证成道德判断,作为偏好的感知活动则提供了行为动力。先天普遍的情感活动不能单独提供行为标准,两者作用之一致与否还是无法获得保证。两者可以一致,但也可能不一致。这也正是康德所谓他律伦理学。舍勒的独到之处在于,看出情感除了充当行为动机,更

---

① Manfred S. Frings: *Max Scheler: A Concise Introduction into the World of a Great Thinker*, p. 89.
② 《论哲学的本质与哲学认识的道德条件》,引自舍勒著,刘小枫编:《舍勒选集》(上海:上海三联书店,1999年),页239。
③ Manfred S. Frings: *Max Scheler: A Concise Introduction into the World of a Great Thinker*, p. 89.
④ 有关舍勒与牟宗三理论之同异,可参见拙著:《道德感之普遍性与动力性:谢勒与牟宗三的共识》,《儒学之现代解读:诠释、对比与开展》,页167—191。其中有较详尽的说明。

有普遍先天的价值感与价值偏好面向，从而也能察知价值标准。但是价值外在于道德主体，不是道德主体之自我要求，即使受到对较高价值之偏好所引导，而倾向于实现较高价值，但实际上却不一定真的能办到，因为七情六欲或私欲之力量可能盖过价值偏好，遂使价值主体不一定可以成功地对官能欲望实现对象化。如何为道德实践（对舍勒而言，此即实现较高价值之道德行为）提供保证就成为一待决问题。

若说康德失之于将行为动机排除于道德主体之外，使其实践上缺乏动力；舍勒的问题则出在界定行为标准为外在于道德主体，使得对较高价值之偏好未能成为道德主体之自我要求，同样使得实践具有不确定性。康德不认为作为道德标准之实践理性具备实践力，虽然可以提出实践要求，但能否落实则悉由道德情感决定；舍勒理论中道德标准与实践动机只有对应关系，导致道德标准无法提出实践要求，只能期待价值偏好战胜肉体欲求。

第三节 "实践的印证"：牟宗三论普遍人性之内涵

对牟宗三而言，普遍人性之肯定，即为道德主体如何呈现的实践问题。他在讨论康德对理性的实践运用时，不满意后者将自由只视为"假设"，而强调必须是一种"呈现"。"因为道德律、定然命令不只是一个在理论上令人信服的东西，它必须在道德践履上是一个呈现的事实；而理性底实践运用亦不只是光理论地讲出定然命令之普遍妥当性令人信服而已，它亦必须在道德践履中是一个呈现的实践运用。"① 牟宗三强调儒学乃成德之学，注重道德实践，要把道德意识落实在行为中。这实与康德自律系统所强调的"意志之因果性"，以及舍勒主张先天价值感不但是一道德意向，也指向此意向之实现于行为中等说法有志一同。此理路强调普遍人性不是一种静态的性质，而是一个动态的发生过程。当内在的道德法则经由道德情感之驱使而实现为行动之际，普遍人性得以展现，其客观性也可借由观察得到证明。此其所

---

① 牟宗三：《心体与性体（一）》，页155。

以为一种"实践的印证"之故。

至于"实践的印证"之内涵,若将其置于康德与舍勒的理论差异中予以对照,恰可突出其要点。就康德而言,道德规范之基础为实践理性,行为动力则由实践理性施加影响于道德情感而提供。但由于理性只是道德行为之指引者,真正能使道德原则落实于行为的却是情感,而情感又被排除于道德主体之外,于是情感是否会对法则感到敬重就失去必然性,自律道德主体之实践性就被架空了。至于舍勒,他反对康德等西方哲学家普遍将情感只局限于经验层面的看法,力排众议地主张情感也有先天普遍的面向。对他而言,行为动力固然是由偏好更高阶层价值的先天情感所提供,价值标准也是因为价值感对客观价值之感知而具备。但因作为规范标准之客观价值外在于道德主体,虽然与康德行为动力超出道德主体能力范围之问题不同,基于价值标准无法提出实践要求,而须仰赖价值偏好,但价值偏好是否能凌驾感官欲求而成为动机也不一定,行为标准与行为动机配合的一致性也没能得到保证。

如此看来,就道德实践而论,若欲保证行为标准与行为动机之一致性,最好是将这两个角色都划归道德主体之内,成为道德主体之自我要求。实践理性与先天道德感同时是道德主体的组成内容,并且协力合作。就其提供普遍法则而言,是作为实践理性的立法者;当其对外在情境有所感应而发为道德行动时,是做价值还原活动的先天情感,但两者本质上同为道德主体之内在特性,于是可合二而一而整合于其中。既然皆为道德主体的不同面向,两者之一致也成为道德主体之内在要求。而牟宗三诠释的道德主体乃心性情合而为一者,正属于这种情感与理性合一的架构。

一、牟宗三论道德情感与道德实践:与康德之对照

就"本体宇宙论的创生"形态而言,康德是从"自由意志"讲道德价值,中国传统则喜欢从"性体"讲,先验的普遍的道德法则是性体之所展现。"心之自律(autonomy of mind),康德所谓'意志的自律'(autonomy of will),即

第六章　普遍人性析论："实践的印证"到"共识的印证"　　185

是此种'性'。"① 此"性"自是指"本然之性"或"义理之性",而非"气质之性"或"生之谓性"的经验之性。儒家肯定人之主体有超越与普遍的面向,故人之所以为人之本质,亦即人之性,可与天道天命通而一之,具有相同之内容。"性"体不但是人之所以存在的超越根据,人之存在性,也是道德实践所以可能的超越根据,人之内在道德性。必须注意的是,此"性"不可等同于亚里士多德之"本质"概念。"本质"在各物种中各各不同,"性"则为万物(不只是人)所以存在的共同根据。就存有论而言,"性"即天道,故是普遍的同一;就道德实践,亦即以道德行为表现出此性来说,由于人之道德发展高于其他物类,仅人得具此"性"。人禽之辨正在此处显:

> 客观地,本体宇宙论地自天命实体而言,万物皆以此为体,即潜能地或圆顿地皆以此为性。然自自觉地作道德实践言,则只有人能以此为性,宋明儒即由此言人物之别。②

由此看来,"性"也是人之能自觉地做道德实践之"道德的性能"或"道德的自发自律性"。③ 而这"性"也是孟子所谓的本心。此超越的"本心"正是人能体现"性"之根据。由心之涌动、悦理义而发为道德行为,最是顺适而直接,可以说,"性"与"本心"正是一而二、二而一者。

一言以蔽之,牟宗三是从作为道德意识的本心良知与性体之一而二、二而一来说明价值之主体相关性与客观性,由"去异求同"的方式凸显共同人性,亦即性体之普遍性。性体作为道德主体,作用同于康德哲学中的自由意志或实践理性。然而,他虽然认同康德主张人具有普遍道德理性的看法,却认为情感也必须在道德主体中占有一席之地而有先天普遍的面向。康德把私人幸福原则与道德情感俱视为经验原则,一方面是因为它有待于外,一方面亦因为它根据纯主观的人性之特殊构造,导致在程度上自然有无限的差

---

① 牟宗三:《心体与性体(一)》,页40—41。
② 牟宗三:《心体与性体(一)》,页40。
③ 牟宗三:《心体与性体(一)》,页40。

别变化，对于善恶不能提供统一的标准。但牟宗三指出，如果道德感真是这种建立于实然层面的特殊人性构造，自然不能作为道德的基础，康德的说明也就言之成理。不过情感并非只有实然的经验之情，作为道德行为动力的道德感恰为一种超越而普遍的情感表现：

> 道德感、道德情感可以上下其讲。下讲，则落于实然层面，自不能由之建立道德法则，但亦可以上提而至超越的层面，使之成为道德法则、道德理性之表现上最为本质的一环。然则在什么关节上，它始可以提至超越的层面，而为最本质的一环呢？依正宗儒家说，即在做实践的功夫以体现性体这关节上。依康德的词语说，即在做实践的功夫以体现、表现道德法则、无上命令这关节上。①

依上述，可以说在儒学中有超越与经验两层情感之分，道德价值主要是在超越而普遍之情感涌动中呈现。牟宗三认为，康德之所以未见及此，是因为他以概念分解的方式对道德性质做形上解析，而非直接从道德实践中表现道德法则、无上命令的角度看道德。才会觉得"人何以能感兴趣于道德法则"此问题不能被解明。事实上这问题并非不能解明，答案正在孟子"礼义之悦我心，由刍豢之悦我口"这句话。②"人何以能感兴趣于道德法则"此问题的意义犹如"礼义何以能悦我心"。道德法则决定意志，这决定是从理上说的客观的决定；依康德，兴趣（道德感）是理性由之以成为实践者，这是主观的决定。两者之各行其是才导致"人何以能感兴趣于道德法则"此问题悬而未决。同样地，李明辉发挥此见解而指出，康德的实践理性是法则的制定者，却不具执行道德法则的力量，这力量落在道德情感（亦即道德动机）上。则意志只能自我立法，却不能自我实践，则道德主体流于虚歉无力，难以玉成其自律观念。③若接受孟子说法，道德主体既然可以出于愉悦而从事

---

① 牟宗三：《心体与性体（一）》，页126。
② 牟宗三：《心体与性体（一）》，页149。
③ 李明辉：《儒家与康德》，页33。

道德行为，这"悦"正表示道德意志与情感合而为一，则主体不但是道德法则之制定者，亦有执行法则的能力，所谓"求则得之，舍则失之"，正表示一种制定与实行法则合一的思路。

从这种上提的悦理义之心的道德情感出发，牟宗三已由康德心性是一的思路推进至心性情是一，共同人性正是在超越而普遍之道德情感落实于行为中证实。因为此时道德主体之动用已具体化而成为可观察之真实事件：

> 法则决定意志，这决定是从"理"上说的客观的决定，这只是当然，不必能使之成为呈现的实然。要成为呈现的实然，必须注意心——道德兴趣、道德情感。心（兴趣、情感）是主观性原则，实现原则；法则是客观性原则，自性原则。关于这主观性原则（实现原则，即真实化、具体化底原则），康德并未能正视而使之挺立起，到黑格尔才予以正视而使之挺立起（因黑格尔正重视实现故）。康德只着力于客观性原则之分解地建立，未进到重视实现问题……所以视"道德法则何以能悦我心"为不可理解也。①

意志要成为呈现的实然，必须注意作为实现原则的心或道德情感，因为情感正是将意志落实于行为之动力，仁心良知之客观性，就是在超越而普遍之道德情感发之于行为处证实。我们可据此称牟宗三的说法为一种"实践的印证"。

在"实现物自身的创生"形态中，牟宗三仍然延续这种说法。他认为："康德把道德感看成是形而下的，感性的，纯主观的，不能为道德之基础，这就是把心之明觉义与活动义完全从意志上脱落下来，而意志亦只成一个干枯的抽象的理性体，而不知意志活动就是本心仁体之明觉活动，道德感（道德之情）就是这本心仁体之具体表现。"② 道德情感不只是一种被动的感受，

---

① 牟宗三：《心体与性体（一）》，页164。
② 牟宗三：《智的直觉与中国哲学》，页194。

更是一种主动的道德的觉情,即心即理即法则之"实体性的觉情"①。在这种思想脉络中,价值是一种创造行为,而非认知行为,这不是否定经验认知的重要性,而是要区隔存有论原理与知识论原理,让道德实践与认知活动各司其职,此即儒学作为成德之学的特色所在。

顺是,在"实现物自身的创生"形态中,牟宗三指出一般感官经验所认知者乃是现象,具有认知意义而无存有论意义,真正的存有论事实应为一种承道德意识之体而起用的道德行为,这种价值意义的存在才是真正的实事、实物。他强调无限智心是使"一切存在为真实的存在,为有价值的存在之奥体——存有论的原理"②。牟氏认为,当阳明说"意之所在为物",此时物乃行为物,亦即事,也就是道德行为。"吾人所直接而本质地关心的事乃是它的道德上的对或不对,以及如何使之而为对,如若不对,又如何能转化之而使之为对,这样,乃直接由认知意义的格物回转到行为底实践上。"③此即牟宗三以道德实践观点诠释康德智的直觉之创造性的原因。他认为这种创造性正是本心、仁体之创造性。落在人之主体说,只限定在知行合一上。此即阳明所谓"知之真切笃实处即是行,行之明觉精察处即是知"。性体不容已地发布命令,亦不容已地见诸行事,依牟宗三的诠释,康德主体中之杂多即为自我活动所给予正是此意,杂多即德行。就"此直觉自身就能给出它的对象之存在"一语来看,德行即句中所谓对象,如阳明之以行为(如事亲等)为物。这是本心、仁体所要实现之目标(对象,object),亦即良知所要证之、成之而实现之者。可见在"实现物自身的创生"形态中,道德实践不但使普遍人性落实为可察觉的存在体验,更是康德所谓物之在其自己之创生原则或实现原则。

二、牟宗三与舍勒之比较

牟宗三道德的形上学之立场,与以现象学直观看待价值的舍勒在方法

---

① 牟宗三:《现象与物自身》,页69—70。
② 牟宗三:《圆善论》,页309。
③ 牟宗三:《现象与物自身》,页438。

入路上自然不同，但在对情感的先天性与普遍性之掌握上实殊途同归，都是坚持道德感自成一普遍倾向，是价值察知的先天能力。进一步来看，这种共识更表现在道德感作为实践动力的观念上。依儒家，并非所有的情感都是先天、超越的情感，而是人在道德意识显发时（如四端之心）所产生的驱使人去做道德行为之情感才属之。其他的七情六欲乃至个人好恶，都只是经验的情感。修身成德或圣贤工夫之重点，正是要防止这些经验情感之干扰。

牟宗三认为儒学是强调知行合一的，不但要建立人的道德意识，更要使人在行为中落实此道德意识。此即孔子所指点的"仁"之精髓所在。仁心是要"爱人"，这种"爱"无所不在地渗透于人之一举一动、一言一行中，而为一整全之德行。到了孟子，则更明确地将"仁"之内涵界定为恻隐、羞恶、辞让、是非的四端之情以及悦理义之心。此即必然、普遍的道德感，亦即就主观面来看的法则（理），是法则或理的自觉与呈现。而法则（理），亦正是从客观面来看的心或情。明道"仁者浑然与物同体""仁者以天地万物为一体"两语对"仁"亦有画龙点睛之效。这种"同体""一体"之感乃是一精神境界，是对他人能有感同身受的关注之情，对内在的道德意识不麻痹。所谓"医书言手足痿痹为不仁，此言最善名状"。此悲悯之怀、不安不忍之感自身，即是"仁"的显现。着重在此悲悯、此不安之自身，而非所悲悯、所不安之对象，即在"仁"之感通无隔中，己与人、物才有真实的意义与存在，达到物我为一的状态。牟宗三称之为"本体论的觉情"（ontological feeling）或"仁心觉情"①，而与一般感性的生理或心理情感区隔开来。

如此看来，牟氏与舍勒一样，都认为先天情感可以同时是道德实践之根据。二者论道德之所以有志一同，应该来自双方的一个共同出发点：从实际参与行动中才能获得最真实的对生命与世界之体认与掌握。正由于注重实际道德行为的体验，才会异口同声地主张道德感有其先天轨辙，既不会被私心与成见所蒙蔽，也不致因文化与种族之差异而混乱。

不过双方也存在差异。就舍勒而言，他毕竟是以现象学方法处理伦理

---

① 牟宗三：《心体与性体（三）》，页277。

学问题的哲学家,而现象学是一种纯粹的、确切无疑之理想知识的建构尝试,基本关怀是知识论问题。舍勒虽然促成其伦理学转向,但"回到事物自身""无预设性"的一种还原活动等特质,仍为舍勒所继承,重点仍在把握事物之本质,对象之根据与存在性等存有论议题并非其核心焦点,至少不是直接要解释的问题。牟宗三接续孟子陆王一系的心学思想,从道德实践角度解释康德的自律伦理学以及智的直觉,其道德的形上学念兹在兹的正为存有论问题。所以舍勒的实质伦理学走向一种"情感的、先验的客观论"①。价值与价值感或道德感的同一问题,亦即价值是否为价值感所自定自发就不显得那么重要。价值感虽具普遍先天性,却非主客合一、情感与价值合一者。价值与价值感各为一独存分立的领域,两者之关系为对应,而非同一;价值作为本质,是在情感活动中被给予、被感知,而非自觉自知。

但依照牟宗三对道德的形上学之阐发,儒学的道德感是心与理一、主与客一,是本心仁体之自知自证者,可说价值与价值感在此中同一而无隔。所以就道德律则而言,牟氏认为是在道德主体之内,舍勒则主张在道德主体之外。依此立场来看,舍勒这种价值客观论反而与主张心理为二,心是具理而非即是理的朱子论点类似。② 基于以上理由又形成舍勒与牟宗三之间第二点差异。主客合一的道德主体之特性在于,其道德感乃是道德实践的先天根据,不但是道德法则的执行者,更是制定者。也就是说,正是康德自律伦理学中可自定自发律则之实践理性。由于舍勒与朱子同样主张客观的价值论,遂而主张的是"道德洞见的自律"(autonomy of moral insight),道德主体作为价值之察知者(尽管朱子与舍勒借以察知价值的方式不同)而非立法者,发展成以知定行的"对善的意愿之自律"(autonomy of a person's willing the evidentially good),此两种自律共同构成舍勒所谓"人格的自律"(ethical

---

① Manfred S. Frings: *Max Scheler: A Concise Introduction into the World of a Great Thinker*, p. 89.
② 举例来说,正如舍勒严分价值与质料,朱子也在价值根源(理)与体现价值者(气)之间做了区隔,而且,正如舍勒赋予价值先天的地位,朱子也视理为形而上者,所谓"理也者,形而上之道也,生物之本也;气也者,形而下之气也,生物之具也"。此外,舍勒认为价值虽不同于质料,但必借质料才有现实的存在,也与朱子理气二元不离不杂之观点类似。可见舍勒与朱子同属(转下页)

autonomy of the person）之内涵，而非康德意义下的自律伦理学。① 就自定自发律则之自律伦理学而言，牟宗三又与康德接近而异于舍勒。

三、"实践的印证"与落实问题

就道德人类学而言，牟宗三力主心性情皆为普遍道德主体的实质内涵，在这个主体架构下，道德律则（理、性）与行为动力（情）都是由道德主体所发出，既然都由道德主体所发出，行为标准与行为动机之一致性就能得到保证。从牟氏的论述来看，要证成儒家之仁作为普遍人性，须进行两个层面的说明：分别是"道德意识具体化"与"道德意识普遍性"两种论证。"道德意识具体化"是要说明仁心或本心如何作为可观察的事实，而确认其真实性；"道德意识普遍性"则在探讨，是否能找到任何价值取向或道德判断，可以视为具普遍意义的共识，成为普遍人性在现实生活中落实的案例。

就道德意识之具体化问题而言，牟宗三"实践的印证"进路可谓已做出说明。牟氏强调儒学乃成德之学，注重道德实践，要把道德意识落实在行为中。道德应该是一个实践问题，不是一个知识问题。对普遍道德意识之理解不是通过感性，而是与它"觌面相当"的亲证，是实践的亲证；理解之即是证实之，即是呈现之。② 此理路在于澄清普遍人性不是一种静态的性质，而是一个动态的发生过程。而此动态的发生过程可以从两个角度来看。首先，就旁观角度而言，当内在的道德法则经由道德情感之驱使而实现为行动

（接上页）价值客观论者。对照之下，牟宗三认为儒家自孟子乃至宋明诸大儒却多主张心理为一、价值与价值感为一。有关舍勒与牟宗三两者道德情感观点之比较研究，进一步讨论请参见拙著：《道德感之普遍性与动力性：谢勒与牟宗三的共识》，《儒学之现代解读：诠释、对比与开展》，页 167—191。

① 参见拙著：《再论朱子归入自律伦理学的可能性》，《儒学之现代解读：诠释、对比与开展》，页 111—135。在此文中，笔者指出朱子虽不是康德意义下的自律伦理学，却可归入舍勒所谓"人格的自律"形态中，可与此处所说参看。另外，有关他律形态及康德自律伦理学之确义，除了牟宗三的相关论述，亦可参见李明辉的《儒家与康德》。

② 牟宗三：《心体与性体（一）》，页 168。

之际，普遍人性得以展现而落实在现实生活中，其客观性也可借由外在观察得到证明。例如经由仁心之驱使，使人们进行慈善捐款援助地震灾民。此一善行正使仁心成为旁观者可观察之事实。

其次，我们也可以从内在体验来看"实践的印证"。仁心作为道德或价值事实，不同于一般感觉经验意义下的事实。此事实之确认，不是经由感官经验之对象化认知活动，而是透过对道德意识之自觉，对自身仁爱之情的体察，成为可以自我检视、证实的存在体验，使其真实性借以得到证明。在上述慈善捐款之例中，捐助者正是感受到被自己的恻隐之心所驱使，在此自觉之下而自发性地进行捐款的动作。此动态过程即为牟宗三对道德意识具体化问题所提出之解释。

但若谈到"道德意识普遍性"的落实问题，"实践的印证"则尚未予以证成。我们永远可以问：实际生活层面如何找到对应于普遍道德倾向之事例？李明辉曾以"实践底意义能否在超越历史情境及社会条件的主体中充分显现"为判准，区分黑格尔与康德的两种"实践"概念基本形态，并指出黑格尔的实践概念欲在人的历史性中寻求实践的基础，其问题在于如何保证价值规范（尤其是道德规范）的普遍效力，而避开相对主义的陷阱；而儒家乃至牟宗三的实践概念与康德则属同一类型，肯定一种超越的实践主体为基础，其用意即在防止陷入相对主义之泥淖：

> 依笔者之见，无论是先秦儒学（荀子除外）、宋明儒学，还是当代新儒学，均建立在康德式的"实践"概念之上。依这种"实践"概念，儒家肯定道德主体在其独立于历史情境与社会条件的自由中已具有充分的实在性，而这种自由是其他一切人文活动之基础。……这种自由显然可独立于历史与社会底脉络而成其为"实践"。儒家之所以肯定这种自由，系为了藉道德主体底超越性保住道德法则底普遍性与绝对性，以避免道德的相对主义。①

---

① 李明辉：《当前儒家之实践问题》，《儒学与现代意识》，页32—33。

第六章 普遍人性析论:"实践的印证"到"共识的印证" 193

李明辉认为,从先秦儒学(荀子除外)、宋明儒学(朱子论心是否能归入此种形态,容或会有争议)一直到当代新儒学之心性观点,均属于康德式的"实践"概念系统。依这种"实践"概念,儒家肯定道德主体具有独立于历史情境与社会条件的自由,而道德主体透过此种自由一方面获致了充分的实在性,另一方面作为其他一切人文活动之基础。这种系统之优点在于:可以借道德主体底超越性保住道德法则底普遍性与绝对性,以避免道德的相对主义。不过其必须面对的质疑是:如何能在现实层面,证实这种独立于历史情境与社会条件的超越普遍道德主体之存在?其实际展现究在何处?李明辉即是意识到此问题而指出:"儒家和康德一样,肯定道德价值底理想性,由于这种理想性与现实之间永远有距离,故永远会受到'能不能落实'的质疑,亦永远有'如何落实'的问题。"[①] 从这个角度来看,在儒家与牟宗三的理论中,所谓"如何落实"问题,事实上就是"道德意识之普遍性或超越性"如何证成、如何显化之问题。

质言之,对普遍人性最常见的反驳,就是现实生活中价值观与伦理规范之相对性与多元性,这也使得伦理学上的相对主义历久不衰。有鉴于此,若要证成人心的一致性,就必须指出现实层面存在一些价值上的共识。否则的话,即使在理论上得以融贯一致,对照现实生活中种种意见的对立与分歧,仍会使普遍人性或人心一致性的说法成为抽象概念而不切实际。针对此问题,李明辉设想的解决之道为:

> 在理想主义底基础上吸纳对话原则。在笔者看来,这是当前儒学在面对迫切的实践问题时应当实行的进路。但是儒家在今天这种日趋多元化的社会必须自觉地放下过去那种"作之君,作之师"以及"一事不知,儒者之耻"的身段,使其理想向各门学术开放,与之进行对话。[②]

[①] 李明辉:《当前儒家之实践问题》,《儒学与现代意识》,页36。
[②] 李明辉:《当前儒家之实践问题》,《儒学与现代意识》,页38。

针对"如何落实"的理论问题,儒家的因应之道是必须保持对生活世界的开放性,不断向各门学术开放,与其进行对话。如此一来,"道德意识普遍性"的落实问题,解决之道是在理想主义的基础上吸纳对话原则。这无非提醒我们对普遍人性之肯认,除了"超越主体式"的印证,还需要进一步加上对话中"互为主体式"的印证方式。掌握此问题脉络,亦有助于我们了解为何阿佩尔(Karl-Otto Apel)与哈贝马斯仍认为康德的超越主体还只是独白(monologue),而须经由理想沟通情境下的交往对话,形成一种互为主体性(inter-subjectivity),才能建立一种真正具普效性的共识,作为伦理学之基础。正由于对道德普遍性之印证,除了从自我意识出发,经由思想上可普遍化程序的推导方式加以证立的康德"超越主体式"(transcendental subjectivity)进路,还要能够前进到一种寻求共识的"互为主体式"(inter-subjective)进路。就儒家而言,则是在个人亲身履行而体验的"实践的印证"之外,进而向外寻求存异求同的共识之进路。要在这方面予以突破,广泛的对话沟通是不二法门,这种对话若能跨出学术工作之外,延伸至跨文化与跨宗教的层面进行,实能体现更广泛的普遍性。刘述先积极参与全球伦理运动,以及理一分殊新释对寻求共识所做的新解,正是在这方面的努力。

第四节 "共识的印证":全球伦理与理一分殊新释

一、全球伦理与共同人性

近年来,一些宗教家、哲学家乃至联合国教科文组织大力推动、参与之"全球伦理"或"普世伦理"(the Universal Ethics,也译为"普遍伦理""世界伦理")运动,取向即与互为主体的对话进路不谋而合。该项运动之目的在透过不同文化与宗教传统之平等对话,寻求彼此间可以产生的共识。孔汉思(Hans Küng)起草的《世界伦理宣言》,在芝加哥的世界宗教会得到不同宗教团体与领袖的支持与签署,正接近于一种理想沟通对话情境下的共识。这份宣言指出在每一个宗教传统都可以找到对共同人性的不同表达，为康德、舍勒与儒家肯定普遍人性提供了一些奥援。当然，这种共识之建立仍处于萌芽阶段，离系统化、精密化的程度尚远，但这个过程中达成之实质共识，已使人心没有一致性的论点遭到有力的反驳，而在这种各方处于平等地位进行对话以凝聚共识的过程中，对共同人性之发掘实已日益深化。1997 年联合国教科文组织（UNESCO）甚至成立"普世伦理计划"（Universal Ethics Project），于同年三月在巴黎举行第一次会议，商讨起草"世界伦理宣言"的可能性。虽然截至目前仍未在联合国的层级上通过此宣言，但显示全球各地对此问题的重要性已有体认，并且愿意做出努力。

当代新儒学对此运动也给予积极支持，最显著的例子就是刘述先亦躬逢其盛，参与在巴黎的会议，直接表达对此种努力的认同。经由刘述先的介绍，可知透过这项全球性的运动，对普遍人性的肯定已在现实生活层面逐渐被印证。孔汉思曾建议每一个传统都先由深切的自我批评开始，找寻精神资源，以通向其他传统。结果他发现共通于各传统的并非上帝的概念，而是 humanum（拉丁语：人道、人性）。孔汉思于是再接再厉地起草《世界伦理宣言》，以"人必须以人道对人"与"金律"作为基本原则，亦获得许多宗教团体及其领袖的支持与共鸣。① 于是我们正可就宣言中这两基本原则为例，分析刘述先基于理一分殊新释所做的讨论与会通。

首先要谈到的是"人道"这一基本原理。刘述先认为由儒家观点很容易对之做出积极的响应，因为孔子所谓"仁"的英译 humanity 含义正与其若合符节。孔汉思本人就提到：

> 走的最远的是儒家代表，他能从儒家的伟大的人道主义的传统出发，突出强调："寻求普世宗教的标准对于儒家传统来说毫不成问题。'仁'，从来就是儒家最关心的事。"②

---

① 刘述先：《"理一分殊"的规约原则与道德伦理重建之方向》，《全球伦理与宗教对话》（台北：立绪文化事业有限公司，2001 年），页 212。

② 刘述先：《世界伦理与文化差异》，《全球伦理与宗教对话》，页 21。

"仁"意味着普遍的人性与人道,而世界上没有一个宗教传统不主张以人道互待。孔汉思与斯威德勒(Leonard Swidler)各自起草的《世界伦理宣言》与"非洲统一组织"通过的《非洲人权与民族权利宪章》,亦均以"共同人性"为基础,平等、正义、自由与博爱或团结一致之原则构成人权之基础。① 刘述先以两位德国学者为例,说明外国学者肯定儒学与西方人权概念之相通处。保罗(Gregor Paul)撰文论"世界伦理与中国资源",反对文化相对主义,认为中国哲学的思想与西方的人权概念并无矛盾冲突。中国哲学一样追求合理的因素,肯定人的尊严,可以为人权的建构提供许多资源。卜松山(Karl-Heinz Pohl)在《中西方价值:有关普遍伦理的跨文化的反省》一文中,承认中西方文明同样面对许多问题,大家都得努力站在传统的基础上有所开创,以面对新的挑战。中西方都有深厚的人文传统,尼古拉斯·库萨力主"多样统一",宋明儒学提倡"理一分殊",都是一种柔性的(soft)普适主义,有价值的资源。②

就"金律"而言,孔汉思的《世界伦理宣言》指出在每一个宗教传统都可以找到同一个原理的不同表达,亦即"己所不欲、勿施于人",或者以较积极的方式来表达:己之所欲,施之于人。所谓"金律"绝不只是基督教独有的信条,不但孔子如此宣称,伊斯兰教、耆那教、佛教及印度教经典之中也有类似的表达。而且由这个原理又可引申出支配我们行为的具体标准,通贯古今我们可以找到四条宽广的指令:

(1)对于非暴力的文化与尊敬生命的承诺;
(2)对于团结的文化与公正经济秩序的承诺;
(3)对于宽容的文化与真实的生活的承诺;
(4)对于平等权利文化与男女之间的伙伴关系的承诺。

---

① 刘述先:《从比较的视域看世界伦理与宗教对话——以亚伯拉罕信仰为重点》,《全球伦理与宗教对话》,页122。
② 刘述先:《世界伦理建构的探索》,《全球伦理与宗教对话》,页196—197。

至于《宣言》对这四条指令的阐释为:

(1) 你不可杀戮! 或者以积极方式来表达:对生命要尊敬!
(2) 你不可偷盗! 或者以积极方式来表达:诚实而公平地交易!
(3) 你不可说谎! 或者以积极方式来表达:要做真实的言行!
(4) 你不可淫乱! 或者以积极方式来表达:要互相尊敬和爱!①

刘述先指出,这四条指令明显是"十诫中的伦理四诫——不杀、不盗、不淫、不妄——的现代表达。但在精神上,它们是与佛教的五戒——杀、盗、淫、妄、酒,儒家的五常——仁、义、礼、智、信相通的。由当代新儒学的观点看,这正是理一分殊的表现"②。从以上叙述我们可以看出,不只是普遍之人心人性受到肯定,各文化传统对一些基本行为规范亦具有基本共识,于是他提出以下论点:

> 要知道文化是一个不断在变化之中的东西。过去不能会通的在未来未必不可以会通。而在世界各文化传统之中,我们不只找到巨大的差异性,同时也找到巨大的相似性。各自由草根出发,却可以找到会通的空间。故此晚近流行的多文化主义(multi-culturalism)虽然在肯定不同文化的贡献与生存权上有积极正面的作用,但在另一方面过分夸大文化间的差异却不免引起多元主义的隐忧,而为识者所虑。后现代主义者对启蒙理性的霸权有所批评也不为无理,但这是对于更"合理的"(reasonable)之要求,而不是委弃给非理性的宰制。由这个角度看,哈伯玛斯(Jürgen Habermas)讲"沟通理性"还只是把重点放在"程序理性"上是不足够的,我们必须在"实质理性"上有某种共识才行,尽管它只具备有卡西勒所说的功能统一性。《宣言》毫无保留地回

---
① 刘述先:《从当代新儒家观点看世界伦理》,《全球伦理与宗教对话》,页65—66。
② 刘述先:《"理一分殊"的规约原则与道德伦理重建之方向》,《全球伦理与宗教对话》,页213。

归理性的规约原则,这是对后现代主义的响应,也正合乎我近年来努力的方向。①

刘述先提到,在世界各文化传统之中,我们不只找到巨大的差异性,同时也找到巨大的相似性。各自由草根出发,则可以找到会通的空间。所以他认为多文化主义(multi-culturalism)会有引起多元主义及委弃给非理性的宰制之隐忧。因为正如哈贝马斯不要将婴儿与脏水一起舍弃的譬喻所指出的,对理性的宰制之批判,并非是要走向非理性或是放弃理性,而是要回归理性自身的合理要求。至于双方论点之差异则在于,刘述先强调非仅限于哈贝马斯所谓的"程序理性",我们也可以在"实质理性"层面达成某种共识。而这又以立足在地、放眼世界的会通态度为主要条件,其立论基础正在他对理一分殊进行的新释。

二、存异求同的底线共识:理一分殊的进路

(一)希赛拉·博克论共同价值

希赛拉·博克曾在其《共同价值》一书中讨论共同人性。采取极小主义的进路(a minimalist approach),搜集人类学与跨文化研究的种种丰富资料,指出有些基本价值对人类集体生存具有必要性,因此可以跨越社会与其他界限而被承认。博克指出这种基本价值有三类:

(1)某种关于彼此扶持、忠诚与互利互惠(reciprocity)的积极责任。像金律(the golden rules)正是一例。博克指出,金律的积极表述为"己之所欲、施之于人",消极表述为"己所不欲、勿施于人"。

(2)约束有害行为的消极责任。例如对暴力、欺骗与背叛的限制。

---

① 刘述先:《世界伦理与文化差异》,《全球伦理与宗教对话》,页35。

（3）在抵触上述积极或消极责任时，所必要的基本公平与程序正义。例如法庭上不得做伪证。

希赛拉·博克强调我们应该以极小主义的观点看待这些基本价值。这表示肯定这些价值背后的根据或理由不一定要一致，也非绝对不允许例外，例如对说谎或暴力虽有限制，但并非严格禁止，虽然具备遍及于各个社会与传统的一种共有性，也承认有非道德主义者（amoralist）的存在。[①]

另一方面，博克指出以往主张普遍价值者，几乎都是将本身的价值观视为普遍有效，可以被所有人采纳，而忽略了其他文化、宗教与价值体系同等的真理要求，才导致共同价值与多元性产生抵触。希赛拉·博克特别注意到这一点，而强调共同价值必须与多元性、多样性一起肯定而并行不悖。所以极小主义的进路要从两个形式前提出发才能作为伦理学之基础：一、某些道德价值为所有人类共同持守；二、某些道德价值已在所有人类社会中运作。[②] 共同价值提供的是一种底线共识、一个共同语言，让我们借以进行对话，从中可能达成协议同时保留差异，并且作为批判不当做法的共同标准。因此这种存异同时求同的态度，并不提倡制式的同一（sameness）或齐一（uniformity），而是在不违背上述极小主义的价值之前提下，容许个人或团体追求各种不同的目标。"文化多元性也许就像生物多元性一样，对人类生存繁荣至关重要，不论异质性多高，都必须敞开心胸并相互学习。"[③]

当然，极小主义伦理学提供的只是一个起点与追求共同目标的基本程序，但人不会没有基本立场，一种从特定文化、传统、宗教或形上学体系导出的极大主义的（maximalist）观点还是必要的，因此希赛拉·博克认为在道德领域，极大与极小两种观点必须并存：

在有关道德议题的讨论中，极大主义与极小主义的观点丰富了彼

[①] Sissela Bok: *Common Values* (Columbia, Missouri: University of Missouri Press, 1995), pp. 1–19.
[②] Sissela Bok: *Common Values*, pp. 78–79.
[③] Sissela Bok: *Common Values*, p. 23.

此的内涵,提供可相互挑战与补强的进路。极小主义进路追求的是共同立场,某个底线共识,借以进行、促进讨论;而极大主义进路则是从宣告一个更完整的立场出发,这是个常常被视为是正确的、不论是否被普遍分享之理想中的立场。这两个进路对价值相关讨论最有贡献的情况是:彼此虽有不同,本身却都有所不足而两者皆属必要。①

希赛拉·博克察觉到,只有极小主义伦理学对于人类生活仍嫌不足,因为它无法建立一个社会法规制度的基本架构。一种内容更明确、要求更彻底遵守的极大主义伦理学也是道德领域的基本要素。"极小主义观点之作用,在于为性质各异的极大主义观点提供根据,并为讨论与评估不同极大主义观点引发的更复杂问题提供共同语言。"②所以极大与极小两种观点须并存,只不过必须明确厘清以避免混淆。博克以前述《宣言》中通贯古今的四条指令为例,强调这四条指令实隐含一个问题:将极大与极小主义的原则不加区隔地混淆在一起。例如第一条指令不只是提到对暴力的限制,也要求非暴力以及对所有生命,包括动植物的尊敬。这就不是许多非宗教的世俗传统会完全同意的。③职是之故,如果在这四条指令当中区分极大与极小两者,并给予适当的说明,以极小主义的共识作为讨论修订极大主义伦理学的出发点,也就合乎希赛拉·博克极大与极小两种观点必须并存而互补的想法。

(二)共同价值与理一分殊

博克上述观点实与刘述先的看法具有相当程度的一致性。首先,后者也并非完全同意《宣言》的内容,亦指出在拿波里开会时,就有人提出不同的意见。文件中充斥许多康德式的术语,未必可以让专技哲学家接受。有些条文太过高调而不易做到,譬如第七条可以改为"每一个人的生命都有

---

① Sissela Bok: *Common Values*, p. 21.
② Sissela Bok: *Common Values*, p. 52.
③ Sissela Bok: *Common Values*, p. 33.

内在本具的价值,我们应尽力来保护它"会比原来的"必须无条件地加以保护"来得切合实际。①但他仍肯定这种寻求共识的努力,而以儒家立场积极参与,想找出彼此极小式之共同点。

质言之,刘述先与希赛拉·博克所提出的极小主义进路有一共识:首要之务是以存异求同的态度,找到一种共同语言或底线共识作为讨论对话的基础,不过这只是一种理性的规约原则,卡西尔所说的功能统一性。因此必须同时保留差异,而非坚持从某个文化、传统或价值观的极大主义伦理学出发,主张其为广被接受的真理。而这种底线共识不能只是哈贝马斯所讲的"程序理性",而是一种"实质理性"的共识。至于极大与极小两种观点必须并存,也与立足在地、放眼世界的会通态度不谋而合。所以他也主张在建构一个"极小式的"华文世界伦理宣言之外,仍然要努力去建构一套"极大式的"儒家伦理。②

此外,博克一针见血地指出,以往主张普遍价值者,几乎都是将本身的价值观视为普遍有效,可以被所有人采纳,而忽略了其他文化、宗教与价值体系同等的真理要求,才导致共同价值与多元性产生抵触,这也与刘述先不谋而合。因为后者亦强调,我们不能径行以儒家之仁,作为经验归纳后所有宗教与文化之具体共识。孔子的仁、孟子的义、荀子的礼、大易的生生、宋明儒的理,都证明我们在道德伦理传统上的丰富资源不亚于其他文化,但如果一定要在全球伦理运动争主导权,就不免造成分崩离析,达不到同心协力、和衷共济的效果。"文化的差异是不可以抹煞的。我们不可以把自己的标准强加之于别人身上。"③全球伦理既然要在平等的立场上,广邀所有文化与宗教共同实际参与对话,就态度上,采取的即非去异求同,而是存异求同的方式。所谓最低限度的共识并不是指将各种不同的主张取同略异,找到共同的公分母,因为"如果我们把世间各家各派的伦理学试图取同略异,只

---

① 刘述先:《从比较的视域看世界伦理与宗教对话——以东方智慧传统为重点》,《全球伦理与宗教对话》,页170—171。
② 刘述先:《世界伦理与文化差异》,《全球伦理与宗教对话》,页36。
③ 刘述先:《从当代新儒家观点看世界伦理》,《全球伦理与宗教对话》,页79。

怕找到彼此之间的矛盾冲突要比共同点还更多些"①。有鉴于此，刘述先诉诸宋儒理一分殊概念作为寻求共识的基本态度：

> 就以金律为例，我们是可以通过归纳，说世界各不同传统都有类似孔子所谓"己所不欲，勿施于人"或"己立立人，己达达人"的表达。然而细按下去，细节内容并不一样，充其量只有维根斯坦（L.Wittgenstein）所谓"家族相似"（family resemblance）的特性。无法像经验科学原理那样，建立具有真正普遍性的通则。人文科学所具备的普遍性……正可以用"理一分殊"的方式来理解。所谓"理一"是肯定有一通贯的道理，但其表现却可以千变万化而显现殊异性。②

理一分殊要追求的是持各种不同立场的人在精神上的感通，并不需要意见与题材上的归一，这是一种极小式的世界伦理。所以"我们要的是卡西勒所谓的'功能的统一性'（functional unity），而不是'实质统一性'（substantial unity）"③。跨越文化与传统间的对话，要追求的正是这种"功能的统一性"，而不能强求意见定于一尊的"实质统一性"。理一分殊中的"理一"指的正是此"功能的统一性"。它"只是一种'规约原理'、而非'构成原理'，不能够透过归纳来证明，但却是指导我们去寻求自然中的齐一的一个基本原则。有了这样的原则做指引，那么即使我们在事实上有许多分殊，也会尽量去寻求会通之道"④。换言之，儒家之仁是对理一或共同人性的表述之一，却并非唯一或最好的表述。所以世界各大传统均指向理一，而现实的表现不能不分殊，是以没有一个传统，包括儒家在内，可以独占超越的理一。

---

① 刘述先：《世界伦理与文化差异》，《全球伦理与宗教对话》，页20。
② 刘述先：《"理一分殊"的规约原则与道德伦理重建之方向》，《全球伦理与宗教对话》，页214。
③ 刘述先：《世界伦理与文化差异》，《全球伦理与宗教对话》，页20。
④ 刘述先：《世界伦理与文化差异》，《全球伦理与宗教对话》，页22。

借由以上分析也可看出，刘述先与希赛拉·博克在方法上还是有所不同。其关键在于，刘述先认为建立极小主义的方式不能是希赛拉·博克采取的经验归纳方式，而是儒学的理一分殊进路。因为依刘氏之见，真正得以保留差异同时寻求共识的方法基础，正是宋儒的理一分殊概念。他认为极大和极小的说法还是容易引起误解，希赛拉·博克找出共同价值的方式是一种归纳法。但归纳法用于人文科学却不具自然科学的普遍性，遂而"并不能充分证立任何道德的律则，只是显示出，文化、习俗并非如想象的那样可以随意取舍，而展现出一些有相当普遍性的模式，不容我们加以忽视而已"①。

就刘述先而言，极小式的进路应该诉诸"理一分殊"的方法论。理一是个通贯的道理，属于超越的层次，但其表现可以千变万化而显现殊异性。同一个月亮投影在不同地方的水中多彩多姿，但不妨碍我们体认到，毕竟只有同一个月亮。"以金律为例，每一个传统有不同的表述，所强调的方面也有所不同，但并不使得它变成一个没有意义的普遍道德原理。它指点了一个确定的方向，虽然不能给予我们完全的指引，却可以促成一种精神的感通，凝聚某种共识。"②就分殊而言，任何对于道德原则的成文表达已经属于分殊的领域，不能不受到特定时空以及文化传统的限制，而不可加以绝对化。但共同价值的追求又必须透过这些分殊的文化传统，"是由每一个传统通过自动自发、自我批判然后才体现的会通。故此，我们虽植根在自己的传统之中，却指向超越的'理一'"③。而这种先从分殊层面从事自我省察与反思的工作，再追求共通的理一层次之共识，也是希赛拉·博克诉诸归纳方法所未照顾到的层面。

从理一分殊的方法出发，刘述先认为若要为普遍人性在现实上找到佐证，必须采取的是互为主体式的"共识的印证"。如此一来，儒学对普遍人性的说明，除了可以借由牟宗三"实践的印证"提供普遍人性之哲学内涵，

---

① 刘述先：《从当代新儒家观点看世界伦理》，《全球伦理与宗教对话》，页76。
② 刘述先：《从当代新儒家观点看世界伦理》，《全球伦理与宗教对话》，页77。
③ 刘述先：《从当代新儒家观点看世界伦理》，《全球伦理与宗教对话》，页79。

以及其如何具体化，成为可观察的事件，更可透过刘述先"共识的印证"说明道德意识普遍性的实际展现。以"实践的印证"搭配"共识的印证"，就成为现代新儒学肯认普遍人性之理论架构，作为道德实践根据之仁心，其内涵也可以从中不断发掘出来。

第五节　儒家证立普遍人性之进路

　　西方后设伦理学有所谓自然主义（naturalism）与情感主义（emotivism）之对立。两者皆同意主体乃价值之依据，但对价值是否为事实则态度不同，自然主义肯定而情感主义否定价值为事实。情感主义认为主体之偏好、欲求千差万别、莫衷一是，不具备经验性质之可观察性与准确性，因而将价值排除于事实领域之外，只视其为主观情感、态度之表达。然细究之，在情感主义看似有力的论据中，其实已隐含一种预设，亦即人心没有一致性，在人类社会中没有普遍认同的价值标准。但如果可以借由某种方式论证，人的确禀赋一种普遍的能力，不会随经验之流变动独立于感性、欲望的左右而能提供欲望指引，则价值判断固然是情感、态度的表达，而异于感官感觉的报告，却仍然可以解释观察，自然主义与情感主义双方对立之症结也就不复存在了。举例来说，如果人们的普遍道德倾向是反对无端杀生，则依情感主义而言，从事此行为就是错的。若要以摩尔（G. E. Moore）所提之"待决问题论证"（open-question argument）质问：无端杀生是恶的吗？答案非但是肯定的，如此问甚至还是多余的。因为两者之关系已是同义反复，只是在词语明确性上有所不同罢了。哈曼（Gilbert Harman）曾经表示：

> 　　情感主义本身不见得是虚无主义（nihilism）的表述。如果你推断在人性中有足够的一致性，则对道德事实的假定可与情感主义兼容。情感主义者甚至也可以是伦理学自然主义者。举例来说，如果一个情感主义者相信，道德上的赞成或反对是从我们对他人感到的同情之心推衍而来，那么他对道德上的错误就可能采取一种自然主义的定

义——X 的错误与其引起人类痛苦的程度相应。既然这样的一位情感主义者将认为，基于普遍的同情心，某事物在其引起人类痛苦的范围内是否为错误，不能是一待决问题，则待决问题论证对此定义无法构成障碍。[①]

诚如哈曼所指出，若人心具有一致性，情感态度之表达就不是随意、偶然的，而是普遍人性之展露，价值就成为可借由经验观察证实的共识。应然同时是实然，有助打通事实价值之间的藩篱。康德与舍勒就是肯定人性中有普遍性与一致性的面向，可以作为道德行为与道德规范之根据。康德认为是实践理性，舍勒则主张应为先天情感之感知与偏好活动。但他们的论点都无法保证行为标准与行为动机之一致性。解决之道则是，将情感与理性都纳入普遍的道德主体之内，成为其中不同的作用，情感提供行为动力，实践理性给我们的是道德法则，但两者都是道德主体的不同面向，两者之一致也为道德主体之自我要求。牟宗三将心性情三个面向统合在道德主体中，发挥的就是这种思路。在实践中呈现之同时也证实之，仁心之表现就成为可被旁观者与行为者所确认的事实，不再是抽象概念或高谈阔论。

不过超越的道德主体必须面对道德意识具体化与道德意识普遍性两种证成问题。"实践的印证"已针对道德意识具体化之问题给予说明，道德意识普遍性之证成的落实问题，就需要刘述先存异求同的"共识的印证"作为补充。相对主义以道德规范之相对性与多元性否定普遍人性，儒家对此可以做出如下答复：这是因为他们追求普遍性的方式错误。对普遍人性之体认必须是一个持续的对话沟通过程，普遍人性自然不会表现在个别主体的欲望，乃至某地区、国家或文化固有的价值观或行为规范中，因为这些极大主义的价值体系本就只局限于某个特定时空环境中。共识之寻求必须聚焦

---

① Gilbert Harman: *The Nature of Morality: An Introduction to Ethics* (New York: Oxford University Press, 1977), p. 30.

于一种交谈中的底线共识或共同语言,希赛拉·博克所谓的极小主义的基本价值。在实际层面,全球伦理这种追求跨文化、跨宗教间基本共识的运动,已经不断产生具体成果。可见只要我们切实从对话沟通中导出共识,普遍人性的内涵就可逐渐展现出来。

全球伦理运动印证了普遍人性可以体现在互为主体之共识中。不过此种普遍性乃是与殊异性具有辩证关系的普遍性,亦即从存异求同中表现出的一致性。其内涵必须跨出儒家立场之外,再予以调整与扩充。

质言之,在传统规范于现实层面上已不具效力的现代,我们不得不反思仁或普遍人性之真正内涵是否只能有传统之表述。刘述先的体认是:"任何对于道德原则的成文表达已经属于'分殊'的领域,不能不受到特定时空以及文化传统的限制,而不可加以绝对化。"[①]我们不可能把孔孟在两千年前定下的律则照搬,作为去异求同下的共识,自视可以解决今日的问题。理一分殊所揭橥的要旨是:我们不能只以儒家之仁规定普遍人性,仁的阐释已为普遍人性之分殊表现,并非理一自身。这么一来,刘述先认为必须把牟宗三所谓"坎陷"再扩大解释,将其"当作文化创造的普遍形式……而西方在理想上也可认为中国文化未能澈法源底……祈克果(S. Kierkegaard)就说,人的意识发展是由审美的阶段(感性),到道德的阶段(德性),最后才到宗教的阶段(神性)。那么康德与中国传统至多只到第二阶段,而到最后,人必须做 Either/Or 的存在抉择"[②]。中西文化都已是坎陷之后的展现,这就是中西文化平等互待的基础,各有所长,各有所短,尽可交流互济。如此一来,就不必执守儒家传统才能见道之立场,有利于不同精神传统之交流对话,从中获致真正的共识。

若谓牟宗三从事的乃超越主体式的逆觉体证,互为主体式的理一分殊进路则为刘述先之特点。牟宗三点出,普遍人性之哲学内涵必须是心性情合一之道德主体,以此建立"实践的印证"进路,而其立论是从儒家脉络下

---

① 刘述先:《从当代新儒家观点看世界伦理》,《全球伦理与宗教对话》,页78。
② 刘述先:《全球意识觉醒下儒家哲学的典范重构与诠释》,《鹅湖》,第385期(2007年8月),页23。

的普遍人性出发。刘述先则继之以"共识的印证",把对话目标扩大至共通于世界各大传统之共同人性,这样才有与其他宗教文化传统会通以形成共识之可能,并由全球伦理之跨文化对话不断发掘其具体表现。由金律而来的那些宽松的指令与共识正是在这种极小式的存异求同中获得,而普遍的底线共识也于是得到体现。两种印证方式之结合,适为儒家提供了论证普遍人性的一种现代表述。

第三部分

理一分殊哲学解释架构与议题重探

第七章 "理一分殊"作为哲学解释架构

本书第一、二两部分旨在阐明：从牟宗三的"逆觉体证"到刘述先的"理一分殊新释"之发展，其重点可归结为走向日用常行化与广义道德实践之建立。在这个基础之上，接续的理论工作，应是进而发展出一种理一分殊的哲学解释架构，因为这可以分别在天人关系的定位、生生的现代诠释，以及儒学走入日用常行这三个问题上，提供必要的补充。

第一节 天人关系再定位："同于""同异并存"到"通于"

一、人乃有限的体现天道

如第二章所述，牟宗三与刘述先虽皆肯定既超越又内在的表述，但前者着重于凸显天人之同，后者则反复重申天人之同与异乃并存，不宜过度侧重同的一面。但不论是"同"或"同异并存"，皆在定义上有其窒碍难行之处。质言之，在断定天与人是否可"同"之前，宜先就一关键处进行语义上的澄清：人之体现天道，到底是完全地（不受限制或限定）还是有限地（在限制或限定中）体现天道？若答案为前者，才有充分理据说天人间有"同"之处；若答案为后者，则顶多只是"通"、不宜说"同"。而牟、刘二位共同提供的答案，都是后者，亦即有限地体现天道。

首先，就刘述先的主张来看，若说人虽禀赋无限心，仍然是有限的存在，但既然人的道德实践也属于坎陷，而成为分殊；天道或本心自身则断然不是坎陷，且为终极实在之理一。就此而言，则人充其量只是有限地体现天道，无论在作用或内容的意义上，应皆无可"同"之处，就不适宜再认定人禀赋无限心。此点亦可从刘氏论有限与无限之辩证关系上获得印证。其谓理一（生、仁、理）一定要在有限之分殊（个人的创造行为）才能具体实现而非凭空之抽象，但一在分殊中表现，就不再是无限之理一：

> "至诚无息"是可以向往而不可以企及的超越境界（理一），要具体实现就必须通过致曲的过程（分殊）。生生不已的天道要表现它的创造的力量，就必须具现在特殊的材质以内而有它的局限性。未来的创造自必须超越这样的局限性，但当下的创造性却必须通过当下的时空条件来表现。这样，有限（内在）与无限（超越）有着一种互相对立而又统一的辩证关系。①

理一之具体实现，就落实于人的创造活动而成为分殊来说，是一致曲的过程。此过程有其当下的时空条件，遂而必有其局限性，使得理一形成可以向往而不可以企及的超越境界。既然不可企及，理一与分殊就总是具有某种差异，两方关系实不宜再定位为"同"。

其次，就"本体宇宙论的创生"而言，牟宗三在谈到"以气言"之命时，即指出"在天"不必一定偏于理说，亦可偏于气说，此偏于气说的命即为人不可避免的限定：

> 此亦是天理中事，天命中事，天道中事，亦得简言之曰天。此是天理、天命、天道之偏于气化说，但亦为其神理所贯，全气是神，全神

---

① 刘述先：《有关理学的几个重要问题的再反思》，《理想与现实的纠结》，页172。

是气。既全神是气,则无限量之无穷复杂之气固亦天理、天命、天道中事。就此说天理、天命、天道即是偏于气说的天理、天命、天道,而此即对于吾个体生命有一种超越的限定,而吾个体生命对此超越限定言,即有一种遭遇上之距离与参差,因而有所乘之势与所遇之机之不同,而此即形成吾之个体生命之命运与命遇,此即是以气言之"气命"。①

若从以气言之命来看,神理所贯之气化就对人之个体生命形成一种超越的限定,这种"气命"即形成人的命运与命遇。这种气命"对吾人所成之超越的限定始有一种庄严的严肃意义,所以才值得敬畏,而每一个体生命之遭遇乎此总不免有无限的慨叹,虽圣人临终亦不免叹口气(罗近溪语),因而'知命'、'知天命'才成为人生中一大关节"②。而"命"或命限作为气化层面之限制,可表现为感性之限制、气质之限制、遭遇之限制等形态,此种种命限"只可转化其意义而不能消除之。命限通于一切圣人,即于佛亦适用"③。如此一来,人虽能体现天道,仍是一种带有限制的体现,不能直接从内容或作用的意义上说同于天道。

另外,在"实现物自身的创生"部分,牟宗三讨论无限与有限之"必然的诡谲"时也有类似说法:

> 盖成教的圣者之生命同时亦是一现实的生命,因此,他不能说尽一切话,他必定在一定型态下表现道,而同时众生亦机宜不一,有适于此而悟,有适于彼而悟,亦必在一定型态下醒悟也。是以凡教皆有限定相,亦皆是一途之通路。人总是通过一通路而彰显那无限者。无限者通过一通路,通过一现实生命(一个体生命),而被彰显,同时即被限定。这是一必然的诡谲。④

---

① 牟宗三:《心体与性体(一)》,页525。
② 牟宗三:《心体与性体(一)》,页525—526。
③ 牟宗三:《圆善论》,页154。
④ 牟宗三:《现象与物自身》,页454。

在此可以清楚看出，牟氏也承认凡教皆有限定相，即使是彰显了无限者之圣者，也是一现实的被限定的生命。人总是通过某种通路彰显无限者，一旦如此，无限透过人被彰显的同时也被限定，被限定就意味着，即使呈现在道德行为中，还是有限的体现。

二、"通"而非"同"之确义

依上述，不论是主张天人之"同"或"同异并存"，所提供的解释充其量只能说明人是有限的，而非完全地体现天道。但儒家的核心精神是"天人合一"，天与人并非截然二分，或如基督教中神与人的此岸与彼岸关系。就儒家而言，道不远人，且人能弘道。既然肯定天人之间虽有差距，但仍可相合以贯通，在有限中体现无限之天道。那对天人关系较适切的说法，应是人"通于"而非"同于"天。事实上，先前有关刘述先讨论理一分殊的几处引文中，"通于"二字已出现数次，唯其意涵即指向同异并存、不一不二的天人关系，并未具备独立之意义。① 以下本文将进一步发展此"通"之概念。

所谓"通于"，其意涵在于人虽不具天之无限性、绝对性，但由于天人之间可贯通，人的创造活动因而可在某个特定时空环境中，展现出作为某种标准的普遍性。这就涉及绝对性（absoluteness）、无限性（infinitude）与普遍性（universality）三个语词的概念解析。这三个概念一般常交替使用、互相解释。但细究之下，仍可尝试做出如下区分：

（1）绝对性乃针对某个终极存在作为一切事物之存在根据而言。或是指涉某个概念或原理之不可更改、不受任何外力影响，且必定无误而言。如儒家之天道或本心，神之天启等等。

（2）无限性在表述某事物之内容、活动、特性或能力等没有任何限制，无法以某个数量、性质、概念乃至定义予以完全解释、描述或穷

---

① 笔者曾针对此问题当面请教刘述先先生，此处之表述系其本人亲口提供之答案。

尽。尤其是超越任何时空之限制。例如上帝、笛卡儿的无限实体、老子所谓道等。

（3）普遍性则指称某个理论、概念或原理，可在某个特殊时间或空间范围内，具有普及性而予以应用。如第六章讨论的全球伦理运动以基督教的金律，孔子"己所不欲、勿施于人"的说法，作为共通于世界各大宗教与人文传统之信念。

依照以上区分，主张普遍性，就不一定同时涵盖绝对性或无限性。因为指出某个理论、概念或原理，可在某个特殊时间或空间范围广泛予以应用，并不必然蕴含该理论、概念或原理即不可更改、不受任何外力影响、必定无误。该事物可以在某个特定时间或空间普遍应用的事实，仍不能排除还是有无法应用的可能性（最低限度此乃一逻辑可能），因此仍必须保留调整、替换的空间。基督教的道德金律虽在目前广被接受、引用，但从哲学思辨角度言之，并不意味不能对其做出适度修改或增删。因此也只适用于普遍性。可以设想，若在其"己之所欲、施之于人"的内容之中，加上"尽可能地从自己身边的人做起"的附带说明，可能会更具体而容易履行。很多理论曾维持相当长时间的有效性（如牛顿的古典物理学），但在后来被新理论取代，充其量也只代表具有普遍性，而非绝对性。最后，也不意味此理论、概念或原理可不受任何限制，例如爱因斯坦的相对论（Relativity）之有效性，须以光速为宇宙中最快速度为前提，若发现超越光速的运动现象，其中很多内容即须做出修正。以上分析即在说明：在概念表达上，普遍性不一定须与绝对性、无限性画上等号。据是，则天或理一可以说同时具有普遍性、绝对性与无限性。但分殊或人的创造活动则顶多只能达到普遍性，不能宣称有绝对性与无限性。直接说人禀赋无限心，仍会有将个人及其创造活动绝对化或无限膨胀的可能。若将人定位在其价值理想、道德行为可体现天道，成为一种具普遍性的模范或准则，当可避免此流弊。此即天人"通"而非"同"之意涵。有限与无限虽有差别却又交融无隔，天人之间有可合可通之管道，却不直接等同。其用意在于，人可以保有"天人合一"的既超越又内在之特质，两者间又具有一定的张力，避免将个人予以神化、绝对化或无限膨胀的可能。

第二节　儒学重归日用常行

一、儒学践履之基本原则：仁心与生生

刘述先将儒学的本质定位在孔孟的仁心与生生的精神，如此一来，认同仁心而以其为终极托付，并能体现生生精神者，即可称之为一个儒者。但儒学在现代要走向日用常行化，提出这两个践履之基本原则只是其纲领，必须具备更详细的论述。而且此论述不能只依赖传统的言说，尚须参照当前理论发展与社会脉络做进一步的补充与阐释。

（一）仁心：具体而普遍的人生终极托付

所谓仁心，就一个儒者而言，应该具备具体性、普遍性与终极性三种特性。在本书第六章，我们已为如何论证儒家之仁心做出分析。其中涉及道德意识具体化与道德意识普遍性两种证立问题。牟宗三"实践的印证"方式，乃针对道德意识具体化问题提出说明。他将情感与理性视为普遍道德主体之内涵，成为其中不同的作用，道德情感提供行为动力，实践理性制定行为法则，两者皆是道德主体的不同面向，两者之一致也成为道德主体之自我要求。而且此普遍道德禀赋即表现在将道德意识落实于道德行为之动态过程，在实践中呈现之同时也证实之，仁心之表现就成为可被旁观者与行为者所确认的事实，不再是抽象概念而有具体性。举例来说，孟子乍见孺子将入于井皆有怵惕恻隐之心的说法，也可借由实践的印证予以说明。展现恻隐怵惕之心的行为者，对自身之道德意识自有一直接当下的真实体验，行为者对此内在意识自可确认为一事实。当此行为者受此恻隐之心之推动，而及时伸手援救此将入井之孺子，此道德行为亦成为旁观者与此行为者个人

可借由感官感觉观察确认的事实。

至于道德意识普遍性的落实问题，可借刘述先存异求同之"共识的印证"予以说明。若谓牟宗三所阐述乃超越主体式的逆觉体证工夫，互为主体式的理一分殊进路则为刘述先之特点。牟宗三从儒家脉络下的普遍人性出发，指出其哲学内涵乃心性情合一之道德主体。刘述先"共识的印证"则把焦点放大至共通于世界各大传统之共同人性。如此一来，即有与其他宗教文化传统会通以形成共识之可能。借由理一分殊的存异求同进路，参与全球伦理之跨文化、跨宗教对话以不断发掘其实际表现。其中所展示的乃是与殊异性具有辩证关系的普遍性，肯定基督教之金律与孔子"己所不欲、勿施于人"乃是对普遍人性的正反面表述，从中导出的一些宽松指令与行为准则体现出一种普遍的底线共识。此为儒家对仁心之普遍性的一种现代论述。天人之"通"定义中的普遍性，正须体现在人与人之间的共识中。

终极托付不能建立在有限的事物上，我们可以委诸超越的全知全能全善之上帝，也可以直接诉诸超越的又内在于己的仁心，必须完全开放给各人之选择。只不过就一个在现代仍归宗于儒学者，则自然以此仁心为终极寄托，此为仁心之终极性。仁心之体证就在每个人内在的道德意识与对他人他物的同情心与同理心上，并无被任何人事物垄断的可能。这种仁心正如孟子所言，求则得之、舍则失之，仁心因为可扩及所有人与物，所以并无封限，才可以"通于"无限的存有根源，因此依循仁心的指示立身处世就取得一种无限的意义。如此一来，除了宗教，我们也可以把人生目标寄托在仁心之上，不必把重心完全放在有限而又不可捉摸的现实事物，如爱情、婚姻、金钱、权位或某个权威之上。因为这些事物正是得之有命、变动不已的有限事物。但仁心的寄托虽通于无限，却不可视为等同于无限，因为这是无限者在有限者身上有限的体现，是已局限在某时空范围内之分殊，仍必须保持不断创造与提升的可能与尝试，这就可以接到生生之精神那一面讲。

（二）生生的现代诠释："道德实践"至"价值创造"

刘述先认为人之体现"生生"之道，是要实现其创造力，对各层面的现有成就进行不断的检视与改进,而不能把现实的东西等同于理想而予以绝对化。并提出一种广义的道德实践之诠释,强调这种生生的创造力不必只限于道德工夫,还可扩及科学、艺术、经济、技术,乃至百工之事。

这种将"生生"的创造跨出成德修身范围而予以扩展的做法,顺成了广义道德实践之开放性。不过还需要补充一项论证工作。因为还须指明,其他领域如知识、艺术等创造活动,在价值上实与道德实践对等。因为就算是同为分殊,也还是可以在价值上分判高下,坚持见体之道德实践仍保有一种优越性,这就无法适当消除余英时"良知的傲慢"之质疑。必须略做说明的是,如果成德修身在价值上独占鳌头确有理论上之必要性,自不必受困于此类质疑而因噎废食。不过基于三个理由,使我们须要接受价值对等的原则。首先,正如第二章所指出,狭义道德在理论上之优位造成真美善合一说与分别说自相矛盾,承认各个领域之价值对等实能避免此问题。其次,对于仁心之"共识的印证",要求以存异求同的进路,参与全球伦理之跨文化、跨宗教对话,也必须以此价值对等概念为先决条件,才能真正进行平等对话以形成共识。最后,在实践上将其他领域的创造活动与成德工夫赋予在价值上对等的地位,有助于将"生生"从"道德实践"扩充至"价值创造",以利各种领域的专业人才投入儒家阵营,从而使儒学得以重新走入一般人的日用常行,实为值得一试的理论发展。

质言之,此"生生"的现代诠释所要凸显者,除了道德意识,更在于生生之天道(而生生之天道本身不但具备道德性,并为道德之根源)。借助前述天人之"通"的关系定位,可将道德意识与其他领域之创造意识皆视为"通于"生生天道之体现,而成为一种内涵更丰富、可在理想性之架构下包容多元价值的行为实践之教。如此才不致使儒家重德之本质失落,同时可吸纳其他专业与技艺于其中。

依此前提,即无须再坚持道德实践于方法上的优越性(supremacy),而只要强调其能体悟终极实在的独特性(distinctiveness)。由逆觉从事修身的道德实践工夫,的确是体证天道的理想途径,但由于仍是在分殊层面做工夫,"通于"而非"同于"天道或理一,因此与其他领域如科学、艺术彼此地位对等，不致抬高道德而矮化其他领域。真美善三者的差异主要是特性与定位不同，并非在价值上有高低之分。一切正面创造活动都可通于理一，但因"通"的形态不同，故定位也各异。例如，道德实践是"逆"或"返"于理一之"通"，专擅之处在于印证、体现理一；科学与经验知识等"真"的领域是"顺"或"出"于理一之"通"，重点则为承继或顺应理一之动用，成就现实生活中的各种创造。如此就不必在真美善之间强分高下，而可同时肯定与重视此三者。也能避免因道德实践同于无限，导致广狭义道德领域之分不显，合一说与分别说陷入相互扞格的情况。

如此一来，现代儒家的焦点就从道德范畴，延伸至各种具有正面价值的领域。"生生"在实践上就可以进一步诠释为各种正面价值的不断创造与提升之过程。于是我们可以对"生生"做出以下的现代诠释：在实践层面上，"生生"的前一个"生"字为动词，意指创生，并可延伸出创新与提升二义；后一个"生"字为名词，其义从牟宗三所谓"存在"，进而定义为"正面价值之存在"。合此二者来看，"生生"的精神即为各种正面价值的不断创造、创新与提升。我们宜将"生生"于实践层面的解释，从只强调修身成德的道德实践，扩展为凡抱持某种价值理想，在真（如科学、学术活动）、美（如艺术、文学、戏剧）、善（如道德实践与慈善事业），乃至宗教、体育、科技、商业等各种领域，不断从事正面价值的创造、创新与提升活动。从"道德实践"扩展至"价值创造"。如此一则可避免以"道德"作为形容词（不论是广义或狭义）可能引生的误解；二则符合现代尊重与发展多元价值的趋势，使儒家理想可以落实在各种技艺与专业上，从而重新走入一般人的日用常行之中。

顺是，儒家价值理想的表现，就不必只限于成德的内圣道德修养，举凡在具有正面价值的人类活动，如学术、科技、宗教、艺术、教育、商业，乃至环保、医疗、法律、体育等领域，持续精益求精，不断做出良好贡献，都可说是体现了"生生"的要旨，从而也是儒家精神的现代表征。在这种诠释之下，当代新儒家学者虽未见长于圣贤工夫，也因其保存儒家思想血脉的理想性，以及学术成绩上的重大成就，取得在儒家架构下的正当性，不致产生偏离儒学本质之虞。这样的儒家思想表述仍将保有相当的理想性，但其内涵却能兼容多元价值，同时也更贴近、融入现代人的日常生活。此外，基于现代社会中竞争与变动之剧烈，不断求新求进已是个人须有之体认，秉持生生精神之儒者除了不断追求自我实现，生活中也时时保持开放与不断发挥创造力的态度，这有助于在未来社会发展中处于更合时宜的位置。①

二、现代新儒学的道德实践

总结以上论述，笔者以为，我们必须划分与现代新儒学相关的两个实践层次问题。分别是：

（1）作为立身处世之道的现代新儒学。依上述，现代新儒学要极力发挥的儒学本质乃仁心与生生不已的创造、创新精神。凡是能以仁心为终极托付，具有人道关怀与对他人他物的同理心，而能体现生生的创造精神者，即算是服膺儒学思想者。这种意义下的儒者我们可称之为"现代新儒者"。现代新儒者的道德实践除了这两要件，就是要遵守国家的法律与社会道德规范，当然，根据生生的原则，这些法律与社会道德规范既然已是分殊，就不再是颠扑不破的准则，因此还是要对其不断予以反思与检视，保留修订、

---

① 美国趋势分析家佛罗里达（Richard Florida）曾在其《创意阶级之兴起》（*The Rise of the Creative Class*）一书中提出，现代与未来社会的主流是"创意阶级"（creative class），至于创意阶级之核心包括科学、工程、建筑、设计、教育、艺术、音乐与娱乐等各领域的人，他们在经济上的功能是要创造新想法、新科技或新创意内容。在此核心之周围，创意阶级还包括商业、金融、法律、健康医疗以及其他相关领域的创意专业人士（creative professionals）。这些人要解决复杂的问题，而这需要独立的判断力，必须受过高等教育或有个人长处。此外，所有创意阶级成员，不论是艺术家、工程师、音乐家、计算机科学家、作家或企业家，都有共同的创意特质，即注重创意、个体性、差异性与其价值。对创意阶级来说，创意的每一面向和表现形式，举凡科技、文化或经济，都是相互连结而不可分割的。Richard Florida: *The Rise of the Creative Class: And How It's Transforming Work, Leisure, and Everyday Life* (New York: Basic Books, 2004), p. 8. 创意阶级重创意、个体性、差异性与其价值的特性与生生之精神并不抵触，而人类之进步来自其正面而源源不断的创造力正是生生之精神所倡导者，因此日用常行化的现代儒者不但会认同创意阶级的概念，也可以体现出创意阶级的特质。若佛罗里达的分析正确，不论是否冠上创意阶级之名，日用常行化的现代儒者，将是适合生活在现代与未来的人类，成为社会之中坚。

增减的空间，但在原则上仍要充分的尊重与遵守。也就是说，道德实践将锁定在职业伦理与国家的法律、社会的伦理规范上，而成为基本的道德操守要求。

（2）作为哲学学派的现代新儒学。如果将焦点集中在对传统儒学做哲学思考与研究、阐发的工作，则是哲学意义下的现代儒者，我们可称之为"现代新儒家"。当代新儒家如牟宗三、唐君毅与徐复观等人乃至其后接续他们工作的学者，正是这种意义下的儒者。他们的中心任务是在理论上重建、阐扬与发展传统儒学，乃至中国哲学其他各家的理论，使儒学能在世界哲学舞台拥有一席之地。纯就作为学者而言，他们的道德实践要求即是遵守学者的行规与职业道德，符合一般人对学者之期许。当然他们也具备现代新儒者以仁心为终极关怀、体现生生的创造精神之特性，圣贤的理想仍是"虽不能至，心向往之"而必须保留，若能出现体现传统儒学要求之圣贤自是令人庆幸的事，但并非作为现代新儒家的必要条件。

此将道德实践扩充为价值创造，以促使儒学走向日用常行化的进路，是否会使儒家丧失成德之教的特色呢？答案应该是否定的。此种进路虽不再以成圣成贤为唯一理想，但仍以圣贤之道为特色之一。而且虽不再独尊狭义的道德，而主张对等的价值创造活动之"分殊"，但还是保留广义的道德领域之形上原理：生生之天道或"理一"。只不过这广义的道德原理既然为一切存在物之创造依据，事实上已经涉及各种价值领域，非仅限于道德领域，故以价值创造表述其分殊的表现实更属贴切。

第三节 "理一分殊"哲学解释架构

以上借由天人关系的定位、生生的现代诠释，以及儒学之日用常行化这三个论题，对牟宗三"逆觉体证"与刘述先"理一分殊新释"进行补充与调整。这代表可以将"理一分殊"的概念，从宋儒的传统论述，历经刘述先的"新释"，再接续发展为一种哲学解释架构，以处理儒学相关的理论问题。以下试说明之。

诚如导论中所述,"理一分殊"概念最早由程伊川提出,要处理的是伦理规范层面的问题,以说明儒家之"仁"与墨子"兼爱"的差异为何。"仁"作为"理一",是推己及人的基本伦理原则,而可以表现在不同的"分殊"上。这些"分殊"表现为有等差的爱(如由亲亲而仁民,仁民而爱物),对不同人乃有不同的责任义务,如对父母为孝、国家为忠、朋友为信等等。

到了李延平,则将"理一分殊"诠释为道德工夫法门。经由"默坐澄心"而体认之天理,即为"理一"。但"理一"不是抽象空悬之物,必落实为具体之"分殊",亦即道德行为中。在其所谓"洒然冰解冻释"的道德修养中,天理成为具体而普遍者,并呈现于道德意识与道德行为中。

朱子则是"理一分殊"之集大成者。就工夫而言,他主张在"分殊"处格物穷理,在"脱然贯通"时证得"理一"。在形上学方面,"理一分殊"则在说明"太极"与殊别之理,亦即理之一与多的关系。二者就像天上之月与江中之月实为一物,江中之月是天上之月在不同地方之呈现,此呈现可以是无限量,但又不会对原来之物造成任何减损或改变;二者是同一物,但仍有本然状态与其呈现之差异,此一中有多、同中有异的关系,即为"理一分殊"之要旨。

以上述宋儒之论述为灵感,刘述先尝试再予以补充一种"新释"。他首先提供一种"两行之理新诠"。"两行之理"涵盖两个层面:庄子所说的经验、相对的"分殊"之两行,以及"理一"与"分殊"之两行。首先,欲体证理一,除了注意到经验层面常有的二元对立,并力求兼容、超克此二元对立。进而言之,不是体证了理一就是见道,还必须兼顾理一与分殊才真是体现两行之理。实要求在超越与内在、普遍与特殊、相对与绝对之间必须并重而求得平衡。故其常言这是一种"理一"与"分殊"的双向回环关系。

其次,刘述先也对何谓"理一"做了一些现代脉络下的诠释。无限的"理一"在实践上可以作为我们立身处世的终极托付。"理一"必有其实质内容,而不只是哈贝马斯所谓的"沟通理性"(communicative reason),一种论议所预设的形式原则。其意蕴一是指导我们行为的超越规约原则,这所成就的不是一种实质的统一性,而是卡西尔所谓的"功能的统一性"。二是作为生生之仁或良知。各个时代对仁义的理解都是其外显的表现，"理一"则是这些不同表现的通贯原则。

进一步来看，若将"理一分殊"视为哲学解释架构，则是在以上论点之外，再加入一些新的元素，就现有分析而言，其核心可大略归结为以下三点。

一、天人之"通"定位

若从牟宗三强调天人之"同"，到刘述先所谓天人"同异并存"，可以再推进至以"通"界定天人关系。"理一"与"分殊"之表述，就天人关系而言，在于天与人之"通"而非"同"。此处所谓"通"，表述的是"有限的体现天道"之天人辩证关系。意指分殊虽不具理一之无限性、绝对性，但由于天人之间可贯通，因而可在某个特定时空环境中，展现出作为某种标准的普遍性。

二、价值创造对等原则

质言之，除了刘述先"理一分殊新释"强调的广义道德实践之开放性，而扩及道德实践之外的其他专业领域，还须肯定各种专业之间的对等性。既然人的创造活动都是理一之分殊，即无须坚持道德实践的逆觉工夫相对于科学、政治与艺术等其他领域之"优越性"(supremacy)，而只要凸显其能见体或通往终极实在的"独特性"(distinctiveness)。可以说一切努力都可"通于"理一，但因"通"的形态不同，故定位也各异。道德实践是"逆"或"返"于理一之"通"，重点在印证、体现理一；科学成果或专业技能是"顺"或"发"自理一之"通"，重点在承继或顺应理一之动用，成就现实生活中的各种创造。质言之，真美善三者，或是商业、科技、艺术、体育等各种领域的差异，主要是特性与定位不同，并非在价值上有高低之分，彼此具有对等地位，各有其特色与优点。

三、"良知"的"理一分殊"释义

如导论中指出，就"良知"与其"发用"而言，刘述先已就"良知"与"见闻"的关系提出说明，认为在此良知可视为"理智的深层"，智力是其发用的一个层面。这是站在存有论层面，对知识或认知能力之存在根据做出说明。现在试就道德层面，从吾人之道德判断与道德动机，亦即"道德动能"（moral agency）切入，来看"良知"与其"发用"之关系。

就理一分殊哲学架构来看，基于其"通于"的思路，若以本心或良知界定"理一"，本心或良知之发用或呈现就属于"分殊"，分殊虽"通于"理一但不"同于"理一，两者就必须有所区隔。这实际上也可在王阳明自己的论述中找到文本支持。他有时以"心之体""心之本体"称呼"良知"，而与良知之发用做出区隔。最明显的例子就是其四句教"无善无恶心之体，有善有恶意之动，知善知恶是良知，为善去恶是格物"。王阳明在此同时就形上层面与道德层面来看"良知"，而交代了"良知自体"与"知善知恶"的关系。形上层面之"良知自体"乃是天理天道之层次，常可见到论者给予其"纯善而无恶"的描述。此说法的问题在于，使作为形上终极实在之良知，陷入经验层面二元对立之框限中。形上终极实在虽为善之根源，但不能与任何事物具有二元对立关系，如此其终极性即不复在。良知自体既然须超越经验层次之善恶二元对立，所以也就不能以与恶对立之善予以定义。是以王阳明界定作为心之体或心之本体的良知自体为"无善无恶心之体"；对于阳明以良知为性之本体，而有"性之本体，原是无善无恶的"之语，陈荣捷引佐藤一斋之言而解释为"性之本体，无善无恶者，指形而上而言。至于善恶可言，则已落于形而下"[①]。可谓一语中的。至于道德层面，良知可以显现为知善知恶的道德判断，以及好善恶恶之道德动机，所以说"知善知恶是良知"。而此时所谓"良知"，已经是"良知自体"之发用，而非良知自体。

如此一来，我们实须同时从两个层面来看良知：作为天理、天道或理一

[①] 陈荣捷:《王阳明传习录详注集评》，页353。

的"良知自体",以及良知在分殊或具体化后,表现为人们的道德禀赋或道德动能。良知是呈现,但已呈现,就是良知之分殊,而非良知本身。亦即,人于逆觉之际显现之道德意识,已是分殊,而非良知自身之完全体现;但又通于良知自身,仍可体现良知,尽管是不完全的体现。职是之故,人所显发的良知,虽非良知自体,无绝对性与无限性,却是一种显发为道德动能的分殊(如四端之心),而具有特定时空之普遍性,不致只为纯粹历史的、有限的存有,可以保持相对于经验界(在此指习心习性及气禀之杂而言)之理想性与张力。此为理一分殊哲学解释架构从道德层面对"良知自体"与其"发用"之说明。

第八章 "去两短、合两长"：聚焦道德与知识之辩证关系

第一节 朱子与陆王：从道德与知识之辩证关系来看

在第五章的讨论中，牟宗三指出朱子的道问学因心与理二，因顺取的途径，故偏离儒家本义，遂而导致两个缺失：一则不能挺立起真正的超越的道德主体，成为他律道德；二则在格物致知中所拖带的知识，非道德实践之本质，只具有补充助缘的作用。因为就实践的动力——道德情感而言，经验知识明显地无法提供此动力，理由在于二者是异质之物，经验知识真正的角色在助成道德行为之实现，如阳明所说意在于事亲，则去求亲之温清定省、奉养节目之知。若把重点放在行为实践上，经验知识正是良知之助缘，牟氏此评断可谓一针见血。刘述先也同意，在内圣之学的间架中，朱子的确走入了岔路，因为要建立德性的自觉，就必须诉诸逆觉体证的工夫。而且朱子与象山既然都以孟子学为正宗，其中直接相关者乃是道德实践，道问学作为外在知解、文字理会之明理工夫，与道德践履并无本质的相干性。但若从其他面向来看，跳脱立本心以建立道德意识的框架，基于良知与见闻的辩证关系，以及朱子对有限性（气禀之杂）的警醒，朱子格致工夫自有其不可磨灭的贡献。于是刘述先虽然与牟宗三同样主张朱子格致工夫可融摄于阳明良知教中，但异于年代集中在立本心之角度，强调朱子道问学必须为象山尊德性之助缘。[①] 刘述先则从广义道德实践之立场，力陈朱陆之先后天修养工夫必须同加重视。

[①] 牟宗三：《从陆象山到刘蕺山》，页91—92。

第八章 "去两短、合两长"：聚焦道德与知识之辩证关系

以上讨论提醒我们，对朱子的评判，是否只能从经验知识与行为实践的关系申论？还是也可以从道德的其他侧面，如伦理知识与道德判断加以检视？如果从这些问题切入，对朱子的评价是否有所不同？就行为实践而言，经验知识的作用无疑是工具性的，不过考虑到道德判断的话，情况则较为复杂。当我们说"判断或决定者不是知识"时，这不构成问题。原因在于，那判断者不是知识，而是一种应然的判断意识，所以良知才能给予经验知识以适当的定位。就经验知识作为良知之助缘，以及良知可给予经验知识适当定位而言，刘述先所谓良知与见闻的辩证关系，应属一种"主从的辩证关系"，两者虽不可分离，但在角色定位上，仍是道德意识为主、经验知识为从。

但问题如果换成"知识是否为判断或决定者之可能条件"的话，在我们面临道德两难或道德争议等权衡性判断之际，由于涉及单一主体甚至众多主体之反省活动，我们也受到一种由伦理知识构成的"道德性前结构"之指引，这之中道德理论、社会伦理规范及国家的法律等早就交融在这做判断的应然意识中，只要一从事权衡判断，就必落入此前结构中，因此我们必须给上述问题一个肯定的答案。伦理知识与判断的应然意识于是形成一种"对列的辩证关系"。朱子有见于伦理知识在道德判断之本质地位，才能指出只做立本心工夫会在面对道德难题时无所适从，而坚持其格物致知工夫入路，力倡双方之"去两短、合两长"。就权衡性判断与伦理知识之"对列的辩证关系"来看，此方向无疑是必要的，因为即使是阳明也对此意识不够。所以这种"去两短、合两长"不但可以应用于朱陆，还适用于包括阳明在内的逆觉体证工夫形态。

在指出"去两短、合两长"之必要性后，接下来就是解释如何去短集常。首先，在道德实践上，陆王心学作为康德意义上的自律伦理学，确为朱子的他律形态所不及。[①] 是以本心即理之前提与"逆觉体证"工夫不可弃；可是

[①] 有关朱子如何算是他律形态及康德自律伦理学之确义，除了牟宗三的相关论述，亦可参见李明辉：《儒家与康德》。或拙著：《再论朱子归入自律伦理学的可能性》，《儒学之现代解读：诠释、对比与开展》，页111—135。笔者于该文中亦指出：朱子虽不是康德意义下的自律伦理学，却可归入舍勒所谓"人格的自律"形态中。

若要顾及道德判断，就须同时并重朱子专注于理论研究及带有原则意识的格致工夫，而非仅视为助缘。须进而在朱子涉及道德判断应变模式与重视伦理知识之基础上，建构一种儒家式道德判断理论。

第二节 道德判断与知识

一、两种知识与两种道德判断

为探讨知识与道德判断的关系，首先必须对"知识"一词有所简别。通常所谓"知识"，多半指经验或科学知识，然而，还有一种伦理知识（ethical knowledge），亦即对各种道德理论、原则，社会之伦理规范，乃至自己与他人之前伦理经验的知识。这种知识往往在讨论中被忽略，却与道德判断息息相关，分别检视这两种知识在道德领域之作用，才可对道德判断与知识之关联有一较完整的探讨。

另外，我们也可依照道德活动的情况区分两种判断类型。在行为者面对道德情境之际，会同时相应以一种应然意识，此应然意识具有进行判断与提供行为动机两种活动。行为动机与道德实践有关，是一种道德情感的作用，是将道德判断落实于行为的驱动力。应然意识在进行判断之际则有两种情况，若是进行判断与提供行为动机两种活动同时产生，则纯是道德情感之反应与作用，具有当下性与直接性，我们可称之为直感性判断；如果道德情感的反应受到概念与思考之介入，而无法当下自我确认且同时提供行为动机，则就是一种权衡性判断。以下试分别说明这两种判断。

（1）直感性判断。行为者在做道德判断时，若不经任何思考，纯是道德情感直接的感应，而同时伴随从事道德行为之内在驱使力，这就是一种直感性判断。见到有人遭遇灾害或不幸而起的恻隐之心正是最好的例子。此道德感乃应然意识中判断能力与行为动机两要素同时俱显，也就是阳明所谓知善知恶同时好善恶恶的良知之呈现。直感性道德判断是一种直接的判断，是对当前遭遇的具体情况之直接反应,而与行为者目的、欲望、思考模式等等无关的道德活动。正如孟子对乍见孺子入井之例所做的分析,当我们看见有人溺水随即跳水援救之际,既不会考虑欲望、目的之满足与否,也不会有时间反省这是否对自己有利,只感到一种内在的推动力驱使我们去做。又如看到有人流血倒在路边,我们对那人的身份没有任何了解,但心中顿时感到不忍,感到有援助之必要,这些正是直感性道德判断的例子。如果认为在这种情况下,不助人则显得没有同情心,而怕惹人非议,这种考虑其实并非道德判断本身,而是对道德判断及其后果的省察与思索。直感性道德判断是不涉及这种考虑与反省之直接道德情感表现。由"直接的感应"一语,才称这种判断为"直感性判断"。在这种判断中,道德情感之反应未受到任何妨碍,也无任何概念与思虑之介入,而能同时提供一种行为的驱使力。这是一种道德情感的发生与动用。

(2)权衡性判断。不过很多时候,应然意识中的道德情感会受到概念与思虑之介入而受到阻碍、陷入矛盾,就无法同时提供予以行为的动机。就个别行为者而言,此矛盾表现为在自己之中不同义务或价值取向之抵触,又必须择一而行、不能兼顾。忠孝难两全的道德两难正属之;这种矛盾亦可能是不同行为者对同一件事的判断意识之分歧,形成一种道德争议,如堕胎、安乐死的争论。以上两种矛盾形成一种应然意识自我反思、权衡乃至挣扎的过程,在这过程中,行为者必须对道德情感的反应进行概念上的认知、反省与思考,这就具有理性思维的参与,而不纯粹是道德情感的作用。判断意识必须做个别行为者之自我调停,或不同行为者之互相沟通整合,无法与道德情感的实践动机直接贯通(因已有思虑营为之介入)而即决即行,这就是"权衡性判断"。直感性判断为应然意识感而遂通的呈显,道德主体无须再凭借任何裁决之依据;但权衡性判断之完成往往有赖某种"依据",判断机制必须基于某种根据在正反两方(或多方)中寻求协调或取舍之道。以下将会看到,伦理知识正如影随形地提供了这种"依据"。由此看来,权衡性判断是对情感之认知与反省所致,而非情感之发生与作用。

二、经验知识与道德判断

（一）经验知识在判断"后"的辅助功能

在第五章曾经指出，就经验知识而言，它可以在道德判断"后"帮助道德行为之实现。牟宗三指出每一道德行为都是本心良知与经验知识合作所成就者。前者决定行为方向，所以是行为之形式因；后者决定行为内容，则是行为之材质因。例如在本心下"孝"之判断"后"，为了在行为上贯彻此"孝"的指示，就必须探求相关知识。知识因此是"孝"心实现之助缘。劳思光也提到，就道德行为能否顺成之"完成义"而言，因经验知识提供道德行为之内容，所以是道德实践上不可或缺之辅助。有鉴于经验或科学知识在判断后的作用前文已有处理，且情况较易理解，所以此处不再多做讨论。

（二）经验知识在判断"前"的外在决定

在知识与道德判断的关系上，有一种常见的说法是：正由于吾人认识到一些事实，才会判断某种行为是该做的。例如我知道父母养我、育我之事实，才判断应该孝顺父母。以上说法除了要面对摩尔"待决问题论证"（open-question argument）之诘难，也忽略了一个关键，就是从对此事实之认知到做出相应行动的过程之中，必经过一种应然意识之转接，在我知道父母养我、育我时，会产生一种感动，正是这份感动使我判断应该孝顺，并决意从事孝行，这份感动亦即应然意识，兼具道德实践动机与针对所处境遇从事道德判断之双重角色。所以真正做判断的，是此应然意识，而非任何经验知识或事实。事实知识在此只是辅助性质，提供周遭对象或事态之讯息，供道德判断之用。可说是判断"前"之参考功能，亦即知识对我们判断某事物之道德定位的咨询功能。由于这对应然意识之判断无主导作用，所决定的是判断对象之内容，而非道德判断力本身，所以称为判断"前"的外在决定。

在外在决定关系中，经验知识的取得除了作为我们的参考信息，以利做判断，这些讯息的改变亦会导致我们对某事物道德判断之改变。例如我们对近亲通婚态度之转变。由于医学上发现近亲通婚在遗传上之恶果，这项做法于是为法律与社会所不容。要注意的是，在这种关系中，经验知识并未进入道德判断力内在结构中，只是由于知识提供我们所要判断的对象之不同性质，使这对象显示给我们的意义有了改变。例如对近亲通婚态度之改变，并非经验知识改变了我们的道德判断力，而是这种知识指出了我们之前未知或未考虑的因素（像是大量增加遗传疾病之发生率），乃至其所涉及的道德问题，这些问题牵涉某些道德原则或义务，使应然意识重新衡量此事之道德定位，进而裁定为不可行。可见经验知识真正改变的还是道德判断之对象，并非道德判断力本身，所以是一种外在的决定。亦即道德判断的改变，是由于判断对象或质料之改变，而非判断力本身内在因素之影响，这仍然是一种判断"前"的参考或咨询功能。而且这种功能因为提供给我们当前情境与判断对象之信息，遂而与直觉性判断和权衡性判断都有关，亦即，凡是道德判断皆需要经验知识的参考功能之助。

三、伦理知识与道德判断：判断"中"的内在决定

若要探讨知识是否会对道德判断产生主导作用，则须针对道德判断"中"知识之角色做分析。如果在进行道德判断当中，知识在应然意识本身的内在结构中起作用，而非只涉及有关判断对象的任何知识或信息之改变，这就是一种内在决定关系。这种关系并非发生在所有道德判断中，需要进一步说明。

如果对一事件或情况之道德判断涉及认知、评估与衡量等活动，并要依据某种道德原则或规范在具体情况下做出适当行为，就不可避免地牵涉到思考、语言与概念的运作，而这正是权衡性判断之特性。由于语言与概念的形成、学习与运作都是一种人文活动在时间中的过程，必然要与他者打交道，成为人与人、人与物乃至人与整个文化传统之互动过程，这就形

成一种诠释学意义下的理解、诠释与应用的过程。因而当我们在从事这些概念思考之际,事实上已受到一种前判断(prejudgment)或前理解(pre-understanding)的影响,于是我们可以合理地推断,在做权衡性道德判断之际,一种由伦理知识组成的前判断亦不自觉地影响着我们,成为一切权衡性判断的出发点,我们可以称之为"道德性前判断"或"道德性前结构"。为了方便说明,我们不妨参考一下伽达默尔对概念与前判断或前理解之间关系的论点。

依伽达默尔之见,前理解或前判断形成了历史存有者从事理解活动之视域,这是理解之可能性条件。前判断的存在可以从诠释学经验之语言性与概念性来看。因为他强调"诠释中使用的语言与概念被认定属于理解的内在结构"[①]。前判断与前理解之无所不在,首先肇因于人的语言性,以致"所有的思维和认识正由于我们对世界的语言诠释而带有先入之见"[②]。语言和思维的一致性正因"一切理解都具有概念性"。理解总是不断地继续概念的构成。诠释正在于让自己的前概念发生作用,从而使文本的意义真正传达给我们。"诠释者已不自觉地把自己和自己的概念都带入了诠释之中。"所以伽达默尔才说"诠释学经验本身之实现正是一种概念上的诠释"[③]。这些说明正点出了理解、前理解与概念三者不可分割的关系。这样我们也才能了解,为何伽达默尔在道德判断上特别强调亚里士多德所谓实践智(phronesis)的重要性。因为实践智正是一种前判断,成为我们在做道德判断时的指引。就伽达默尔而言,道德判断是一种将普遍者应用于特殊者的理解、诠释与应用的活动过程,他认同亚里士多德实践哲学之进路,主张通过教育和训练在人身上造就一种德性,并且通过正当行为证明自己具有德性。是以在道德事务上,他强调顺应社会常规之优先性,就道德判断而

---

① Hans-Georg Gadamer: *Truth and Method*, Trans. Joel Weinsheimer, Donald G. Marshall (New York: The Continuum Publishing Company, 2006), p. 306.

② Hans-Georg Gadamer: *Philosophical Hermeneutics*, Trans. and ed. David E. Linge (Berkeley and Los Angeles, Calif.: University of California Press, 1977), p. 64.

③ Hans-Georg Gadamer: *Truth and Method*, pp. 398–404.

言，我们的判断往往受教育和习惯之指引，伽达默尔因而有道德知识应当指导行动的论断，对实践智化育而成的前判断可以左右人的道德判断深信不疑。① 而实践智则是由社群之道德教育所灌输的社会常规、习俗传统与道德原则，以及吾人以往的道德经验等所组成。换言之，前述之伦理知识正是实践智或道德性前判断的内容。

伽达默尔并未直接提出"道德性前判断"的说法。笔者提及他对理解与前判断，道德判断与实践智的说法，用意在于帮助我们说明一种"道德性前判断"或"道德性前结构"之作用与特性。凡是涉及概念运作的思考或认知之理解活动，包括道德判断，都必有一前理解或前判断作为其视域或可能条件。权衡性道德判断既然是对道德情感的认知与反省，就不可避免地涉及语言与概念运作，这无非表示，它也必受到一种伦理知识组成的道德性前判断之影响。在做权衡性判断之际，这种道德性前判断不但左右着我们的选择，甚至是我们得以做判断的可能条件。与直感性道德判断中道德情感的直接显用不同，权衡性判断是对道德情感的反应进行概念上的认知、反省与审视，已有理性思考的参与，不再只是道德情感的作用。不论是发生于个人的道德两难或不同人的道德争议，都属于应然意识陷入矛盾而须做出调整的情况。为走出此困境，应然意识必须返回自身做省察性活动，先前的道德情感反应，于是成为新的自我省察活动的对象。在道德两难中，个人意识要经由反省与思考做出取决、择一而行；在不同人的道德判断出现分歧之际，为寻求共识，更必须考察自己与他人道德意识之细节与特性，作为坚持己见或接受他人判断之根据。既然有省察性活动与不同意识活动间的关系，可见权衡性道德判断正是一种基于对情感的认知与反省而做的判断，这当中语言与概念之运作相当明显。也就是说，前判断在道德领域真正起作用的

---

① Hans-Georg Gadamer: *Truth and Method*, pp. 312–320. 我们必须注意伦理知识与伽达默尔所谓道德知识二者之差异。道德知识就是一种理解与诠释的应用过程。在道德知识中，知识与经验二者无法区分，因为道德知识本身就是经验的基本形式。更详细地说，道德知识同时具有三个特性：1. 作为实践智，2. 指涉道德判断能力，3. 一种经由道德教育塑造而成之德性，从事正当行为的倾向。道德知识或实践智的形成，正是透过道德教育灌输我们伦理知识，并经由道德情境中具体应用这些伦理知识，使得伦理知识又不断扩充与深化之辩证关系所致。

是在权衡性判断上,因此在权衡性判断中,伦理知识对道德判断具有内在决定关系,成为道德判断力内在结构之要素。

就伽达默尔而言,"品味(taste)是做道德决定或判断不可或缺之要素……因此道德判断是一种不可论证的机智行为,可以抓住正确的东西,并以理性办不到的方式,对普遍者和康德所谓道德法则之应用给予规范"[1]。这可以给我们的另一个启发是:道德性前结构之内在决定关系还包括一种道德判断的循环。道德判断不只是把某种普遍东西应用于个别具体情况之中,也是可以同时规定、补充和修正普遍准则的独特情况。这就提醒我们,若将视域融合应用在伦理学,可知每一次的道德判断,不论属于直感性或权衡性,都将作为道德经验,沉淀在道德性前判断中,成为其中一部分,一起作为下一次判断的条件,使这前判断之内容不断发展、深化,形成一种类似诠释学循环的道德判断循环。而且既然无法避免此循环,反倒可借其作用,不断汰滤道德性前结构中不合理或错误的成分,借视域融合导出较合理、较具包容性,而符合大多数人道德意识之前结构,形成不断进步的良性循环。这种自我认识与调适正是伦理学理论原则日益改良、深化的基础,应用在实际生活中,也能令我们的道德判断更成熟、完善。职是之故,道德经验与伦理知识即为道德经验良性循环之动力。

以上分析正可帮助我们找到真正能影响道德倾向之知识类型。就坚持道德与知识之严格分际,而主张知识不能对应然意识有左右能力的思路而言,"对一事物的道德判断"与"道德判断能力本身"之区分,清楚地揭示了经验知识与道德判断只有一种外在关系,改变的是对某事,或某判断对象之认知与态度,判断能力本身并无更动。因此可据以断定一切知识对道德事务只有辅助之工具性。然而我们也要意识到:与权衡性判断构成内在关联的道德性前结构既然由伦理知识形成,那么我们就不能只专注于经验知识之辅助性,伦理知识在权衡性道德判断中其实具有主导者之地位,注重伦理知识之吸收与应用乃至道德教育之重要性,实有助于道德判断的良性循环,

---

[1] Hans-Georg Gadamer: *Truth and Method*, p. 35.

形成较成熟而稳健的道德性前结构,当面临权衡性道德判断之际做出更好的选择,可谓是伦理学方法论不可或缺的要素。

第三节　由道德判断与知识之关系论"逆觉体证"

经由以上分析,我们可以从道德判断"前""后""中"三个层面,表述经验知识与伦理知识的不同作用。

(1)道德判断"前"。经验知识具有外在决定之作用。一方面可提供有关判断对象的信息,使其呈现出某种意义,供应然意识的判断活动做裁决。另外一种"外在决定"功能则是,相关信息的改变引发某物对我们的意义之变化,应然意识对相同事物于是有了不同评价,但这改变的是对判断对象之认知与态度,而非判断力本身。

(2)道德判断"后"。即在道德实践的"完成义"上之辅助角色。经验知识可帮助道德意识实现于道德行为中。

(3)道德判断"中"。伦理知识对道德判断力具有主导作用。伦理知识直接形成权衡性判断之前结构,作为其行使判断之先决条件,这是伦理知识与道德判断之内在决定关系。

由此可知,在道德判断"前"或"后",经验知识皆具有提供信息与内容的作用,因此对判断具有辅助之角色,而且这对直感性与权衡性两种道德判断皆成立。但在道德判断"中",伦理知识构成的道德性前判断,虽然不在直感性判断中起作用,却是权衡性判断之可能条件,在此就具有主导地位。

就道德判断而言,牟宗三主要关注的是直感性判断。因为他在解释阳明所谓"意之所在或所用为物"时强调:

道德生活中的意念很少纯然地指向一个外物的。它是因着涉及外物而想到吾人可作或应作什么事。这是对物所起的一种反应态度,或如何处之之态度,但不是认知的反应态度、亦不是认知地处之之态度。此后者是指向于"物"本身的。此大体是朱子所谓"格物"。指向于物

> 本身而认知地处理之,即是朱子所谓"即物而穷其理"。……但是阳明所说的物是吾人意念之内容,不是指向于物本身而穷其理,乃是反重在吾人之行事,因着涉及物而引起的吾人之行为方面的态度,因此,它是事,不是物,若说物,它就是行为物。[1]

此段引文说明,道德意念对物的反应是牟宗三的关注所在。但说到道德生活中的意念,是因着涉及外物而想到吾人可做或应做什么事。其中"想"字似乎涉及了思考,但牟氏既然认为阳明所论之良知乃作为智的直觉之知体明觉,自然是无思无为之感而遂通的直感性判断,不可能指涉对情感之认知与反省的权衡性判断,所以牟宗三才说,"这是对物所起的一种反应态度,或如何处之之态度,但不是认知的反应态度,亦不是认知地处之之态度"。在智的直觉中,能所与主客之分别已泯,遂而不可能是认知的态度。牟宗三认为朱子才是采取此种指向于物之认知地反应或认知地处之的态度。阳明"意之所在为物"重在吾人之行事,因着涉及物而引起的吾人之行为方面的态度,由于是行为而非认知方面的态度,物所指涉的是意念之内容,亦即吾人良知良能做出判断与提供动机两种作用。在牟宗三的讨论中,道德生活中的意念对物所起的一种反应态度,于是偏向直感性判断。

不过经验知识除了是落实道德行为之材质因外,在道德判断"前",也有提供判断对象信息之外在决定作用。牟宗三并未直接提及经验知识此一功能。但此外在决定作用既然也是辅助角色,就不会与他将知识定位在成德之助缘的评价抵触。而且在牟氏其他说法中,也可以找出与此兼容的叙述:

> 依阳明,"事亲"为一物,实即一行为。在此"行为物"中,必有"亲"一个物为其中之一员。"事亲"这个行为物,必带着"亲"这个知识物。既带着这个物,则对于这个物自必有一个了当才行。是以在致良知而成就"事亲"这件"行为物"中,必有一套致良知而成就"知亲"这

---

[1] 牟宗三:《现象与物自身》,页437—438。

件事为其一副套。"知亲"这件事就是一种"知识的行为"。"知亲"中的亲是这个知识中的对象。①

"事亲"此行为物,必带着"亲"这个知识物,因此也必要成就"知亲"这件事。在此"知亲"是要"实实了解'亲'这个知识物"②。"知亲"在此虽然偏重在讲如何事亲,亦即判断"后"的落实行为功能。但就"亲"作为知识物而言,"知亲"也可以是在道德判断"前",可提供有关判断对象信息的经验知识,所以说"对于这个物自必有一个了当才行"。由此"知亲"的必要性,除了交代经验知识在道德判断"后"的工具作用,也可涵盖经验知识在判断"前"的外在决定功能。如此一来,阳明"良知不由见闻而有,而见闻莫非良知之用"这句话,就要从经验知识在道德判断"前"的参考功能,以及判断"后"的工具作用的双重面向来诠释。牟宗三的理论贡献就可以作如是观:他清楚地界定了经验知识在道德实践过程中所具有的辅助地位,不论是作为道德判断"前"的外在决定作用,或是道德判断"后"作为材质因的行为指引。

换个角度来看,也正因只专注于经验知识在道德判断"前""后"的辅助功能,遂而认为所有知识在整个道德领域都只有助缘角色,忽略了伦理知识在权衡性判断"中"的本质地位。权衡性判断依其涉及的主体又可分为两种。如果是单一主体之权量精审,这是一种道德两难;而通常称为道德争议者,则为众多主体间的分歧差异。以下分别就这两方面予以探讨。

一、从道德两难来看"逆觉体证"

道德两难的定义是:"所有且唯独只有那些情况,其中一行为者同时有两个选择,这两个选择个别来说皆应采纳,要两全其美却又力有未逮。"③ 英

---

① 牟宗三:《从陆象山到刘蕺山》,页252。
② 牟宗三:《从陆象山到刘蕺山》,页253。
③ Walter Sinnot Armstrong: *Moral Dilemmas* (New York: Basil Blackwell, 1988), p. 5.

国伦理学家黑尔（R. M. Hare）称这些情况为"道德冲突"（moral conflicts），并提出一简单明了的说明："我应该做 A，并且我应该做 B，而我却不能同时做这两者。"[①] 细分之下，道德两难又有"弱意义"与"强意义"两种。在"弱意义"的道德两难中虽有两义务之冲突，但可轻易地分出其高下与急迫性。例如动手术与否正是"弱意义"的"道德两难"，在这之中，不伤害身体与恢复健康两价值有所抵触，选择其中一方必会违背另一方，但因价值轻重易于判断、比较，所以是弱意义的道德两难。就儒学的讨论而言，孟子所举之"嫂溺""不告而娶"等例，也属于"弱意义"的"道德两难"。《孟子·离娄上》有云：

> 淳于髡曰："男女授受不亲，礼与？"
> 孟子曰："礼也。"
> 曰："嫂溺，则援之以手乎？"
> 曰："嫂溺不援，是豺狼也。男女授受不亲，礼也；嫂溺援之以手者，权也。"

在这个例子中，"男女授受不亲"与"嫂溺援之以手"形成一种责任间的冲突，这就是一种"道德两难"。此外，孟子还在《万章上》提出他对另一个道德两难——舜不告而娶——的看法，认为虽然这形成废人之大伦与不告而娶之间的抵触，如何取决却甚为明显：

> 万章问曰："诗云：'娶妻如之何？必告父母。'信斯言也，宜莫如舜；舜之不告而娶，何也？"孟子曰："告则不得娶。男女居室，人之大伦也。如告，则废人之大伦，以怼父母；是以不告也。"

至于"强意义"的"道德两难"则是指两义务难以决定其高下及迫切性

[①] R. M. Hare: *Moral Thinking* (New York: Oxford University Press, 1981), p. 26.

第八章 "去两短、合两长"：聚焦道德与知识之辩证关系 / 239

的情况。适合此定义的例子如：一位电车驾驶员，在行驶时突然发现刹车失灵。此时在轨道前头有五人，如果他不及时将车驶入支轨，则会撞死这五人；可是此时支轨上又有一人浑然不觉地工作，此举又可能杀死支轨上这人，在时间紧迫无法通知轨道上众人，而且又别无他法的情况下，如何抉择成了一件难事。①

在"逆觉体证"的工夫形态中，阳明算是对道德两难着墨最多者。以他与顾东桥之间的讨论为例，后者对道德两难问题的看法是：世事之复杂与瞬息万变，造成许多判断上的困难。像舜之不告而娶、武王之不葬而兴师，都涉及不同准则的冲突，必在平时学习"节目时变之详，毫厘千里之谬"，才能以为"制事之本"而"临事无失"。阳明对此的回答则是：

> 夫舜之不告而娶，岂舜之前已有不告而娶者为之准则，故舜得以考之何典，问诸何人，而为此耶？抑亦求诸其心一念之良知，权轻重之宜，不得已而为此耶？武之不葬而兴师，岂武之前，已有不葬而兴师者为之准则，故武得以考之何典，问之何人，而为此耶？抑亦求诸其心一念之良知，权轻重之宜，不得已而为此耶？使舜之心而非诚于为无后，武之心而非诚于为救民，则不告而娶与不葬而兴师，乃不孝不忠之大者。而后之人不务致其良知以精察义理于此心感应酬酢之间，顾欲悬空讨论此等变常之事。执之以为制事之本，以求临事之无失，其亦远矣。②

阳明认为面对道德冲突自然须要知识，但仍是要先致良知，以良知发动识心对具体情况做了解，再予以评估，就能为我们指引一方向。舜与武在做"不告而娶""不葬而兴师"等决定时，并没有相同情境的任何范例知识可供参考，若说这些知识是判断之依据，那他们如何抉择？故重点唯在平时立得

---

① Gilbert Harman: *The Nature of Morality: An Introduction to Ethics* (New York: Oxford University Press, 1977), p. 57.
② 陈荣捷：《王阳明传习录详注集评》卷中，页182。

良知,遇事再"精察义理于此心感应酬酢之间",了解情况后,以良知"权轻重之宜",发现"无后"与"不告而娶""服丧"与"兴师救民"虽不兼容,却较重要而迫切,遂选择后者。阳明的立场是:世事复杂多变,每一境况各自不同,所以"节目时变之详,毫厘千里之谬"是认识不完的。先立本心以为定盘针,一切知识就能为我们所用;如同有了规矩尺度,我们就能决定一切的方圆长短。所以说"良知之于节目时变,犹规矩尺度之于方圆长短也"①。我们对情境所须要的知识是无穷无尽的,就如同方圆长短的数量是无法计算的,但重点是在应事接物之际,由良知决定事物之当为与否,遇有所当为之事,才能做出下一步行动。是以唯有先立本心,以之为指南,遇事再吸收相关知识,自能做成适当判断。若要以讨论"变常之事"而为"制事之本",则是本末倒置。关于这个问题,黄慧英曾有如下观察:

> 儒家认为道德原则乃由无私的仁心所创发,任何既定的道德规范,只处于第二序的地位。《孟子》中:"由仁义行,非行仁义也。"(《离娄下》)便充分彰明此意……至于"嫂溺"以及"舜不告而娶"等都是他用以申明"道德规范并不具备绝对性"的事例。所以,对于儒家,道德规范只当得到道德心证立的情况下,具备一般的有效性,遇到特殊的处境,便需道德心针对该处境制订善恶。事实上,道德规范的价值及有效性,正由道德心所赋予。②

黄慧英认为,就儒家而言,"道德规范的价值及有效性,正由道德心所赋予"。如果不考虑朱子的系统,而以此概括孟子到陆王一系之理论特性的话,即甚为恰当。从上述阳明的说法,可知其主要论点在凸显良知才是善恶好坏之最后裁决者,而非任何道德原则或知识。"良知之于节目时变,犹规矩尺度之于方圆长短",代表良知乃价值之源,价值判断的基准。一切讯息

---

① 陈荣捷:《王阳明传习录详注集评》卷中,页182。
② 黄慧英:《儒家伦理:体与用》(上海:上海三联书店,2005年),页241。

在此只能作为判断"前"的参考,是实然;真正做道德判断的是良知,是应然的道德意识。是以工夫首要在平时致良知,而非不断吸收道德范例等知识。牟宗三因此诠释良知为"一个天心之灵明,故它自能知是知非知善知恶,对于何者应当何者不应当作一先天的应当之决定,而作为吾身动作之主宰"①。知识自是重要,但在道德判断上,必为良知之辅助者。以下这段话清楚地表达了此意:

> 吾人酬酢感应中之辨别当然常有亦必有知识夹杂参与于其内。然指导吾人行为之"当然之理",其最后之源必在良知天理之心,而不在知识。因为知识是实然,而成知识之"认知心"亦了别"实然",而不能决定当然也。②

如果我们把焦点放在道德判断与经验知识的外在决定关系上,阳明的说法就很适当。但道德两难既然是权衡性判断,由伦理知识构成的道德性前判断就具有一种内在决定关系。依照阳明的方式,处理"弱意义"的"道德两难"尚可,一旦面对"强意义"者恐出现问题。在基本方向上,阳明的看法接近境遇伦理学(situational ethics)只提出一形式原则(如上帝之爱),再视所处情境决定具体义务的思路。其优点是灵活、不死板僵化以致对道德情境之殊异反应迟钝。刘述先即明白指出,儒家伦理是一种境遇伦理,而每一个个案都需要智慧去判断,战战兢兢,如临深渊,如履薄冰,并没有保证永远在正确的一方,故儒家由孔子以来即强调"观过知仁""过则勿惮改"。③

但在此仍须指出此理路的不足之处。因为这忽略了道德两难既是权衡性判断,则必受由伦理知识构成的道德前判断之左右,若能在平时累积伦理

---

① 牟宗三:《从陆象山到刘蕺山》,页258。
② 牟宗三:《从陆象山到刘蕺山》,页260。
③ 刘述先:《作为世界哲学的儒学:对于波士顿儒家的响应》,《现代新儒学之省察论集》,页36。

知识，领会道德原理，有助于在遇事之际做出更好的判断，不致在一些紧急状况下显得捉襟见肘。尤其在"强意义"的道德两难中，具备应急的反应原则，实有利于我们在突发状况做出较适当的决定，不会措手不及。就上述台车的强意义两难例子而言，有学者提出一种"双重效果原则"（the principle of "Double Effect"），严分"行为之目的"（不论是目的本身或达到目的之手段）与"行为之预期后果或副作用"，认为一行为之"目的"在伤害，要比意料中之"后果"或"副作用"将引起伤害要严重得多。所以此原则会赞成台车驾驶驶入支轨。因驶入支轨之目的在救主轨五人，杀死支轨一人不是目的，而是副作用。假如支轨那人及时发现而跳开，不但不会妨碍救主轨五人之目的，反而两全其美、皆大欢喜。①

质言之，每一道德境况自不会完全相同，但往往还是能在部分情况中发现类似特征，适用类似的解决方式。黑尔即据此指出，境遇伦理学与某些极端存在主义者之错误，正在忽略一些简单应急原则之作用。那就是：

> 在我们自己身上建立一个相对地简单的反应模式（这模式若找得到言词表达的话，可以称作相对地简单的规约性原则），使我们准备好可以面对新的，但在重要特征上类似以往曾遇过的突发事件。②

我们的确不能以伦理知识或一般行为规则穷尽一切道德情境，以为只要诉诸这些原则之应用即可高枕无忧。每一个具体情境皆有其独特性，道德判断必须能答复当时的情况要求，将道德原则应用于面对的情境都是一种创造性，而非重复性的活动。然而要是我们设想两种情况：一种是在毫无准备的情况下，面对某个强意义的道德两难，如上述电车驾驶之例，并陷入手足无措之境地，而在仓皇之中做出决定；另一种情况是在遭遇此种强意义道德两难之际，具备以道德原则、道德经验为基础的简单应变模式，并据此

---

① Gilbert Harman: *The Nature of Morality*, p. 58.
② R. M. Hare: *Moral Thinking*, p. 36.

做出判断。这种判断未必十全十美，也不见得令我们毫无内心之纠结或遗憾，但却可让我们在相对有较充分理由的情况下，相信所做选择的正确性与合理性，以面对其后果。对以修身为职志、推己及人为信条的儒者如阳明而言，哪一种情况较能使其一念之良知心安，相信已不言而喻。对一般大众来说，此议题或许不怎么显题化；但我们现在所谈的是儒学工夫论该如何界定，道德判断之适切性自是成德之教必须正视的问题。

我们与黑尔立场一致的是：虽然对于权衡性道德判断来说，要做出正确的道德决定，经验从不可能已经充分，却不代表一切经验在道德判断中并不重要。正因所需的知识与经验永无止境，我们才更需要不断借助道德经验与社群规范之帮助。换言之，黑尔要给境遇伦理学及类似理论的忠告是：形式原则还须实质原则之充实才可成事。权衡性道德判断本身必包含某种经验，要把以前的道德经验与经由教育与反省所获得的行为标准应用于当前遭遇的情境中。在做这种判断之际，行为者往往要诉诸本身关于善或正当的观念。而这些观念之来源，除了个人之内省工夫与道德倾向，也会在家庭、学校或社群中被教导、灌输，从某种伦理与政治的脉络中获得，并形成一种不断增长的道德经验。从这角度思考，黑尔注重规约性原则以建立道德判断应变模式，就是一合理的论点。

无可避免地，权衡性判断会不自主地受到前结构乃至先入之见的左右，只不过这是一种道德性的前理解或前判断，且能有助于处理强意义道德两难之应变模式的，也正是这种前理解。在权衡性道德判断中，吾人以前的道德行为经验、社会伦理规范、国家的法律以及一些伦理学理论或原则，往往如影随形地起作用，此时虽然不是这些道德经验或伦理学知识在为我们做判断（因为从任何知识皆无法推出道德原则），但判断所以可能却全仗这道德性的前判断，受这前结构之引导。它不是充分条件，却是必要条件。在强调道德判断的灵活性与原则规范的不断改进之余，我们也不应该忘了道德教育、社会常规与伦理学说等所形成的道德性前结构，是我们得以做权衡性判断之可能条件与依据。阳明仅将重点放在逆觉的工夫上，对于道德两难的处理就会遭遇困难，反而不如朱子在这方面看得透彻，这点在后面将再做交代。

二、从道德争议来看"逆觉体证"

相较于道德两难,道德争议(又称为道德分歧。堕胎、安乐死、同性恋等备受争论的社会议题正属之)是一更复杂的问题。因为它关系到不仅是单一而是众多主体的层面,涉及不同的道德判断前结构之歧异与矛盾,因此所需之伦理及经验知识也更烦琐。比彻姆(Tom Beauchamp)曾将那些已成功化简并部分解决道德争议的方式整理如下:

(1)许多道德分歧来自关于道德争论的各种科学知识或实际经验的不同认知。获得这些关键性知识则至少可以部分地解决道德争论。

(2)争论可以通过双方对所使用语言在概念和定义中达到一致而解决。在某些情况下,提出一个定义或清楚解释所用术语的意义,充分证明有助于解决争端。后设伦理学在这方面有很好的发挥,可惜却多用在证成而非解决分歧上。

(3)争论双方若能在一普遍的道德原则架构上取得共识,将可促成道德问题的解决。比彻姆提到,美国一个专门研究伦理课题的国家委员会已应用此方式于特殊问题的讨论中。他们评定"尊重人""行善"和"正义"为三基本道德原则,从当代哲学伦理学之角度详细地加以分析,应用于委员会面临的道德难题。该机构评定的记录证明:共同的道德原则框架极有利于道德争论问题的解决,并且在许多方面达成一致。

(4)例证与反例证之运用有助于道德争端之解决。这正是法庭中适法性推理辩论模式之翻版。一方律师详细列举事实的证据论证自己的主张,另一方律师提出许多反例驳斥其论点,这种辩论提供一个在适当观点中看待与衡量对立理由的模式。

(5)指出一方论证之不当或其意料之外的后果是哲学研究最重要的方法之一。指出论证的不一致,结论不是提出者准备捍卫的或事先预期的情况,那么对方不是须改变其论证,就是要承认本身论点站不住脚,有助分歧之消弭。这种方式通常会与以上举出的四项方式搭配使用。①

从这五点来看，消除道德争议的手段正可凭借两种知识之应用：以经验知识影响判断对象的外在决定，还有以伦理知识作为道德判断可能条件的内在决定。就前者而言，在比彻姆条列的五种方式中，除了第(3)项外，其他四项实际上都是涉及事实认知上的差异，而不是在义务上的冲突或基本道德原则之分歧。故皆直接仰赖知识或经验的帮助，知识越丰富就越能在这四种方式的运用上得心应手。这种解决道德分歧的方式是透过改变分歧中某一方或第三者对判断对象之认知，进而使其改变道德判断而达成。这正是前述经验知识对道德判断之外在决定关系。之所以为外在关系，乃基于这是对某事物道德判断之变化，是与如何才合乎道德有关，而非涉及道德判断倾向本身之内在变化。在这种关系中，应然意识并未受任何知识之左右与影响，只是由于经验知识提供我们同一对象的不同内容，使道德判断的质料改变，才促成对此事的判断改变。由于要考虑的因素增加了，是以真正改变的是判断对象，而非作为判断主角的应然意识，故仍为外在的关系。严格来说，在此处经验知识仍只是工具性作用，以补充需要判断的讯息。真正做判断的应然意识之道德倾向未受影响。

至于真正有关道德争议或分歧的是第(3)项——建立一种对各不同道德义务优先性加以排序之共同道德原则框架。这种以伦理知识影响判断的方式正是一种道德判断与知识之内在决定关系。首先，如果道德分歧原因不在于认知而在道德倾向，则这种冲突来自权衡性道德判断所秉持之"理据"，这"理据"正来自伦理知识组成的前判断，也正因不同前判断提出不同理由之影响，才会有众多道德判断之分歧与对立。比彻姆主张从伦理知识着手以化除道德争议，要对原则或义务确立一共同架构，以助定夺。这种架构之建立代表着道德性前判断之改变。由伦理知识形成的道德性前结构，常会不知不觉地形成

---

① T. L. Beauchamp: *Philosophical Ethics: An Introduction to Moral Philosophy* (New York: McGraw-Hill, 1982), pp. 52–56.

道德倾向而融入应然意识中,遂而导致应然意识本身的判断活动之内在变化,共同的道德原则框架之形成,正是将各个道德性前判断,由对立平行转为先后差序关系,于是预设了一种道德性前结构之交融与协调之过程。如此一来,前述道德判断的视域融合,正可以说明这种共同道德框架之基础。这种道德的视域融合要求一种开放性与创造性,因此道德性前判断构成的视域虽是一切权衡性判断之基础,却不能盲目坚持自己的视域,而要对他者的见解保持开放的态度,有时我们甚至要反对自己的前判断,积极从事一种开放的互为主体间对话的视域融合,这才是共同道德框架得以建构之可能性条件。

两相对照之下,不得不指出儒家对解决道德争议之论述显得有所虚歉,这在逆觉体证形态的相关讨论中尤其明显。这印证了一种观点:得之于道德实践,失之于道德判断。本心性体之肯定乃针对为己成德之学而设,就个人之道德实践而言,理论之详尽与实效毋庸置疑。证诸现实,许多儒者表现出之气节、风骨与道德修养亦为最佳说明。但落在群体社会上看,对许多道德争议与分歧却难有良策,无法兼容个别、差异于一炉,才会在制度讨论和公众伦理上迟迟未有适当的理论建构。以下拟就孔子与宰我对三年之丧的争议为例予以说明。须预先澄清的是,牟宗三对逆觉体证之说明,主要针对宋明儒而言,并未直接将孔子纳入此形态中。然而,基于牟宗三指出逆觉体证形态皆是继承论语孟子,亦合先秦儒家之古义。① 且孔子在此争议中诉诸之重点,正在"于女安乎"的道德内省工夫,亦为一种逆觉之形态。加上此案例在儒学讨论中又极具代表性。基于以上理由,遂选择作为讨论重点。

质言之,我们可以从两个层面分析这个争议。首先,可从孔子与宰我各自的论证内容切入,如学者一般所依据的义务论与目的论或效益主义之对立。② 孔子诉诸"于女安乎"的道德内省观点代表义务论;宰我主张一年

---

① 牟宗三:《心体与性体(一)》,页49。

② 如李明辉在解释儒家的义利之辨时,就提到孔子的说法是一种"道德主体主义",蕴含了义务论,宰我则为目的论的观点。参见李明辉:《儒家视野下的政治思想》,页232—233。李瑞全也指出,宰我用来反对三年之丧的论点依据的是社会功效,反映了功利主义(效益主义的另一种中文译名)。孔子诉诸的是对父母之死的心的感受,礼制的根源出自人心的自我要求,是一种义务论的形态。参见李瑞全:《儒家生命伦理学》(台北:鹅湖出版社,1999年),页25—26。

之丧，以从事其他有益之事，避免礼坏乐崩、诸事荒废，所以"食夫稻、衣夫锦"而能安，则表现出一种目的论之走向。由于义务论乃儒学之特色，因此孔子对宰我为不仁的评价也蔚为主流意见。但就理论内容而言，义务论与目的论各有专擅之处，两者之争至今也尚无孰优孰劣之学界定论，因此正是一种道德争议。而且，若宰我真是持目的论立场而不认同三年之丧，亦实非无据，至少他点出其中可能会有帕菲特（Derek Parfit）所谓的"群己两难"（each-we dilemmas）问题。① 提醒大家守三年之丧与在这期间为社会做有益之事两者间会有冲突。更何况，他也不见得就认为社会功效优于表现孝心，而主张一种目的论。这从他认为还是要有一年之丧可得而知。或许宰我更希望提出的是兼顾社会功效与个人义务的调和思想。在论语中对宰我的诸多记载，显示出此人确有其他缺点，也因此使我们对他已有先入为主的成见（这不就是一种前判断？）。但仅就反对三年之丧而就事论事，若以"不仁"一语称之对他确是过于苛责。

另外，若不讨论宰我的论据，纯粹就三年之丧制度来看，是否持反对意见就是违反义务论也大有问题。若以表现孝心作为符合义务的特性或形式原则，平心而论，守三年之丧只是表现孝心方式之一，而非唯一，若从这一点来看，宰我对一年之丧之所以感到心安，就并非难以理解。试想，若某人完全不服丧，而发愿以赴偏远贫穷地区做医疗、教育服务，或以捐助慈善事业、鼓励学术研究的方式来纪念父母，相较于服三年之丧，至少同样深具意义。仁心之表现不可拘于一时、一地之惯例而定，有人服三年之丧才心安，也有人认为做其他善行才是真正孝心之表现，只要不是出于人欲之私或怠惰之心，都是可接受的，也都符合义务论之精神。

---

① 帕菲特认为义务论有面临"群己两难"之可能，因为完成自己的责任与帮助他人完成更多的责任之间可能会有冲突。例如每个人若是都只关心自己小孩的福祉，将导致所有小孩的福祉受损，因为小孩将只能接受自己父母而非任何其他父母的照顾与关心；但若大家都分心多照顾别人的小孩，自己小孩的权益又会马上受影响。结果不是自己小孩的权益受影响，就是所有小孩的福祉受损。因此是一种实践上的两难。参见 Derek Parfit: *Reasons and Persons* (New York: Oxford University Press, 1984), pp. 95-98. 以宰我的论据来看，无非主张守三年之丧与在这期间为社会做有益之事两者间会有冲突，也类似一种"群己两难"的提出。

以上说明旨在指出，支持三年之丧与否乃是一种道德争议。若某人必以三年之丧为仁，则是基于其本身之道德前结构而来的判断，别人同样也会受自己的前结构之引导，做出不同的判断。是以在面对道德争议时，重在意识到前结构对自己的影响，积极与他人沟通、讨论，以求超越人我双方的殊别性，使不同前结构下的不同道德视域进行交融，提升至一种更高的普遍性之中，找出一可行之共同道德原则以解决争议，才不致僵持不下，或让他人背负不必要的道德包袱。一个理想的共同道德原则框架，正是基于伦理知识形成的道德前结构，以及开放的讨论与道德视域之交融，在将私利、个人立场或偏见之干扰减至最低的情况下，才可望达成。

孔子与宰我的分歧，不论是基于义务论与目的论之争，或有关支持三年之丧与否，都属于一种道德争议；若为有关"是否心安"之判断，揆诸宰我"心安"之自白，除非有证据断定他言不由衷，又难以说其错在何处。从孔子仁为礼之依据的观点来看，实非会拘执于某个习俗惯例者。① 因此争执的焦点应该不在对三年之丧的坚持，恐怕在于宰我平时表现不佳，致使孔子并不相信其乃真的心安，于是才以"不仁"责之。这场争辩，若能从道德争议的角度予以分析，应不致使宰我背上如此沉重的道德罪名。

第四节 由道德判断与知识之关系论"格致工夫"

目前已就道德两难与道德争议两种权衡性判断，分析"逆觉体证"的工夫形态，可以看出就道德判断而言，正如李明辉所说："本心所固有的道德法则所决定者是一事之当为不当为。"② 但由于未将伦理知识与道德性前结构、前判断之作用纳入考虑，遂无法妥善处理两义务或当为之事砥触时如何取决的问题。朱子倡言的格物致知，曾被阳明批评为"务外遗内，博而寡

---

① 孔子立论乃以仁为礼乐之本，而非拘执于既定礼制规章者。观其"人而不仁，如礼何；人而不仁，如乐何"（《论语·八佾篇》）之语即可见一斑。
② 李明辉：《儒家与康德》，页99。

要"①。笔者以为,此评若用于道德实践,尚属公允;但若从朱子对道德两难之相关论述来看,就不太恰当。事实上,朱子对伦理知识之重视,恰可补阳明之不足。他的格致工夫虽于道德实践嫌迂回,对权衡性判断却有优于"逆觉体证"之洞见,才能看出只做尊德性工夫会在应变上出问题,预见阳明后学会走向的错误。朱子说:

> 时变日新而无穷,安知他日之事非吾辈之责乎。若是少间事势之来,当应也只得应。若只是自了,便待工夫做得二十分,到终不足以应变。到那时却怕人说道不能应变,也牵强去应。应得便只成杜撰,便只是人欲。又有误认人欲作天理处。若应变不合义理,则平日许多工夫依旧都是错了。②

朱子认为节目时节复杂而多变,因此须在平时多做道问学的博学审问工夫,建立一种简单的反应模式,才能应变得当。若只从事尊德性之自了工夫,恐怕临事容易仓皇走作,不是牵强去应,就是误认人欲作天理。这种见解与黑尔对境遇伦理学的批评实有异曲同工之妙。至于如何建立因应道德两难的反应模式,则是要掌握"大纲":

> 问:格物最难。日用间应事处,平直者却易见。如交错疑似处,要如此则彼碍,要如彼则此碍。不审何以穷之?
> 曰:如何一顿便要格得恁地,且要见得大纲,且看个大胚模是恁地,方就里面旋旋作细。……若难晓易晓底一齐都要理会得,也不解恁地。但不失了大纲,理会一重了,里面又见一重;一重了,又见一重。以事之详略言,理会一件,又一件。以理之深浅言,理会一重,又一重。只管会,须有极尽时。博学之,审问之,谨思之,明辨之,成四节次

---

① 陈荣捷:《王阳明传习录详注集评》卷中,页 172。
② 《语类》,卷 117。

第，恁地方是。①

此处问者所提在日用应事处"如此则彼碍，如彼则此碍"之困境，自涉及两义务无法同时兼容的道德两难情况。而朱子认为对这"交错疑似处"的解决，不是一蹴可几的。必须先见得大纲，然后再由略而详、由浅而深，方能自得。此处所谓"大纲""大胚模"为何，朱子虽未明确定义，然由整段文意观之，正是指事物之关键、重点。落在道德判断上，则是朱子所谓"天理在人终有明处"。尽管此明处会为物欲所遮蔽，"然这些明底道理未尝泯绝，须从明处渐渐推将去，穷到是处，吾心亦自有准则"②。至于要如何掌握这些大纲或准则，朱子认为是要借由对经书义理、社会道德规范及个人道德经验予以彻底地检视、反思，以获得一种道德见识：

> 人之为学也是难。若不从文字上作工夫，又茫然不知下手处；若是字字而求、句句而论，而不于身心上着切体认，则又无所益。且如说"我欲仁斯仁至矣。"何故孔门许多弟子，圣人竟不曾以仁许之，虽以颜子之贤，而尚或违于三月之后，而圣人乃曰"我欲斯至"？盖亦于日用体验：我若欲仁，其心如何？仁之至其意又如何？又如说非礼勿视听言动，盖亦每事省察何者为礼、何者为非礼？而吾又何以能勿视勿听？若每日如此读书，庶几看得道理自我心而得，不为徒言也。③

在这段话中，朱子要人不只是从文字句意上理解儒家经典，也必须反求诸己地做自省工夫。例如对于我欲仁斯仁至矣，以及非礼勿视听言动等孔子言教，于日用体验中从事省察的工夫，领悟其道理何在。朱子对伦理知识的说明，在探讨传统的权变问题方面特别丰富，因此对道德两难问题自成一套理论。在《语类》卷三十七之《可与共学章》，朱子延续孟子讨论了嫂溺、

---

① 《语类》，卷15。
② 《语类》，卷15。
③ 《语类》，卷34。

第八章 "去两短、合两长"：聚焦道德与知识之辩证关系 / 251

舜不告而娶、武不丧而兴师等道德两难，并总称之为"权"，以别于作为常行道理之"经"：

> 经是可常之理，权是碍着经行不得处方始用权。然当那时却是常理，如舜不告而娶，是个怪差底事。然以孟子观之，却也是常理，只是不可常用。如人人不告而娶，大伦都乱了。①

朱子认为只有在面临道德两难而非私心自用之际，才能讲"权"。所以说"碍着经行不得处方始用权"。他强调"权"乃"经之要妙微密处，非见道理之精密透彻成熟者不足以语权也"②。"须是圣人方可与权。"③这也可说是朱子对用"权"之条件限制。可知由体认"经"的可常之理到不得已而用"权"的工夫过程，正是朱子解决道德两难之途径。

首先，朱子以明了"经"或"道理"为"权"之先决条件，才会说"非见道理之精密透彻纯熟者不足以语权也"。至于怎样方算见理精密透彻纯熟呢？答案是"此心虚明纯一"时。④朱子论"经"或"道理"兼及道德意识及道德规范两者。"虚明纯一"指的正是脱然贯通的道德意识状态；至于道德规范则为道德意识之具体化、条文化，以利遵循、传播与教育。这些规范是由"经"到"权"之必要中介。因其上承道德意识，是人们对生活中常见之道德情境与道德决断之整理、反省，下立权变之基础，人们在面对道德两难之际，必先以这些规范为大纲维，再做适当之权衡。所以朱子亦特别用心于这些道德规范之研究与学习，此工夫即是体"常"。他曾将"经""权"与"常""变"对举而指出："经者，道之常也；权者，道之变也。"⑤而朱子认为重要的是体"常"，到时自能权变，朱子说：

---

① 《语类》，卷37。
② 《语类》，卷37。
③ 《语类》，卷37。
④ "欲其权量精审，是他平日涵养本原，此心虚明纯一，自然权量精审。伊川尝云：敬以直内则义以方外；义以为质则礼以行之。"（《语类》，卷37）
⑤ 《语类》，卷37。

> 今且当理会常，未要理会变。常底许多道理，未能理会得尽，如何便要理会变？圣贤说话，许多道理平铺在那里。且要阔着心胸平去看。通透后，自能应变。不是硬捉定一物，便要讨常，便要讨变。今也须如僧家行脚，接四方之贤士，察四方之事情，览山川之形势，观古今兴亡治乱得失之迹，这道理方见得周遍。①

要理会"常"，就是要通透圣贤话语中之道理，所谓"讲于圣贤亲切之训以开明之"②。可以说，"常"亦即经书中圣贤体会之人生道理，所提出之道德原则义理。研究这些原则规范，有助于人应事接物。所以朱子说："学者若得胸中义理明，从此去量度事物，自然泛应曲当。"③至于首要探索之经典，正是四书。"必先读《论》《孟》《大学》《中庸》，以考圣贤之意，读史以考治乱存亡之迹，读诸子百家以见其驳杂之病。"④

须特别注意的是，朱子认为不但要理会四书义理之"常"，也强调读史以考治乱存亡之迹，兼备经书义理与史传事例之研究工作，两者不可偏废。⑤故朱子云："至于道理之大原，固要理会。纤悉委曲处，也要理会。制度文为处，也要理会。古今治乱处，也要理会。"⑥而读经史之次序，是先经后史。他说：

> 读书既多，义理已融会，胸中尺度一一已分明，而不看史书，考治乱，理会典章制度，是犹陂塘之水已满，而不决以溉田。若是读书未多，义理未有融会处，而汲汲焉以看史为先务，是犹决陂塘一勺之水以溉田，其涸也，可立而待也。⑦

---

① 《语类》，卷117。
② 《朱子文集》，卷47，答吕子约书。
③ 《语类》，卷13。
④ 《语类》，卷11。
⑤ "更宜于日用事物、经书指意、史传得失上作工夫。即精粗表里，融会贯通，而无一理之不尽矣。"(《语类》，卷9)
⑥ 《语类》，卷121。
⑦ 《语类》，卷11。

朱子要人先求经中之义理，了解认识前人之道德理论及施政理念，作为参考借镜。只是若光知义理，而不知如何将义理应用在具体事例中，也只流于传注而故步自封，不能成道德应变之实事。但只读史而不先体会义理，也会失去方向，凡事只以功利为考虑。故曰："学经者多流于传注，学史者多流为功利。"①所以朱子主张经史双管齐下，本经中之义理，评判史事之是非，知史事之是与不是。这是一种既探讨道德原则，又借实例以应用原则，达到融会贯通之法。前者是理论研究，后者则是个人道德心得之应用。由这些叙述来看，朱子对伦理知识的培养工夫之重视可见一斑。

总括以上说明，可以将朱子培养道德判断能力之步骤总括为三：

（1）培养道德意识以致此心"虚明纯一"，亦即脱然贯通之意识状态。

（2）道德原则与典章制度之研读（融会义理、"理会典章制度"）。

（3）应用个人所得于史事得失之评判（"观古今治乱兴亡得失之迹"）。

由之前的分析来看，要具备良好的权衡性道德判断能力之关键为：伦理知识的不断累积、思考与反省，并以开放、对等的心态进行道德视域上的融合。这将有助于面对道德两难之应变原则的思考与拟订，以及消弭道德争议所需的共同道德框架之建立。以此检视朱子对伦理知识的相关论点，一方面我们发现朱子只是提出了方向与步骤，并无条文化、系统化的理论建构，焦点也如其他儒者一样集中在道德两难方面，尚未涉及道德争议的处理方式；但另一方面来看，他仍正确地指出逆觉的立本心工夫不足之处，同时也可以为阳明提供可贵的补充。此外，朱子对道德理论规范等相关知识之重视，有助于道德性前结构之良性循环。而且先读经以体会义理之常，再读史以评判治乱存亡之迹的方式，既要确立基本道德原则，又借史实范例应用原则于其得失是非之判断，有利于建立一基本的道德判断应变模式。朱子这种注重研读道德原则以应用于历史实例的态度，对于建立一命题化的、稳定的、便于传播或教导之处理道德事务之理论而言，实为必要条件。之前讨论到，与权衡性道德判断构成内在关联的道德性前结构既然由伦理知识形

---

① 《语类》，卷114。

成，那么我们就不能只专注于经验知识之辅助性，伦理知识在道德判断中实具有主导者之地位，注重伦理知识之吸收与应用乃至道德教育之重要性，是伦理学方法论不可或缺的要素。朱子对儒家伦理学的贡献，正由他对伦理知识与道德教育之重视得以彰显。

职是之故，学者在评估朱子工夫论之际，须兼及行为实践与道德判断两方面。由于朱子要借伦理知识的探求建立道德意识，故在行为实践上有虚歉，也无以成就系统的经验知识；然而，这种偏向在道德判断上却为我们指引了一个方向，建立了两项贡献。一是帮助儒学找出本身问题所在。他对只做尊德性工夫在应变方面的流弊，与后于其几世纪的黑尔所见略同，令人不得不佩服其先见之明。二则其格物穷理的研究原则与重视范例之意识，虽然尚未到达系统性的道德两难理论建构，却有利于建立一种应变模式，弥补"逆觉体证"在道德两难的弱点，使儒学进一步充实对道德与知识关系之论述；也能呼应西方伦理学着重条文规则、理论研究之传统，充当两者对话交流以及在更高层面做出综合之理论资源。

第五节　如何"去两短、合两长"？

一、"主从的辩证关系"与"对列的辩证关系"

刘述先对朱子的肯定，理由之一在于良知与闻见之知的高度辩证关系。在这种辩证关系中，良知可以给予经验知识适当的定位，经验知识则可以配合或完成良知之要求。经验知识在此虽不可或缺，双方关系仍属于相互合作而非相互影响，因为知识不能影响道德意识，只能帮助良知实现自身之要求，为良知所用。基于道德意识对经验知识的指导与定位作用，两者还是有主从之分，道德意识为主、经验知识为从。所以这是一种"主从的辩证关系"，朱子格物致知工夫只能定位为助缘，以阳明学为架构融摄朱陆之学也就理所当然。本章锁定牟宗三对阳明的诠释，指出其中包括对经验知识在道德判断"前"的参考功能,以及判断"后"的工具作用两种说明,他虽未提出良知与见闻之辩证关系,也同样是从阳明良知教出发,分析见闻在成德工夫中之辅助地位,就这一点而言,刘述先与牟宗三立场一致。唐君毅则持不同意见,指出朱子之教可补阳明之不足:

> 阳明喜言良知之无不知,此乃将良知流行之全程一滚说。实则良知之流行,亦自有节奏与段落。在每一段落上,皆有所不知,人亦可知其有所不知。而朱子则正是就人知其所不知处,教人以格物穷理。只须人真能知其有所不知,则见得朱子之教,自有其确乎其不可拔处,而非阳明之致良知之教所能废者也。①

唐君毅认为阳明"良知无不知"的说法,忽略了在道德实践上人有不知之处的情况,而朱子格物穷理,正是要知这些不知之处,故可补阳明之不足。然阳明所谓"良知无不知"之义,只是"圣人无所不知,只是知个天理",所以他才说"不是本体明后,却于天下事物,都便知得,便做得来也"。是则阳明也肯定人有所不知之处,只是在道德实践上,还是要先立本心良知,再应其要求去求知,故曰:"其所当知的,圣人自能问人。"② 前已述及,就道德实践而言,必先立道德意识,知识只是落实此道德意识于行为之辅助。则朱子格物致知,就其格存在之理言,是岔路;就其格形构之理而言,只能定位为助缘,凡此皆为良知教所涵摄,所以牟刘二位虽然对朱子突出有限性评价不一,却有志一同地以阳明学融摄朱子之道问学。是则论者要证明朱子学非阳明所能废,不能只诉诸朱子注重知其所未知之处,还须指出朱子求知与内省相互为用的走向,有一可供发挥之领域,而此为阳明所不及或未处理者。笔者以为,这只能从伦理知识作为本质的权衡性判断层面上立论。

如前述,伦理知识在权衡性道德判断"中"乃作为其可能性条件与视

---

① 唐君毅:《中国哲学原论(导论篇)》(台北:台湾学生书局,1986年),页343。
② 陈荣捷:《王阳明传习录详注集评》卷下,页303。

域，因为伦理知识形成的道德性前结构，实如影随形地左右着我们的权衡性判断。在此，伦理知识已不再是判断意识之辅助者，而是其组成要素，具有指引的作用。因此平时注重道德理论之研究与应用，并进行与他人的道德视域之融合，将有助于较妥善地处理道德两难与道德争议等权衡性判断。这一点甚至阳明也意识不够，才会坚持只要在平时立得良知，遇事再精察义理于此心感应酬酢之间，而以良知"权轻重之宜"则可。是以就伦理知识来看，道德与知识还存在一种"对列的辩证关系"。这是指在应然意识中道德倾向与伦理知识交融为一，而形成道德判断前结构的情形。在道德实践中，基于道德意识对经验知识的指导与定位作用，两者虽相互合作，还是要以道德意识为主、经验知识为从。但就道德判断来看，在判断"前""后"，经验知识为助缘；在判断"中"，伦理知识是权衡性判断的可能性条件，此处不是判断者并非知识的问题，而是只要做权衡性判断，就必受伦理知识形成的道德性前结构之引导。既然伦理知识已不再是辅助者，而是指引者，就不再是助缘，与实践意识或道德感同为道德工夫之本质。而朱子的工夫论正因注重伦理知识之探究，而在道德判断问题上可补陆王之不足。

二、理一分殊的共同架构：价值对等原则之应用

既然逆觉体证长于道德实践，朱子格致工夫胜在道德判断，那么朱子"去两短、合两长"的提议，就是我们必须正视并实行的。质言之，凡欲从事道德哲学的理论思索及实行者，无不或隐或显地预设"去两短、合两长"之前提。刘述先曾指出一吊诡现象，就当代新儒家而言，即使其中不乏对朱子有微词者，治学方式却全都由所谓"尊德行"转为"道问学"：

> 新儒家是把自己的生命贯注在学问之中，而成就了所谓"生命的学问"。而这实际上更接近朱子的道路，不必为象山所赞许。[①]

[①] 刘述先：《对于当代新儒家的超越内省》，《当代中国哲学论：问题篇》，页39。

第八章 "去两短、合两长"：聚焦道德与知识之辩证关系

刘述先看出，当代新儒家如牟宗三虽较看重象山的"尊德性"工夫，却不可免地以从事朱子"道问学"为主。我们还可以李瑞全近年为融通中西伦理学，所提出的"儒家生命伦理学"为例证。他视儒家与康德义务论和功利主义为鼎足而三的主要道德理论体系，各体系本身又由最高原则、中层原则与低层的行为规则三种原则组成。在儒学，第一层原则就是仁，第二层原则可包括自律、不伤害、仁爱和公义四原则，以及儒家独有的参赞天道原则和经权原则等，最低一层则不一而足，可涵盖日常生活中许多道德规范。而儒家的道德判断结构是"以经权原则贯穿道德原则、道德规则，辅之以道德人格与德行修养，提供我们一个较全面的道德指引的结构"①。培养道德人格与德行修养的方法莫过于立本心之"逆觉体证"；不过说到道德原则与规则的研究，却须朱子"融会义理"的态度，这岂不就是"去两短、合两长"之应用？可见即使是当代新儒家及其后继者，只要从事伦理学的研究探讨，"去两短、合两长"已成必经之路。

职是之故，本文接下来要尝试的工作，是指出如何"去两短、合两长"。基本上，牟宗三虽以"逆觉体证"为儒家正宗，却并未将朱子工夫论排除在外，只不过坚持逆觉体证相较于道问学之理论优位，而将程（伊川）朱工夫论视为助缘。所以目前的重点在于如何建立一个共同的架构使二者处于平等地位。笔者以为，若诉诸理一分殊哲学解释架构之价值对等原则，适可完成此任务。

依据价值对等原则，既然人的正面价值创造活动都是"通"于理一之分殊，则个人由本心呈现到体现于行为之道德实践过程，或是格物致知对伦理知识的探究，在地位与价值上就并无二致。不会有陆王工夫体现"良知自身"，朱子格致工夫仅为"良知坎陷"的对立。双方的工夫都可通于理一，但因"通"的形态不同，故定位也各异。立本心是"逆"或"返"于理一之"通"，重点在印证、体现理一；伦理知识是"顺"或"发"自理一之"通"，重点在承继或顺应理一之动用，在面对现实生活中各种道德、情境时做出道德判断。既然都是"通"而非"同"于理一，就不必强分高下，二者之差异于是

---

① 李瑞全：《儒家生命伦理学》，页88。

不在何者为支离、歧出,而在各自功能、角色之不同。这也呼应刘述先对理一分殊的新释,试看其以下见解:

> 没有人能够独占"理一",也没有人能够给予它完美的表达。……中国传统相信,有限可以通于无限,故王阳明讲天地万物一体之仁。然而"分殊"就不能不有限定性,孔孟、程朱、陆王、唐(君毅)牟(宗三)都是"分殊",都有其限定性。没有人可以给予"理一"以完美的表达,我们只能向往"理一"的境界。它不是现实宇宙的构成分子,故不是"构成原则"(constitutive principle),而是我们向往的目标,乃是"规约原则"(regulative principle)。①

没有人可以给予"理一"以完美的表达,因为它不是现实宇宙的构成分子,故不是"构成原则",而是我们向往的目标,乃是"规约原则",我们只能向往"理一"的境界,而不能自视已达到这种境界。在理一分殊的架构之下,即使孔孟的成就也只是有时空限制的分殊,不能擅自予以普遍化。"理一是超越的规约原则,分殊的具体表现包括孔孟在内则必须受到特定的时空条件的限制而不能随意加以普遍化。"②对照前面有关三年之丧的道德争议分析,就更容易了解这个道理。圣之时者的成就也属于分殊,亦为"通"于而非"同"于理一,同样要保留讨论、修正与调整的空间。陆王与朱子,也不再有一为"理一"、一为"分殊"的对立。于是"逆觉体证"胜在道德实践与人格之培养,于此可以取代朱子格物穷理的工夫;可是为求在道德判断层面,对道德与知识之辩证关系做出更好的说明,我们必须同时肯定朱子注重累积与探讨伦理知识的用心,而且就建构伦理学理论的角度,还要更进一步,致力于道德两难应变原则,以及解决道德争议共同道德原则框架的研究,以接续朱子未竟之业。质言之,要促成儒家伦理学的全面发展,有赖四

---

① 刘述先:《全球意识觉醒下儒家哲学的典范重构与诠释》,《鹅湖》,第385期(2007年8月),页18。
② 刘述先:《有关儒家思想的诤议》,《当代中国哲学论:问题篇》,页162。

种应用知识之方式。我们可称之为四种"how"：

（1）道德实践上的"how"。此时知识的作用有二，一是唐君毅所谓德性之知或良知，直接通过知识之知而表现之情形。① 亦即牟宗三所谓本心从对"知亲"之认识而敷施发用下"事亲"之指令的情况。二是在道德判断完成后，可提供如何落实道德判断、完成道德行为的适当信息，亦即从"孝亲"过渡到"知亲之温清定省"的知识。

（2）道德判断上的"how"。亦即前述形成良好道德判断前结构所需之伦理知识。

（3）道德理论上的"how"。这是将我们的道德判断及其理由依据，以命题或语句表达为一套融贯的论点，因此涉及逻辑知识。这也涵盖解决道德争议所需之共同理论框架。进一步来说，我们对原则之检验、修正与理论化、系统化也是这种知识的应用。

（4）道德沟通上的"how"。比彻姆归纳出的解决道德争议五个方式中，除第（3）项要列入道德理论上的"how"，其他四项皆可划入此范畴。

除第（1）种应用方式，儒学于其他不是未意识及就是鲜少应用，朱子已能正视道德判断上的"how"之重要性，至于（3）（4）两项即使连朱子也未曾予以处理。当然，我们不能说儒学对道德原则或理论毫无建树，所谓"礼"在中国传统社会就具有伦理规范之作用，但这毕竟与系统性的伦理学理论建构不同。质言之，"礼"之主要意涵是日常生活的基本道德规范，或应对进退之礼仪，典礼之仪式程序，并未达到哲学反思之彻底性与严格性，于是应用在道德争议上其弊立见。盖争议中为证明本身立场之正确，必须提出令人接受的论据，只诉诸休养或人生阅历之高低（当然有时争议的确与此有关，但两见识与德性相当者对同一件事之分歧仍是常见现象），不但不足以压服对方，更有错将"分殊"视为"理一"之虞。是故加强这些方面的应用乃当务之急。还要附加说明的是，这四种知识并非总是单独应用，反而常常互相伴随。如此分辨是为概念上的厘清，非谓实践上可以各自孤立。

---

① 唐君毅：《中国哲学原论（导论篇）》，页361。

第六节　结语：从道德与知识对列辩证关系论"去两短、合两长"

对逆觉体证与朱子工夫论的分析交织成本章之核心。在此研究过程中，可以指出与道德相关的知识有两种：经验（科学）知识与伦理知识。这两种知识与道德领域的相互关系也各异。在道德实践中，经验知识虽然在"完成义"上有实现良知要求之作用，从而不可或缺，但基于道德意识对经验知识的指导与定位作用，两者虽相互合作，还是要以道德意识为主、经验知识为从。道德判断的情况则比较复杂。在判断"前""后"，经验知识为助缘；在判断"中"，伦理知识是权衡性判断的可能性条件，此处不是判断者并非知识的问题，而是只要做判断，就必受伦理知识形成的道德性前结构之引导。我们可以做如下比喻：在跑的不是轮子，而是车子，可是没有轮子，车子也不能跑。如果把权衡性道德判断想成车子，伦理知识正是它可以跑的轮子。伦理知识之关键性既显，结论自然是：就道德工夫而言，"逆觉体证"及伦理知识之格物致知同为必要之本质工夫。

若以上论断成立，就可借以指出朱子工夫形态之确切贡献。在道德与知识的相互关系中，逆觉体证胜在道德实践层面，朱子却在道德判断上有较全面的认知（虽然其方法与理论仍不完备）。牟宗三与刘述先皆已谈论经验知识与道德实践之"主从的辩证关系"，而以阳明之学融摄朱陆；经由探讨伦理知识与权衡性判断之"对列的辩证关系"，我们发现朱子格物致知实有陆王所不及之处，因此其"去两短、合两长"的建议必须予以正视、落实。基于以上认知，本文诉诸价值对等原则顺成"去两短、合两长"。如此一来，格致工夫与逆觉体证之并重，可以视为理一分殊哲学解释架构的一种应用。

最后要交代的是，本章的论证工作，也意在建请学者注意现代新儒学于伦理学方法论可能遗漏的一个环节。之前提到李瑞全的"儒家生命伦理学"乃朱子"去两短、合两长"之路数，因为其方法是儒学立本心搭配西方伦理学理论研究与原则拟订之进路，而且李瑞全认为一个全面的道德判断指引结构,是要以经权原则贯穿道德原则、道德规则,然后辅之以道德人格与德行修养。"辅之以"三字明显指出就道德判断而言,是以道德理论与原则之探究为主,德行修养为辅,甚至倒转了牟宗三对纵贯与横摄两系统之主从地位的看法。另外,黄慧英认为儒家可以吸纳黑尔的现代效益主义,成为体现儒家精神的道德推理规则:

> 儒家确立了人的道德根源,本心发用自定律则,便自然合义理,人所需的道德训练只是向内反省,体证本心,扩充四端,求放心而加以存养罢了,不一定要接受现代效益主义的一套道德推理方式;但是,现实上,我们既不都是尧舜(尧舜性之),甚至可能连时刻提撕警醒的汤武也不是(汤武反之),那么,去认取一套体现儒家的道德推理规则,俾使我们在日常生活上所做的道德判断,更能若合符节,大抵对于我们的道德培养,是有帮助的。我的想法是,现代效益主义或可充此任务。认取现代效益主义,作为指导行为的原则,并不可将之视为他律的道德原则,因为认取该原则本身,以及该原则所要求的程序,都可看成是本心发用所要求于道体主体的。①

黄慧英上述说法指出,就道德判断而言,不能仅止于立本心的体证工夫,而需一套道德原则与推理程序帮助我们做出更佳的道德判断,而主张认取现代效益主义作为指导行为的原则。不但提醒我们伦理知识之重要性,亦与本章之要旨不谋而合。

进一步来看,新儒家是否必须实行现代效益主义自然有商榷余地,即使要实行,在理论基础上亦需要预做分疏。因为照陆王心学的精神来说,重点唯在先立本心,西方式的道问学工夫虽然不被排除,如牟宗三所断定应为次要之助缘则无疑,而且与道德有关的皆归为经验知识,这种经验认知活动又是在本心呈现后应其要求而坎陷才进行,如此一来,伦理知识就成为在经验

---

① 黄慧英:《后设伦理学之基本问题》(台北:东大图书公司,1994年),页126—127。

知识与立本心二者中遗漏的环节,中层或低层的道德规则与原则之拟定与排列,在逆觉体证的儒者如阳明看来诚属枝节末叶,本心无须这些原则而自能决断。若承袭这种态度,一种探讨道德判断结构的哲学体系能否出现不无疑问。正如黄慧英所说,既以见体为先,就不一定会接受现代效益主义的道德推理方式。有鉴于此,本书从道德与知识的对列辩证关系力陈朱子"去两短、合两长"进路之合理性,并应用理一分殊的哲学解释架构申论其可能性,希望能为"儒家生命伦理学"以及其他从事中西伦理学的融通工作补充一些论证内容,强化这些做法在儒学架构下之合理性,避免外界可能的比附西方伦理学而非"儒家"式伦理学之不当联想。笔者也相信,在更多学者投入这种方法论证立工作之后,现代新儒学与西方伦理学之比较与融通将益趋顺利。

第九章　内圣与外王之两行

第一节　内圣与外王关系之定位

在儒家理论的相关讨论中，有关"内圣外王"之争议一直未曾止息。笔者以为，若能先行对其从事明确的概念界定，无疑可省去许多无谓的纠缠与争端。以牟宗三与刘述先对内圣外王的概念定义为例，内圣之学对牟宗三而言乃逆觉的良知之教，外王则是民主与科学此新外王；刘述先所指的内圣是以仁心与生生精神为终极托付，外王虽主要指涉政治领域，也可延伸至基于仁心与生生之前提，从事商业、学术、艺术等活动之广义的道德实践。两者虽皆主张由内圣开外王，但我们也可由此发现，内圣与外王两概念可以衍生出诸多诠释，对两者关系界定之差异，也往往会由这些不同的诠释导致。为了概念使用上的统一，我们不妨以内圣指涉道德领域，外王专表政治领域，内圣与外王的讨论，就成为锁定道德与政治两者相互关系之研究。从这个概念界定出发，以第四章的讨论为基础，传统所谓内圣开外王就可以归纳为以下三种解释。

第一，内圣外王就某种意义而言，是指政治制度来自人之仁心，不忍人之心为不忍人之政的先决条件。这种道德意识作为政治典章制度所从出之基础的说法，对孟子而言，是政治正当性之指标，牟宗三民主制度开出说，则是此思维之现代表述，在此可以说道德为政治之基础。第二，儒家的道德涵容思想，在个人层面将他人、群体与国家社会视为自我生命之延长与内在要素，这种视社群为自我生命延伸与扩大的态度，可在保障个人自主与尊严的同时，免于西方政治哲学中个人主义（individualism）之流弊，显示出理论上的优点。第三，在传统帝王政治格局中，圣君贤相就成为内圣外王架构中理想政治运作模式，内圣外王之说最被学者所诟病的无疑就是这一点。这种以治人重于治法的思路，不重制度导致缺乏客观法律体系，既造成礼教吃人，亦不能妥善处理权利问题，有鉴于此，内圣外王之说饱受批评也就不足为奇。

基于内圣外王思想可以衍生出几种诠释，对此思想之褒贬，也往往因不同诠释而异。比如余英时曾对内圣外王概念提出批评，其重点主要在于圣君贤相之德治已不合时宜，内圣未必可以直接开出外王，以及内圣工夫有其独立性、不可视为实现外王的手段等三点。[①] 本文在后面将会指出，借由对内圣外王做出前述之概念分梳，除了圣君贤相之政治架构有其弊病，宜以民主制度取代，其他内圣外王的相关诠释，事实上仍有其合理性。牟宗三与余英时对内圣外王的看法基本上亦可谓一致。

最后，儒学在采纳民主政治后，双方之磨合还涉及一些尚待处理之理论细节，而须做出相应之调整。刘述先所谓"教化与限权"的两难即是一例。[②] 在政治层面，对于执政者与一般民众皆要求基本道德操守，而非圣贤之高标准工夫，方可因应"教化与限权"之两难。另外，民主政治崇尚价值多元，刘述先主张曲通之坎陷也宜应用至个人道德实践，将不同专业人士皆纳入广义道德实践范围之内，提供在民主社会中一种开放的分工合作架构。以下将会指出，除了开放性，此分工合作架构也需要对等性，各个专业领域必须具有同等地位。俾使所有专业者在获得同等尊重的环境下发挥所长，确保民主政治顺利运作。

不过若换个角度思考，我们可以问：道德层面是否无条件地对政治层面具有优位？政治步入正轨的社会，是否也可提供成员在其中不断提升道德

---

① 余英时：《儒学思想与日常人生》，《现代儒学论》，页175—177。
② 此两难的意思是：新儒家基于限权之重要性，而主张采用民主的政治制度。然而新儒家同时也强调教化的重要性，就不免陷入一种两难之中。民主政治主张政教分离。如果政府是一个有为的政府，那就不免要干预到人民的生活，甚至可能侵害到人权；但如果政府什么都不做，那就不可能发挥教化之作用。参见刘述先：《当代新儒家思想批评的回顾与检讨》，《大陆与海外：传统的反省与转化》，页249。

素质之有利条件，而思考由外王开内圣之可能呢？对于现代民主政治中不求做圣贤工夫的一般人而言，一种良好制度所形成的潜移默化力量，反倒是形塑基本道德修养的最佳进路。当代新儒家既然以民主政治取代传统圣君贤相之架构，似乎也应该正视此理论问题。笔者以为，美国政治哲学家罗尔斯的相关论述可以提供吾人参考。他注意到人因具有正义感，才会接受正义二原则，从而合理意识相对于政治原则具有优先性；却同时认为，政治制度的安排不但造就了良序社会，在这社会中，经过道德发展的三阶段过程，人的价值观与正义感也趋于一致，亦即这政治制度良好的社会，同时顺成了其中成员道德修养的高度发展。如此一来，政治成就亦作为道德修养之根本，可见在其观点中，道德与政治乃双向之互动关系。

须在此强调的是，笔者并非主张儒家对罗尔斯的理论照单全收，只想指出他的说法可以作为一种触媒，帮助我们重新思考儒家对道德与政治关系之定位，必须从内圣开外王的单向推扩，进一步到内圣与外王的双向互动关系。

第二节　检视内圣开外王的三种解释：以余英时为例

一、内圣开外王的三种解释

如引言所述，若在讨论中对概念之意涵做出明确界定，以内圣表述道德领域，外王指涉政治领域，将会有利于我们对内圣与外王之关系做更清楚的分析，减少不必要的争议与误解。事实上，牟宗三就曾经如此界定内圣与外王。他曾指出，宋明儒在弘扬内圣之学方面有功，衡之"内圣外王之道"之全体则有所不足。其标准正在于以"内圣"专指道德实践的圣贤工夫，"外王"表述儒家的政治思想：

"内圣"者，内而在于个人自己，则自觉地作圣贤工夫（作道德实践）以发展完成其德行人格之谓也。"内圣外王"一语虽出于庄子天下篇，然以之表象儒家之心愿实最为恰当。"外王"者，外而达于天下，则行王者之道也。王者之道，言非霸道。此一面足见儒家之政治思想。①

基于概念用法统一的理由，本章在论述脉络中也将承袭此用法，以"内圣"指涉道德领域；"外王"专表政治领域，内圣外王的讨论，就成为对道德与政治两者相互关系之研究。然而在此基本方向上，仍然蕴含了可更细致划分的理论主张，必须予以分别处理。依据以上概念界定，以第四章的内容为素材，"内圣外王"理论至少又可提炼出以下三种解释：

一、道德意识作为政治制度之基础。一切政治制度和社会建制、法律规范，乃是由人内在的道德感之驱使而产生，仁心是制度与法律之可能条件。孔子强调"人而不仁，如礼何；人而不仁，如乐何"②正点出这个关键。一切礼制，须以人心之仁为基础。孟子接着主张"仁义礼智根于心"③，顺着心之本性，才能有客观化的礼制产生，于是又说："先王有不忍人之心，斯有不忍人之政矣。以不忍人之心，行不忍人之政，治天下可运之于掌上。"④ 以"不忍人之心"作为"不忍人之政"的先决条件，就是承认在道德意识的驱使下，才会拟定好的制度与政策，作为政治运作管理众人之事的指导方针。牟宗三以理性之"运用表现"与"内容表现"转出"架构表现"与"外延表现"以开出民主政治，此良知坎陷的曲通说，亦是这种理路之延伸。

二、道德涵容思想。在个人层面，道德涵容思想将他人、社群与国家视为个人生命之延长与自我之扩大。这体现在孔子"己立立人、己达达人"之胸襟，孟子"亲亲""仁民"而"爱物"的主张，以及程明道"仁者以天地万物为一体"的精神境界，要在个人自主与社群价值之间做出调和。道德涵容思想落实于政治层面，则是孔子以"安人""安百姓"为修己目标的主

---

① 牟宗三：《心体与性体（一）》，页4—6。
② 《论语》，八佾篇。
③ 《孟子》，尽心上。
④ 《孟子》，公孙丑上。

张。强调治人乃修己之具体落实,而非各不相干。至于大学从格物、致知、诚意、正心,经由齐家之过渡,再到治国、平天下的次序,都是这种内圣开外王诠释的发挥。牟宗三以肯定人民为"存在的生命个体"作为儒者在政治思想与政治实践上所立的最高准则,即为这种思路之发展。劳思光提出"化成世界"①一语表示这种态度,亦颇中肯綮。儒家把修己与治人当作一体的两面,正如徐复观所言:"儒家治人必本之于修己,而修己亦必归结于治人。内圣与外王,是一事的表里。所以儒家思想从某一角度看,主要是伦理思想;而从另一角度看,则亦是政治思想。伦理与政治不分,正是儒家思想的特色。"②李明辉亦强调:"儒家思想底实践性格并不以个人道德为限,也要通向政治及社会的领域。……在'内圣'与'外王'之间,'内圣'必为'外王'之基础,'外王'则为'内圣'之延伸。故儒家底实践以道德实践为本,由此再延伸到社会与政治中的实践。"③在此可以说内圣为外王之基础。

三、期许执政者成为圣君贤相。这种道德在政治上的效验,强调的是一种德治。要求执政者自修其德,才能风行草偃,令人民见贤思齐,因此有别于现代民主政治诉诸良好制度与法律之法治。孔子要由"民免而无耻"的"政"与"刑",进步至"有耻且格"之"德"与"礼"的境界,正反映出此种态度。既然德治之重心不放在良好的法律制度上,而是期望在位者自修其德,成为人民的表率,一起在现实人生中建立一道德国度、大同世界,圣君贤相自然成为人格典范。孔子对国君之期许,乃是"为政以德,譬如北辰,居其所,而众星拱之"④,正希望在上位者以身教实行一种刘述先所谓的"吸引的政治"。⑤这种德治的最高理想是"恭己正南面"的"无为而治"。⑥要求执政

---

① 劳思光:《中国哲学史(一)》,页278。
② 徐复观:《儒家政治思想的构造及其转进》,收入氏著:《学术与政治之间》(台北:台湾学生书局,1980年),页48。
③ 李明辉:《当代儒学之自我转化》,导论,页12。
④ 《论语》,为政篇。
⑤ 刘述先:《论儒家"内圣外王"的理想》,《理想与现实的纠结》,页144。
⑥ 《论语》,卫灵公篇。

者不把自己的意志强加于人民身上,此为德治之消极面;就其积极面而言,则表现在孟子对"仁政"的论述中。仁政的实践原则,诚如曾春海所言,先要能养,再求能教。就前者而言,"要以满足现实生活的基本条件为基础",所以孟子强调"养生丧死无憾,王道之始也""民之为道也,有恒产者有恒心,无恒产者无恒心""明君制民之产,必使仰足以事父母,俯足以畜妻子,乐岁终身饱,凶年免于死"。但这只是仁政之必要条件,非充分条件,盖"饱食暖衣,逸居而无教,则近于禽兽"。故又须能教,借道德理想的追求,来提升人之所以为人的存有价值。①

二、内圣外王之理论反思与历史性格

余英时近年来提出了内圣外王连续体的说法,其中有两个基本论点:一、儒家的"内圣外王"为一不可分的连续体,归宿于秩序重建;二、所谓"秩序重建"并不专指政治秩序("治道"),人一生下来便置身于重重秩序之中,因此秩序重建可以从最近的"家"开始。②内圣之学与外王之学紧紧地连在一起,为建立合理的人间秩序而服务,而且也只有在秩序中才能真正完成自己。③此说一出,随即引发热烈讨论,如刘述先、黄进兴、杨儒宾、祝平次、陈来、葛兆光、王汎森、包弼德(Peter K. Bol)、田浩(Hoyt Tillman)、金春峰、李存山、何俊等学者,皆陆续针对此说提出评论或挑战。④

---

① 曾春海:《儒家哲学论集》,页64—65。
② 余英时:《宋明理学与政治文化》(台北:允晨文化出版公司,2004年),页400。
③ 余英时:《宋明理学与政治文化》,页352。
④ 刘述先:《评余英时〈朱熹的历史世界——宋代士大夫政治文化的研究〉》,《九州岛学林》第1卷,第2期(2003年),页316—334。刘述先:《对于余英时教授的响应》,《九州岛学林》第2卷,第2期(2004年),页294—296。以上两篇文章已收入氏著:《儒家哲学的典范重构与诠释》,页257—281。黄进兴:《以序为书》,《读书》,第9期(2003年9月),页80—84。杨儒宾:《如果再回转一次"哥白尼的回转"——读余英时先生的〈朱熹的历史世界:宋代士大夫政治文化的研究〉》,《当代》,第195期(2003年11月),页125—141。杨儒宾:《我们需要更多典范的转移——敬答余英时先生》,《当代》,第198期(2004年2月),页97—105。祝平次:《评余英时先生的〈朱熹的历史世界:宋代士大夫政治文化的研究〉》,《成大中文学报》,第19期(2007年12月),(转下页)

但须预做澄清的是，要对余英时此说做出适当响应，必须先区分历史叙事与理论反思两个层次。因为余氏曾明确指出，其论宋明理学中，内圣外王为一连续体而归宿于秩序重建，不过是研究历史的一个论断，是为了澄清儒学（包括理学）的历史性格。也就是说，这是他对内圣外王论点之历史考察，不涉及他对内圣外王之理论评价。而在讨论儒家价值的现代意义时，余氏则早已放弃了内圣外王的架构。①余氏直言："我早已放弃了'内圣外王'的架构。我认为儒学在私领域中仍然可以发挥直接的效用，这是《大学》所谓'修身、齐家'。至于'治国、平天下'，则属于公领域，已非儒家所能独擅，其影响祇能是间接的。"②所以余氏"关于'内圣外王'的论断彻头彻尾是历史的，与个人的信仰完全无关"③。可见他认为内圣外王只具有历史意义，其理论本身在现代已不具有理论效力。如此一来，若要评价余英时对内圣外王的理论立场，则不宜针对内圣外王连续体的说法，而是要聚焦其析述内圣外王理论优缺点的相关表述上。

（一）内圣外王之理论反思

余英时在《现代儒学论》一书中，指出一般对内圣外王的解释，认为由内圣直接开出外王具有必然性，其实并不正确。余氏赞同陈确的看法，陈确

（接上页）页249—298。陈来：《从"思想世界"到"历史世界"——余英时〈朱熹的历史世界〉述评》，《二十一世纪》，第79期（2003年10月），页130—139。葛兆光：《拆了门坎便无内无外：在政治、思想与社会史之间——读余英时先生〈朱熹的历史世界〉及相关评论》，《当代》，第198期（2004年2月），页86—96。王汎森：《历史方法与历史想象：余英时的〈朱熹的历史世界〉》，《中国学术》，第18期（2004年），页219—237。［美］田浩著，程钢译：《评余英时的〈朱熹的历史世界〉》，《世界哲学》，第4期（2004年），页103—107。［美］包弼德著，程钢译：《对余英时宋代道学研究方法的一点反思》，《世界哲学》，第4期（2004年），页92—102。金春峰：《内圣外王的一体两面——读余英时〈朱熹的历史世界：宋代士大夫政治文化的研究〉》，《九州岛学林》第2卷，第4期（2004年），页298—320。李存山：《宋学与〈宋论〉——兼评余英时著〈朱熹的历史世界〉》，《儒林》第1册（济南：山东大学出版社，2005年），页220—259。何俊：《推陈出新与守先待后——从朱熹研究论余英时的儒学观》，《学术月刊》第38卷，第7期（2006年7月），页61—68。

① 余英时：《宋明理学与政治文化》，页390。
② 余英时：《宋明理学与政治文化》，页390。
③ 余英时：《宋明理学与政治文化》，页393。

认为"古之人慎修其身也,非有所为而为之也。而家以之齐,而国以之治,而天下以之平,则固非吾意之所敢必矣",也就是说,古人以修身为目的,并不预期内圣与外王之间有任何必然关联。余英时进一步指出,孔子说"德之不修,学之不讲,闻义不能徙,不善不能改,是吾忧也",正是视修身为目的,而非实现外王的手段。孟子"天下之本在国,国之本在家,家之本在身"的说法,虽与《大学》的修、齐、治、平相似,但并不蕴含《大学》原文中内圣必然推出外王的一番意思。尤有甚者,晚清谭嗣同质疑齐家何以能推至治国,指出这种说法是封建宗法背景下的产物。因为在宗法制度下,国等于是一家氏族之扩大,自秦汉以来,封建制度崩溃,则有家齐而国不治,或家不齐而国治的情形出现。顾颉刚指出《大学》中的齐家并非一般人民之家,而是鲁之三家、齐之高、国之家,即一国中之贵族,具有左右国之政治力量者。[①]这些论点旨在说明内圣与外王二者可以各自独立。

余英时以上论述可以归结为两个重点:一是内圣未必可以直接开出外王;二是内圣工夫有其独立性,不可视为实现外王的手段。就第一点来看,其重点在齐家与治国的直接联系具有其时代限制,并不具有必然性。内圣与外王也可以各自成为一个独立领域,具有本身的特性,不必一味坚持外王即是内圣的直接延伸。这两个论点牟宗三应会表示赞同。其基于理性的运用表现与架构表现之不同,指出内圣开外王必须曲通,而非直通,即是承认两者具有不同特性。他进一步区分道德与政治两领域,以利用厚生为治人之政治领域原则;圣贤工夫乃修己之道德领域原则,也是另一个例子。

另外,就第二点而言,我们也可以肯定"德之不修,学之不讲,闻义不能徙,不善不能改,是吾忧也"这段话,是孔子强调修身为目的,而非实现外王的手段。因为这与上述内圣外王的第一、二两种解释完全一致。第一种解释提出道德良能为政治制度之基础。一切政治制度和社会建制、法律规范是以人内在的道德感为依据。牟宗三之开出说视建立民主政治为良知之内在道德要求,即为此思想之现代表述。这表明内圣并非外王之手段,而

---

① 余英时:《儒学思想与日常人生》,《现代儒学论》,页176—177。

且刚好相反,内圣乃外王之基础。第二种道德涵容思想,告诉我们真正的道德修养,是要将社群与国家视为自我之扩大,修身虽为基础,但为免使人变成自了汉,故强调成己成物才是修身的最高表现。就为政者而言,则表现在安民、安百姓之政治成就上。所以牟宗三诠释仁政为视人民为"存在的生命个体",而注意其具体的生活、价值与幸福。以上两种内圣外王的解释,不但可以作为支持余英时看法的论据,还可更进一步指出:道德之内圣工夫相对于外王之政治领域具有奠基性,不但并非实现后者之手段,甚至作为其根本。

最后,对于内圣外王第三种解释——圣君贤相之德治,牟宗三也与余英时展现出共识:圣君贤相体制已不能符合当前时代的需求,而须予以淘汰。余氏基于其史学家的研究成果,告诉我们明代中叶以后儒家的基础动向是下行而非上行,是面对社会而非面对朝廷:

> 以前儒者把希望寄托在上面的"圣君贤相",现在则转而注重下面的普通百姓怎样能在日常人生中各自成圣成贤。……他们已逐渐了解:普通百姓都能为自己的利益作最大的努力,这远比等待"圣君"从上而下的施德为可靠。所以顾炎武说"天下之人各怀其家,各私其子,其常情也。为天子为百姓之心,必不如其自为。此在三代以上已然矣"。这句话说得十分透辟。"三代以上"正是儒家所谓圣君尧、舜的时代,尧、舜为百姓之心尚且不如百姓自为,则后代的帝王便更不必说了。明清儒家日常人生化发展至此事实上已打破了"内圣外王"的古老神话。①

有别于一些学者从对人性过度乐观的角度切入,以批评圣君贤相体制。② 余英时则是强调圣君贤相之德治实不如人民之自为,从明清之际已被

---

① 余英时:《儒学思想与日常人生》,《现代儒学论》,页175—176。
② 张灏从其"幽暗意识"说出发,批评儒家人可体现至善的"乐观人性论",造成圣王与德治的思想,把政治权力交给已经体现至善的圣贤手中,让德性与智慧来指导和驾驭政治权力,即为中国传统之所以开不出民主宪政的一部分症结。参见张灏:《幽暗意识与民主传统》,页28—29。(转下页)

舍弃而不合时宜,作为内圣外王说破灭的例证。他借由历史证据点出,明清儒家已不再抱持这种圣君贤相的理想,转而将希望寄托在老百姓自我的进德修业、自我照顾上。虽然并非从明清之历史走向立论,牟宗三亦同样提出要放弃圣君贤相,而以民主法治取而代之。其解释传统圣君贤相架构形成的原因,是政权之取得由打天下而来且成为世袭,儒者又未提出使政权为公有的办法,也没想出客观有效的法律轨道使政权与治权分离,因此:

> 皇帝在权与位上乃一超越无限体,完全不能依一客观有效之法律轨道以客观化与理性化者。在无政道以客观化皇帝之情形下,儒者惟思自治道方面拿"德性"以客观化之。但是此种客观化是道德型态,不是政治法律的型态。儒者自觉地根据儒家的德化首先要德化皇帝与宰相。皇帝在权与位上是超越无限体,儒者即顺其为无限体而由德性以纯化之,以实之。由德性以纯化而实之,这在古人便说是"法天"。而法天的结果,则是物物各得其所,乾道变化,各正性命。……皇帝如此,方是尽君道。此为圣君,而相则为贤相。圣、贤是德性上的名词,不是权位上的物质力量。①

但这种约束只是道德上的约束。要人君忘掉自己现实上的无限权位,而进至法天以达到道德上的无限。这种缺乏客观有效法律制度以约束人君的方式,正是造成中国君主专制延续不断之主因。牟宗三进而指出:中国以前只有治权的民主,而无政权的民主。但这种以"圣君贤相"的出现为前提之治权的自由是不可靠的。唯有推行民主政治,建立政权的民主,才能真正

(接上页)何信全也指出:"儒家对政治生活中的人性,则抱持乐观态度。此种乐观态度,表现在由性善论导出德治。德治一方面相信一般人民可以'导之以德',犹如'草上之风必偃';另一方面亦相信政治人物会'为政以德''子帅以正'。在这种对政治生活中天理必胜人欲底乐观预期之下,使得法治观念毫无落脚之处。"参见氏著:《儒学与现代民主——当代新儒家政治哲学研究》,页145—146。

① 牟宗三:《政道与治道》,新版序,页30。

保证治权的民主。①

可以说，余英时与牟宗三真正否定的，是内圣外王中圣君贤相的人治思想，亦即第三种解释。但必须强调的是，圣君贤相的政治格局只是内圣外王理论的其中一个面向，并未穷尽其所有意涵。指出内圣外王理想何处出了问题固属必要，至于检别出内圣外王所蕴含的不同理论面向，发掘其中有意义的论点，给予适当的现代诠释，也同样重要。如此一来，我们就不必全盘放弃内圣外王之说，而得以去其糟糠，存其精华。此亦为本文析论内圣外王三种诠释之用心所在。

（二）内圣外王之历史性格

余英时对内圣外王连续体之历史性格的说明，虽然不涉及其理论立场，却与本文内圣外王第二种诠释不谋而合，可为其提供思想史之佐证。

余氏借由探讨《论语》几段文字说明其内圣外王连续体之意涵。首先是《宪问篇》中孔子回答子路"修己以敬""修己以安人""修己以安百姓"那段话。余英时指出：修己以敬虽是内圣工夫，但还要能"修己以安人"与"修己以安百姓"，可知"'内圣'的修养主要是为了造就富于精神资源的'君子'，使他们可以安顿好人群的生活，直到天下所有的'百姓'都能分享这样的安顿为止"②。此处也可以看出其与牟宗三所谓"存在的生命个体"概念之一致性。至于"内圣外王"为一连续体而归宿于秩序重建的意思是：

> "内圣外王"是一连续不断的活动历程，最后将导致合理的人间秩序的实现。用原始儒家的话表达之，即通过"内圣外王"而变"天下无道"为"天下有道"。我所谓"归宿于秩序重建"大致相当于孔子"天下有道，丘不与易"的意思。……我始终认定儒家的最大关怀是人间秩序的整体，也就是"天下有道"。为了建立这一合理的整体秩序，儒家

---

① 牟宗三：《政道与治道》，新版序，页20—24。
② 余英时：《宋明理学与政治文化》，页396。

自始便把这一重任寄托在"士"这一特殊群体的身上,此之谓"士志于道"。然则"士"又何所凭借而能承担这一重任呢?这便是他们所受到的一套特殊的精神训练,古代称之为"修己"或"修身"。①

余英时指出,为了建立合理的人间秩序,儒家自始便把这一重任寄托在"士"这一特殊群体的身上,而"士"所以能承担这一重任,正由于"修己"或"修身"的内圣工夫,是以"内圣外王"才成为一连续不断的活动历程。他认为这还可以从《雍也篇》提到的"博施于民而能济众"来看:

> 从个人的层面说,"内圣"的修养确是对于每一个"士"或"君子"的基本要求……内圣虽必须从个人修养开始,并且也为个人提供了一个"安身立命"的精神领域,但却不能即此而止,在个人层面上获得完成。这是因为儒家的内圣基本上是一个公共性或群体性的观念,必须从"小我"一步步推广,最后及于"大我"的全体。……这一由己及人直至"博施济众"的过程,也就是"外王化"的过程;"外王化"则不能不有一定的秩序架构与之配合,否则"内圣"的功效无从发挥,孔子论"仁"与"礼"的关系即足为最具体的说明。……孔子心目中的"内圣外王"大致即是"仁"与"礼"。②

余英时特别注意到儒家的内圣基本上是一个公共性或群体性的观念,必须从"小我"步步推广,最后及于"大我"的全体。这一由己及人直至"博施济众"的过程,亦即"外王化"的过程。"外王化"又必须有一定的秩序架构与之配合,否则"内圣"的功效就无从发挥,所以"内圣外王"基本上即是"仁"与"礼"之关系。此即内圣外王连续体之意涵。他还提到程颐"君子有道,贵乎有成,有济物之用,而未及乎物,犹无有也"这段话,认为程颐所发

---

① 余英时:《宋明理学与政治文化》,页395。
② 余英时:《宋明理学与政治文化》,页397—398。

挥的即是孔子"修己以安人"及"博施济众"两个意义。"未及乎物,犹无有也"八个字更证实了儒家内圣的群体取向与公共取向。余英时总结说:"通过内圣外王以重建秩序,是孔子最先为儒家创立的整体规划。宋代儒学的复兴基本上便是这一古典规划的复活。"①

质言之,余英时所谓内圣外王为一连续体而归宿于秩序重建,正是孔子"修己以安人"的思路。要由己立己达进一步做到立人达人的要求。这必须以个人道德修养为先决条件,方能在仁心之驱使下,投入团体以及社会中,以促成其中秩序之合理化。外王应归宿于秩序重建,但所谓"秩序",不限于政治秩序。也包括文化秩序、人伦秩序、日常生活秩序等等。②

另外,余英时特别补充,儒家所强调的精神修养与生活实践,与法国哲学史家阿多(Pierre Hadot)所谓西方哲学古义大体相合,而这也是儒学传统在今天最具普遍性的部分。至于此西方哲学古义的特点,则是一种"精神训练"。其主要功用是使人自我转化(self-transformation),提升精神境界,从关怀自我进而关怀他人和社会(推己及人)。③余氏所肯定的这种"精神训练",可谓是前述内圣外王道德涵容思想的另一种脚注。该思想指出他人与家国天下乃个人生命的延伸,个人之完善与群体之福祉实为一体之两面。将此论点与余英时对内圣外王连续体的历史诠释两相对照,适可互相补充说明。

第三节 "社会公义"开出"心性修养"?

林安梧曾提出"社会公义"重于"心性修养"的理论,以取代传统内圣开出外王的进路。他指出要解决道的错置(君道侵袭父道与圣道)问题,必须由"人格性的道德连结",构造新的"人际性互动轴",以开启一新"契约性的社会连结",方式是将传统由"血缘性的自然连结"所形成的"血缘性纵贯

---

① 余英时:《宋明理学与政治文化》,页401。
② 余英时:《宋明理学与政治文化》,自序,页17。
③ 余英时:《宋明理学与政治文化》,页391—393。

轴"之上下的、隶属的、纵贯的关系，转为"人际性互动轴"的对列的、平铺的关系。在此关系中，经由主体的对象化活动，注重每一存在的限定，即此限定而有新的连结体、新的社群之建立，此即所谓的"公共空间"。要修正传统儒学以"心性修养"代替"社会实践"所造成之谬误，就须在这公共空间的公民社会里特别注重"公义"。①

林安梧继而对"社会公义"概念做出进一步的解释。所谓"社会"指经由"公民"以"契约"而缔结成的总体。故又称为"公民社会"或"契约社会"。"公义"指的是依其"普遍意志"为基础而建立之行为规准背后之形式性原则。②此即其所谓"外在的结构的对比辩证关连"，这是将传统儒家的连续体变为断裂体：

> 所谓的断裂指的是从"血缘性的自然总体"中脱落出来，成为一散开而独立的个人，这些散开而独立的个人再通过一客观的中介凝合为一，此客观之中介即所谓的"法"或"契约"。当然此"法"或"契约"与"人格性的道德总体"有密切的关连性，此时之"人格性的道德总体"即依循于此契约之法的中介而凝合以成的社会去展开其整体性的凝合之任务。如此一来，人格性的道德总体才不会为血缘性的自然总体所局限，而得超越出来成为一社会的普遍意志（General will），如鲁索（J. J. Rousseau）于《社会契约论》中所述者。③

可见林安梧所谓"社会契约"或"普遍意志"，应脱胎自卢梭的《社会契约论》。而且他认为社会契约是经由言说的"公共论域"而产生，这样所成的伦理是一"交谈的伦理"，而不同于儒家原本的"交融的伦理"或异化后产生的"慎独的伦理"或"顺服的伦理"。④若把"心性修养"与"社会公义"对

---

① 林安梧：《道的错置：中国政治思想的根本困结》，页 150—154。
② 林安梧：《道的错置：中国政治思想的根本困结》，页 226—231。
③ 林安梧：《道的错置：中国政治思想的根本困结》，页 75。
④ 林安梧：《道的错置：中国政治思想的根本困结》，页 235—236。

举的说,前者指向内圣,而后者指向外王,则不再是内圣成为外王的先决条件,外王反而是内圣之所以可能的先决条件。①

此说用意虽善,如何由外王开内圣则有进一步申述之必要。揆诸其意,所谓由外王开内圣应是指"社会公义"作为"心性修养"之前提,不过在论证过程中,林安梧只指出何谓"社会公义",以及其应作为"心性修养"之基础,而未解释"社会公义"如何能作为"心性修养"之基础,亦即"心性修养"如何在"社会公义"的条件下顺成之说明,从而于理论说明上还须有所补充。

进而言之,既然指出要解决"道的错置"问题之关键在儒家"人格性的道德连结"上,要借此连结从上下隶属的"血缘性纵贯轴",进入对列平铺的"人际性互动轴"之中,才能建立一新的"契约性的社会连结""委托性的政治连结",这种基于道德之内在要求而建立社会建制、法律与制度的论点正基于前述内圣外王的第一种解释。且其以"人格性的道德连结"为动力,开出"我与您"及"我与它"的对列格局之"人际性互动轴",亦与牟宗三由理性之上下隶属的运用表现,曲通为对列平铺的架构表现理论方向一致。是以林安梧虽倡言由外王开内圣,事实上却预设了由内圣开外王之说。这种倾向还可证诸其主张由"孝悌传统"转至"忠信传统"之说。②林氏虽指出这实隐含一"社会正义论",但忠信为一种社会性的道德,而非社会性的法律、制度,因此认同、实行与否并无强制性,最后仍只能诉诸个人内在的道德修养、道德意识。若社会公义属于政治范畴,忠信无疑仍是道德层面之事,仍是以道德为优位,实难以视为由外王开内圣之说明。

尤有甚者,"契约社会"概念亦有值得商榷之处。如其所言,当中所谓"契约"概念应是以卢梭《社会契约论》为依据。质言之,此预设一种无政府前的自然状态之传统社会契约观点,由于理论问题甚大而饱受批评,在当代政治哲学中早已被修正或是置之不用。因为尽管不同哲学家对自然状态的

---

① 林安梧:《后新儒学的新思考:从外王到内圣——以"社会公义"论为核心的儒学可能》,《鹅湖》,第350期(2004年8月),页24。

② 林安梧:《儒学革命:一种可能的方向》,《鹅湖》,第309期(2001年3月),页19—20。

定义各异，都要面临这样一种批评：若这种自然状态与社会契约是就事实状况而言，则历史上从未有相关证据可资证实，因此难以成立，而卢梭契约论正被归为此种事实协议之范畴。美国当代政治哲学家罗尔斯就是基于传统社会契约论有其缺陷，而提出一种在"无知之幕"（veil of ignorance）遮蔽下的假设性"原初位置"（original position），欲取事实契约而代之，以证成其正义二原则（two principles of justice）。关于"原初位置"，将在本章第五节予以探讨，此处不予赘论。笔者只是借以指出，卢梭的社会契约观点必须面对的理论困难，因此不适于用来解释"法"或"契约"之基础。

如果林安梧并不打算采用卢梭的自然状态与社会契约概念，只将焦点放在其对"普遍意志"的说明，亦恐出现适得其反之理论隐忧。已有学者指出，卢梭的普遍意志"具有主客观两种身份：就主观而言，可以说即是道德理性，此为以后康德所发挥者；然而就客观而言，它却成为团体之意志，而为国家社会具有强制性之法律规范所从出"，而从客观面发展的结果，则将导致"以追求自由的实现始，以服从国家的法律终"。① 关于这个问题，拉斐尔（D. D. Raphael）曾做出如下解析：

> 每个人对自由皆带着支持的态度，即使极权主义者亦然，尽管他们所谓的自由看来疑似一种束缚。卢梭在其社会契约论一开头旗帜鲜明地表示：人生而自由，却无不身处锁链之中。在结尾他则试着说服我们，为了实现真正的自由，锁链、法律的束缚以及组织化的社会皆属必要。他要我们相信真正的自由，人们生存所必须的自由，并非做你喜欢做的事、处于一种无拘无束的自由大厅中，而是责任、服从法律那样狭窄的笔直小径。②

揆诸拉斐尔之意，不啻是说卢梭依其普遍意志所推导出的自由，是以

---

① 何信全：《儒学与现代民主——当代新儒家政治哲学研究》，页180—182。

② D. D. Raphael: "Liberty and Authority", in: A. P. Griffiths (ed.), *Of Liberty* (Cambridge University Press, 1983), p. 1.

责任、法律为依归的行事方式,因此会有强迫使人自由的吊诡说法出现,而为极权主义者所利用。何信全亦呼应拉斐尔此处对卢梭的评断而指出:就卢梭的观点,普遍意志乃是全体(视其为有机体而言)之良善意志,而个体既然为全体不可分割之一部分,则其道德理性亦正与普遍意志彼此呼应。而且就个人而言,"道德自由(moral liberty)使人成为自己真正的主人,因为只是循情欲冲动是奴隶,而服从我们自己所定之法则对我们而言是自由"。在此一理论脉络之下,卢梭才会导出这样的结论:"任何拒绝服从普遍意志之人,将由全体强使其服从,此乃意味他将被强使而成为自由(be forced to be free)。"拉斐尔认为"卢梭在《社会契约论》中一开始响亮地表示'人生而自由,却处处在锁链之中',然而结尾时,却试图劝服大家为求真正的自由,锁链、法律的限制以及组织的社会都是必要的"①,此诚非无根据之言。

正因卢梭的普遍意志具有主客观双重身份,于是才引申出个人"将被强使而成为自由"之说,导致以追求自由的实现始,以服从国家的法律终。顺着卢梭"普遍意志"说继续发展,就会成为讲求整体利益优先于个人利益,以及服从集体与国家之集体主义(collectivism),这正是把散开而独立的个人重新禁锢在集体中,要人民舍消极自由而就积极自由,明显与林安梧想从"宰制性的政治连结"压迫下解脱之原意背道而驰。借由以上分析,可以看出林安梧欲由"社会公义"培养"心性修养"的外王开内圣之尝试,在理论上仍有进一步申述与厘清之必要。

第四节 "教化"与"限权"两难因应之道

在第四章讨论到刘述先提出了新儒学处理教化与限权上所面对的两难。起因在于传统德化政府的理想,与现代西方式民主政府之功能并不兼容。因为新儒家鼓吹圣贤工夫,并把这种教化的责任加诸政府,但民主政治强调

---

① 何信全:《儒学与现代民主——当代新儒家政治哲学研究》,页180—181。

的是人民之基本道德素养,原则上乃将"政治"与"教化"(此与"教育"意涵不同)分离。民主政府若要充当教化的力量,就有可能干预人民的生活,甚至侵害到人权。在民主制度之下,政治力量面对宗教信仰与哲学思想等领域的处理方式,必须秉持价值中立之原则。但就儒家的政治理想而言,教化必须是政府或执政者所要承担的任务之一。仁政主张的是先养后教,而非只养不教。牟宗三固然指出,儒家要区分个人自己实践上的道德与政治教化上的道德,但还是强调教化之角色。如果教化是儒家特色之一,那要如何在民主政治架构之下,不破坏政教分离之原则,同时保持儒家的教化理念呢?

一、道德教化:个人与政治层面之分疏

就当代新儒家的理论倾向而言,在儒家的"德治"思想中,道德的要求并非直接针对人民,而是针对统治者;统治者在道德上只能自我要求,但不能责求人民做圣人。[1] 以牟宗三为例,他主张"政治教化上的道德",所谓"教"只是教以起码普遍的人道。此只是维持一般的人道生活上的规律。此只能对之做外在的维持,既不能内在地深求,亦不能精微地苛求。至于执政者个人自己实践上的道德,则仍以成圣为终极目标。[2] 换言之,牟宗三虽然区分执政者高标准的圣贤要求与一般人民的低限度道德要求,但仍然主张在政治层面施行儒家的道德教化。

但如果要在民主制度之下,推行儒家所谓道德"教化",则必须明确界定在个人层面,而不能应用在政治层面。亦即,可以谈个人修养上的道德,不能谈政治教化上的道德。民主制度既然对于各种价值观采取中立原则,在政治层面就不会选用某个特定道德观点以约束政治人物,儒家道德教化对于执政者或是一般民众都必须止步。在民主政治中,生活在现代要的是

---

[1] 李明辉:《儒学与现代意识》,页86。
[2] 牟宗三:《政道与治道》,页126—127。

"全民共有的低限度的道德,不能再顺着传统那样讲希贤希圣,培养专业的道德家,否则效果会适得其反"①。但换个角度来看,政治运作也不是完全和伦理道德切断关系,因为我们仍然必须选出有最低限度道德操守的政治领袖,而我们投票给他,主要是看他的政府是否真正能够照顾到大多数人民的利益,为人民服务。②从政治角度来看,民主体制遵循价值中立原则,亦即:政治领袖须具备最低限度道德操守,而这种道德要求不必以任何特定道德伦理观点,包括儒家,作为出发点。可以说,在政治层面,必须只是基本的道德素养,这同时适用于执政者与一般民众。政府并不提倡任何特定道德观,对于包括儒家在内的所有思想理论,皆必须抱持中立开放之态度。

至于在个人层面,因端赖行为者之自由选择,则儒家自可在这层面提倡仁爱忠恕之道与圣贤境界作为个人人生之追求目标。也就是说,虽然在政治层面不能偏向儒家价值观,对执政者与人民也都不做道德上的高标准要求;但就个人自身道德修养而言,仍可选择圣贤工夫作为立身处世之信念。

综合以上论述,在政治层面,必须只是基本的道德素养,不论是对于执政者或一般民众,都适用相同的标准。但基本道德素养一语,仍嫌笼统而宜有明确界定。笔者以为,此所谓基本道德素养,应以不违背法律与社会道德规范为界限,而非灌输儒家特定价值观,才不会逾越民主政治中政教分离之分际。在内容上,要强调的是"公""私"领域的协调作为基本要求,例如不能以私害公,各行各业谨守分际以"各为其私而全其公",鼓励并保障民众积极参与公共事务等,以便在公民社会中落实这些要求。尽管如此,在个人层面,将"公"领域视为"私"领域的延伸与扩展的更高要求,以及圣贤工夫,仍然是值得追求的境界,执政者若愿意追求圣贤境界,自然是美事一桩。但须视为一种个人人格特质之附带优点,而非符合从政资格之必要条件。以上对道德教化的范围界定,是现代新儒家对于实施民主制度的因应之道。

---

① 刘述先:《对于当代新儒家的超越内省》,《当代中国哲学论:问题篇》,页40。
② 刘述先:《"理一分殊"的现代解释》,《理想与现实的纠结》,页171。

二、外王之扩展：从道德实践至价值创造

牟宗三对内圣外王的创造性诠释在于，内圣工夫必须经过曲通，一种道德心的坎陷，将理性之"运用表现"与"内容表现"转化为"架构表现"与"外延表现"，才能成就民主与科学之新外王事业。理性之"架构表现"与"外延表现"，可以顺成知识之进步，各种专业之进步，这是发展民主政治之必要条件。理由在于，民主政治是要尽可能满足不同人的需求，为这些不同个性、观念、职业的人们寻求最大公约数的制度。遂而仰赖各种不同专业领域人士，基于各自专长，贡献所学，才能顺利运作。儒家欲采纳民主政治，就必须将此种特性纳入考虑。

基于在同一理念下分工合作之必要，这些专业人士除了在基本精神上必须有所契合外，更需要一个开放而对等的架构，才能真正互相合作与学习。若承认其中某种专长之优位，那么对等地位之欠缺又将导致虚耗精力在地位与价值高低之论辩上，使得各种机制互相牵制而非合作了。考虑到这一点，我们就可以理解，何以刘述先认为取道德心坎陷的说法会引起误解："认识心为道德心的坎陷又容易引起在实际的层面上把道德当作第一义、知识当作第二义的联想。"所以他认为在曲通的构想中，不宜再提坎陷的字眼，若一定要用坎陷，则必须"把坎陷扩大成为一个普遍的概念，也应用到道德的领域"①。衡诸其意，是要避免陷入个人的道德实践，或其所谓"狭义的道德"，与科学知识等其他领域的高低上下之争，所以提出要将坎陷也应用至道德领域。笔者以为，有鉴于王阳明"良知即天理"的论点，以此理解牟宗三良知坎陷之说，"坎陷"之义与理一之"分殊"实有异曲同工之效，并未有任何贬义。若以分殊理解坎陷，那么将坎陷也应用至道德，就是以分殊理解个人之道德实践，科学与其他各种专业领域自然也是分殊，则可免于不同领域主从上下之分。如此一来，各种专业人士就可以在一个开放而对等的架构下通力合作，参与民主政治之运作。

---

① 刘述先：《对于当代新儒家的超越内省》，《当代中国哲学论：问题篇》，页53。

既然民主政治需要不同专业与专才共同参与，新外王就不能只强调道德层面之修身工夫。所以牟宗三谈新外王，除了民主，亦包含科学。但民主政治的架构，不只包括道德、科学，也涵盖经济、商业乃至媒体等各层面。刘述先对牟宗三开出说所做的补充是：道德的完人只是一种可能发展的方向而已，我们对于有高度道德修养的道德人、宗教人有着最高的崇敬，但却不必勉强人人走上同一样的途径，我们也需要成就科学家、艺术家，乃至企业家的形态。① 这是将儒家的实践予以扩展，从只专注于道德修身，延伸至包含道德价值之内的各种不同价值之创造。这种开放性也呼应了上述民主社会从圣贤工夫至基本道德操守的转变。既然要求的是基本操守，而这适用于所有人，也包括各种专业人士。诚如在第七章对"现代新儒者"之定义，儒家在现代也可以吸纳各种专才，而为"生生"精神赋予更多元、更活泼之体现。

既然要让不同专业人士真正互相合作，除了在基本精神上必须有所契合外，更需要一个开放的架构。所以刘述先认为在曲通的构想中，不宜再提坎陷的字眼，若一定要用坎陷，则必须"把坎陷扩大成为一个普遍的概念，也应用到道德的领域"②。笔者以为，基于在同一理念下分工合作之必要，除了强调开放性，此架构也需要赋予各种专业对等之地位。因此价值对等原则也适用于民主政治中儒家对不同专业之定位。其因在于：若承认其中某种专业或专长之优位，那么对等地位之欠缺又将导致虚耗精力在地位与价值高低之论辩上，使得各种机制互相牵制而非合作了。所以要避免陷入个人的道德实践，或所谓"狭义的道德"与科学知识等其他领域的高低上下之争。此外，有鉴于王阳明"良知即天理"的论点，以此理解牟宗三良知坎陷之说，良知的"坎陷"与理一之"分殊"在意涵上实有异曲同工之效，并未有任何贬义。若以分殊理解坎陷，那么将坎陷也应用至道德，就是以分殊理解个人之道德实践，科学与其他各种专业领域自然也是分殊，则可免于不同领

---

① 刘述先：《论儒家"内圣外王"的理想》，《理想与现实的纠结》，页153。
② 刘述先：《对于当代新儒家的超越内省》，《当代中国哲学论：问题篇》，页53。

域主从上下之分。如此一来，各种专业人士就可以在一个开放而对等的架构下通力合作，参与民主政治之运作。

第五节 "公私领域基本道德素养如何可能"与"良序社会"

就内圣开外王的第二种解释而言，其中己立立人，修己安人、安百姓所要求的是一种高度的道德修养。不但要建立起"公""私"领域的紧密联系，甚至将"公"领域视为"私"领域的延伸与完成。此思路之优点在于可调和个人与社群之疏离与紧张关系，主要诉诸对象为国君或士君子，并且是成圣成贤工夫修养的内涵之一，才会与圣君贤相的政治理想串联起来而为德治的主要内容。只是物换星移，如今当代新儒家既然主张吸纳民主精神，在现代民主体制下，重视的是个人权利之保障，基本道德素养，以及人民与政府之分工合作。要如何将"公""私"领域协调的基本道德素养与一般民众之信念结合起来，就成为必须处理的问题。

对于不具专业学者或法界、政界背景的一般大众而言，道德之根源与政治制度之道德基础等问题既非他们所关心，亦非能够有所自觉之问题，所以"公""私"领域协调的基本道德素养之建立，要靠后天之灌输与培养，不能只寄望以先知先觉启发后知后觉。笔者以为，当代新儒学若要摆脱教化与限权上的两难，同时解决此"公私领域基本道德素养如何可能"的问题，在民主精神要求政教分离的条件下，似乎可以诉诸优良的政治制度之设计，以帮助人民潜移默化。在这方面，罗尔斯的"良序社会"理论，实颇具参考价值。

在解释"良序社会"之前，必须先提及"原初位置"(the original position)，因为在罗尔斯的《正义论》中，两者具有一种相互对照的关系。基于传统社会契约论预设的自然状态，因缺乏历史现实证据而饱受抨击，罗尔斯以"原初位置"的假设性契约取而代之。在此位置中由于"无知之幕"的遮蔽，成为一种完全隐藏个人经验属性的状况。举凡人在社会中的阶级地位或社会阶层，以及自然禀赋、能力、智力、体力等等的分配运气，乃至各自的价值观及特殊的心理倾向皆被遮蔽而一无所知。① 其用意在于排除各种自然或社会条件对选择正义原则之干扰，避免任何人出于私心做出取决，确保协议之公平性。不过，在这状态下做抉择的人们仍是一种"道德人"（moral persons），是"具有自身目标的理性存有，并且设定其具有正义感"②。前一项特性意指"道德人"具有理性地寻求目标实现的价值观，所以会追求各种社会及自然的基本善③，因为这些基本善皆有助于其实现理性的人生计划；而在正义感（a sense of justice）之驱使下，才会"采纳在原初位置选择的任何原则（在此亦即指正义原则）并依以行之"④。罗尔斯"原初位置"中的"道德人"，除了要求公平的出发点，也欲避免哲学上的"强预设"，所以"道德人"运用的理性，不是康德义的实践理性，而是"互不关心的理性"（mutually disinterested rationality）⑤。这种理性属于一种工具理性之应用，各人只求尽量实现自己的目标，而未考虑他人。但由于对本身在现实世界之处境毫无头绪，就会以"小中取大原则"（maximin rule）⑥为标准，而在此原则指导下，正义二原则就成为"原初位置"的"道德人"之选择。

要注意的是，罗尔斯"原初位置"中的"道德人"，并不具有实质的道德属性，而是在道德善恶上中性地理性存有，这从其价值观所运用的是工具理性，而和正义感各行其是可见一斑。所以和儒家强调的具备道德品格的君子，并不相同。在其理论架构中，道德品格之建立，需要在"良序社会"中完成。所以罗尔斯从原初位置的道德人之选择，推导出正义二原则之后，继而说明在这种根据正义原则行事的社会中，人的道德如何发展，以成为真正

---

① John Rawls: *A Theory of Justice* (Cambridge, Mass: Harvard University Press, 1971), p. 12.
② John Rawls: *A Theory of Justice*, p. 12.
③ John Rawls: *A Theory of Justice*, p. 62. 所谓社会的基本善包括权利与自由、权力与机会以及收入与财富；自然的基本善则有健康与精力、才智与想象力。
④ John Rawls: *A Theory of Justice*, p. 19.
⑤ John Rawls: *A Theory of Justice*, p. 144.
⑥ John Rawls: *A Theory of Justice*, pp. 152–153. 简言之，此原则意指：我们要设想在最坏的情况中获取最大利益（亦即俗语"不幸中之大幸"）的方式做选择。

的具备道德属性与实践理性之道德人。这样的社会，罗尔斯称之为"良序社会"。此社会被设想为一个"促进其成员的善且为一个公共正义观有效规约的社会"。在这社会里每个人都接受并知道其他人亦接受相同的正义原则，也知道基本社会制度满足了这些原则，是以其成员皆具备依正义原则行事的强烈欲望。[1] 在这种落实了正义原则的社会中，成员历经服从父母命令的权威道德，到遵守群体之规范与标准的团体道德，慢慢地发展至具备成熟的道德感，为了法则自身而遵守法则的原则道德阶段。这三阶段的基本特性分别是：在权威道德中，道德理想以及意图与动机的相关性并未被理解，真正的罪恶感也不存在，是以其内容由父母的一套训示所组成；到了团体道德阶段，道德感与友谊及特殊个人或团体之信任有关，道德行为大多建立在想获得团体认同的基础上；只有发展至原则道德，道德感才不仅与他人或团体之福祉、认同有关，而且独立于这些经验偶然性之上，达到为原则而遵守原则之境界。可以说，这最后阶段包含前两阶段，并以一些普遍原则将所有附属的理想建构为一融贯系统。[2]

到了原则道德阶段，运用并依据正义原则行动已成为良序社会成员的价值观之一。罗尔斯表示，良序社会中的道德人格（moral personality）以两项能力为特征：

> 一个是拥有价值观，另一个是具备正义感。当这两项能力实现之际，第一项能力展现在理性的人生计划上；依据某些正当原则（certain principles of right）行事之规约性欲望则为第二项能力之体现。于是道德人是一个主体，此主体有其选择之目的，对某些条件亦有基本的偏好，这些条件能使他形构一种生活模式，使其在情况允许时，能充分表达其作为自由平等之理性存有的本质。至此人格的统一性就表现在其计划之融贯中，建立在遵循一种高阶欲望（higher order desire）之上，在

---

[1] John Rawls: *A Theory of Justice*, pp. 453–454.
[2] John Rawls: *A Theory of Justice*, pp. 462–479.

与其正当感或正义感，乃至理性选择之原则一致的方式中表露无疑。①

从这段说明来看，若将道德人在原初状态与良序社会中的特性做一比较，可知原初状态的道德人单单使用工具理性以行事，但在良序社会中，由于正义感渐渐发展成熟，正义感成为理性存有的目的之一，正义感与价值观趋于一致，作为公平的正义与计算理性选择下的善遂汇合为一。这种实然与应然、善与对的合辙，正是在良好政治理念与制度的安排下，使原初状态出于自利的道德人，提升至以正义原则为价值观的真正道德主体。是以相对于原初状态追求社会及自然的基本善，罗尔斯强调对良序社会之道德人而言："最重要的基本善则是'自尊'。此'自尊'之意涵有二：其一是本身之价值观与人生计划乃值得完成的；其二为对完成本身目的之能力具有信心。"②此追求自尊、自我实现的良序社会，于是也成为一种合乎自律原理的社会。"在良序社会中，则于平等与自由之外，强调人是道德的（moral）。联系两者之间，乃是在合乎正义原则的社会制度中个人道德心理的发展过程。"③

可以说，罗尔斯在此强调的是政治制度的良好安排亦有助于道德素质的提升，这种将道德由外在体制规范内化为个人行事理念的过程，不是一种内在心性修养日趋坚定，且推己及人的工夫论，而是由社会制度以潜移默化的方式，根植于成员心中的教化论，正是一种"良序社会"如何能作为"心性修养"之基础的论证。就罗尔斯来说，要建立人民的道德品格，适当的教育与制度当然不可或缺，然而不能仅止于此，更需要正义原则以为良好的制度与法律之基础；这种社会亦非纯粹的民主法治社会，而是一种个人价值观与正义感汇合之良序社会；这个社会维系发展之最后根据，既非某种纯粹的道德约束，也非保障自身利益的工具考虑，而是人经由道德发展三阶段之

---

① John Rawls: *A Theory of Justice*, p. 561.
② John Rawls: *A Theory of Justice*, p. 440.
③ 何信全：《儒学与自由主义人观的对比：以孟子与罗尔斯为例》，《台湾哲学研究》，第 2 期（1999 年 3 月），页 156。

后，所产生的对正义原则之尊敬与所追求的最高基本善——自尊。

在此分析罗尔斯的相关论述，并非认为儒学必须对此照单全收。而是想要借其论点指出，在何种意义之下，外王也可以开出内圣，作为处理教化与限权上的两难以及"公私领域基本道德素养如何可能"问题之参考。这有助于探讨在现代民主社会架构中，儒家调和个人与社群的理念，如何能在一般大众的思想中生根，而非只限于精英阶层或圣贤所自觉或能达到的成就。职是之故，在此讨论的不是解答，而是点出诉诸良好制度的潜移默化，可以作为寻找答案的努力方向。

进一步来看，罗尔斯与牟宗三之间实具有一些共识。盖原初位置中的道德人虽有道德之名，其具有的理性乃互不关心之理性，此理性是一种中性之工具理性，以满足个人之基本需求、追求原初善为内容，此正是就消极自由而立论，视其为政治原理之出发点。在政治运作上，实可作为政策之优先考虑。从中性之工具理性斟酌政治原则之可行性，实较实践理性来的顺适妥帖。原因之一在避免了强预设，不致引发人性善恶之争论；其二亦传达政治领域重民之欲的立场，与孟子先养民再教民的理想不谋而合。这与牟宗三要区隔修己与治人，强调政治领域首重养民与人民的幸福一致。

但就正义原则的论证而言，除了正义感，罗尔斯也以互不关心的理性来证成即出现问题。因为一则决定目标的不是工具理性，而是价值理性；二则从工具理性出发，所会导出的不见得必为正义原则，亦可能是效益主义原则乃至社会主义式平均分配原则。故此工具理性固可避免强预设之弊，但只宜作为政策努力之方向而非论证之基础。就儒家观点而言，这种论述就不如内圣外王第一种解释直接以道德意识作为政治制度之基础来得顺适。

在罗尔斯的理论架构中，内圣与外王二者形成一种双向互动的关系，而非单向推扩的模式。思及正义感作为道德人接受及遵循正义原则之凭借，这是以道德作为政治之基础；就政治制度对道德养成之主导力而言，道德品格就成为良序社会中政治生活的追求目标与运作成果。内圣外王调和"公""私"领域的理想，在现代民主社会中要能落实，就不能再坚持一种以国君和士君子为对象的圣贤工夫，而是"公""私"领域紧密联系的基本道德信念。罗尔斯的道德教化理论贴近日常生活,且由制度取代工夫修养,证诸"气强理弱"之现实状况,在道德素质提升上会更有效率与确定性,值得我们参考。如果说儒家对道德作为政治之前提具有比罗尔斯更丰富之论述,罗尔斯将道德与政治定位在双向的互相影响关系,可谓展现出更宽广之视域。

第六节　内圣外王之双向互动

传统儒家内圣开外王学说的特点是:由个人道德心性自证自明之修养工夫,使个人之内在性与殊别性,提升至超越性及普遍性,去应对生活中周遭的事事物物,由此易简工夫顺成个人至家庭、社会乃至国家之生命扩大历程。我们可以借由内圣开外王的三种解释检视此理论的优缺点。

首先,内圣外王的第一种解释强调道德意识为政治制度与原则之基础,此可提供"良好政治制度之建构何以可能"问题之解答,这种理论取向在牟宗三理性运用表现曲通为架构表现的开出说之深化下,更可与现代民主政治的理论基础相容,成为儒学吸纳民主政治之后设基础。

其次,内圣外王第二种解释是一种道德涵容思想。在个人成德方面,此"己立立人,己达达人"的人生态度,力求在个人与社群之间获取平衡,在政治层面上即表现为"修己以安人,安百姓"。牟宗三将此诠释为肯定人民为"存在的生命个体"。而注意其具体的生活、价值与幸福,也就是同时对人民之物质与心灵层面之需求皆予以肯定与保障。

最后,就内圣外王的第三种解释而言,孔子"恭己正南面"的"无为而治"与孟子主张的"先养民,再教民"的仁政,作为儒家的德治理想,却在历史现实中难以落实,在君主制度中走向二重主体性之矛盾。也因不重视政治制度与法治,以致产生无法稳定保障人民权利之内在理论问题。虽然只诉诸道德修养的治人要求,或仅注重客观法制的制约效果,陈义都不若孟子治人与治法须兼备的两行之道来得高。只是在未达此道德与政治皆高度发展而交融之理想境界前,道德最好只针对修己,政治要步入正轨还是得寄望法制。圣君贤相体制于是必须舍弃,而以其他制度取代。在这方面牟宗三与余英时实具有共识。牟宗三进一步指出,政治教化上的道德之要求为先富后教。且须区分执政者个人追求的道德,此可以是严格要求;以及政治教化上的道德,此只是要求起码的人道,二者界域不可混淆。

经由前面的分析可知,传统儒家一直到现代新儒学皆把重心放在内圣开外王之工夫,林安梧则思索外王开内圣之可能性。逐渐由内圣外王"两端而一致"之主张,调整至以外王开内圣为重心。① 此尝试虽然有其理论问题,而待修正与调整,至少也形成一种呼声,提醒吾人予以思考,在何种意义下可以讲外王开出内圣? 在处理儒家面对的教化与限权两难时,我们发现,要保留的是个人修养上的道德,而非政治教化上的道德,而且走入民主政治必须要求的是基本道德操守。此外,"己立立人、修己安人"的道德涵容思想,若要在政教分离的现代民主政体中实现,也必须重新诠释为公民在个人与社群间求取平衡的基本道德信念,不再苛求成圣成贤的理想道德境界。这些要求产生了"公私领域基本道德素养如何可能"的问题。而诉诸一套良好政治制度之潜移默化,不失为可行的因应之道。罗尔斯论良序社会之道德发展三阶段说,指出政治制度可为道德基础的面向,这种以制度潜移默化的理论,实可供吾人参考。如此一来,儒家不但应该强调在什么意义下必须谈内圣开外王,因而坚持这种立场;也必须再跨出一步,吸纳外王可以开内圣的见解,使内圣外王二者成为双向的互动,而非单向的扩充。

---

① 林安梧对内圣外王关系之论述,实历经一番转折。首先主张的是"不只是从内圣开外王,其实也应当由外王到内圣"之"两端而一致"的思考。参见林安梧:《儒学革命:一种可能的方向》,《鹅湖》,第309期(2001年3月),页19—20。接着在《道的错置:中国政治思想的根本困结》一书中逐渐否定内圣开外王,而指出"两者并非如昔所以为的'内圣'而'外王',并且'内圣'是基础,而且是外王成立的先决条件"。一直到最近正式讲由外王开内圣,而提出"两者并非如昔所以为的'内圣'而'外王',相反地,'外王'反而是'内圣'之所以可能的先决条件"。参见林安梧:《后新儒学的新思考:从外王到内圣——以"社会公义"论为核心的儒学可能》,《鹅湖》,第350期(2004年8月),页16—25。事实上,内圣外王两端而一致之主张符合本文之结论,林安梧曾提到内圣必须经由外王的发展,而得到安顿,而外王学必得因内圣学的安顿才能获致一个恰当的方向。(林安梧:《儒学革命:一种可能的方向》,页19。)本章从事的工作,不外乎是一种对此两端而一致之主张如何可能、如何相互开出的理论说明。

如此一来，我们可以总结道德与政治之关系如下：若把内圣属于道德领域，外王归诸政治领域，二者应是双向互动之关系，而非单向发展之模式。就道德实践的开出而论，一则政治制度之产生与采纳实基于道德意识之驱使；二则道德修养可扩及家国天下，视社群为个人不可分割的一部分。此二种由内圣开外王之模式证明道德对政治具有理论上之优先性；就良好政治制度可在道德上形成一种潜移默化之教化力量，使成员之道德修养渐渐发展成熟而论，是由外王开内圣，这种政治制度的开出反而成为道德提升之基础。于是我们可以说，当代儒学对道德与政治关系之正确表述，应是内圣与外王互济互动的"两行"之理，而非内圣开外王或外王开内圣的单向推扩。

结论　现代新儒学之哲学取向：调和有限性与无限性的第三种进路

第一节　逆觉体证与理一分殊

一、"逆觉体证"到"理一分殊新释"

本书写作之出发点，乃基于对儒学在现代社会角色定位与未来走向之反思。正如劳思光所言："就本质历程言，儒学为重德哲学，其方向为人文化成，其造境则直归道德主体之全幅展露。"① 但与传统社会相较，儒学在现代社会之处境，却有余英时所谓托之空言超过见之行事的态势。在儒学逐渐建立作为学术理论的地位之际，也与现代人思想、生活渐行渐远，这种与传统儒学化成理想有落差的情况，对在现代仍认同儒学或以儒家自许者，就是一个不得不面对的真实问题。

整体而言，现代新儒学从牟宗三到刘述先之理论演进，内容是走向日用常行化与广义道德实践之建立，而且针对某些理论上的批评，也可做出更有力的答复。首先，本书第一部分的讨论重点是：有别于牟宗三强调天人之同，刘述先基于天人同异并存的前提，指出人虽禀赋无限心，仍是有限的存在。一切文化创造活动都已是理一之分殊，良知坎陷的范围也应扩大至逆觉体证的行为实践领域。质言之，刘氏理一分殊新释下的道德实践，是以

---

① 劳思光：《中国哲学史（一）》，页161。

仁心与生生精神(此两者于是可以视为儒学之本质)为依归之广义的道德实践，虽有别于立本心之逆觉的、由道德主体、道德意识出发的狭义道德实践，却将其涵盖在内。成德之教仍然是理论核心，只不过成德的范围已经扩大为一切文化创造活动，包括学术、商业在内。凡是认同恻隐之心、推己及人地对待人事物之态度，而能在本身专业领域不断进行创造活动，并能做到基本道德要求者，则可以说是现代意义下的儒家。

走向日用常行化的儒学，最重要的内涵即为广义的道德实践。第四章的内容，就是以牟宗三由内圣曲通以开出新外王的说法为对照组，讨论刘述先如何将广义的道德实践应用于内圣外王的诠释中。就牟宗三而言，内圣是逆觉体证的工夫，民主与科学就构成新外王的内涵；刘述先在内圣为本的论点上与牟宗三实属一致。但基于其广义道德实践的立场，则将内圣之意涵扩大为以仁心与生生精神为终极托付(此自是包括逆觉的道德体证与实践工夫)，外王虽主要指涉政治领域，亦可延伸至商业、学术、艺术等活动之广义的道德实践。这种广义道德实践的另一个理论效应，则是第五章处理的主题。重点在指出，牟宗三聚焦于道德实践层面，从立本心的孟子学出发，论证朱子格致工夫为逆觉体证的助缘，因而站在象山这一边，定位象山为主、为正宗；朱子为从、为旁支。就建立道德意识与落实道德行为之狭义道德实践而言，刘述先认同牟宗三对朱子的评断；但从良知与见闻的辩证关系，以及对人之有限性的警觉来看，朱子则有胜于象山之处，于是他认为朱子与象山的先后天修养工夫须并重，而统合于阳明的良知教之下。

当然，广义的道德实践在儒家架构下之合理性，就是以生生之仁为出发点，因此作为普遍人性的仁之内涵为何？又如何能加以证立？此为第六章探讨的焦点。有关普遍人性之哲学内涵，经由牟宗三与康德、舍勒之对比，可以知道是一种心性情合一之普遍道德主体。对这个道德主体之印证，牟氏以本心自定自发律则而具现于行为之动态过程，亦即"实践的印证"，说明道德意识具体化问题。不过对于证成道德意识普遍性的落实问题则尚未涉及。对此，刘述先参与全球伦理运动所实行的"共识的印证"方式，以存异求同的理一分殊架构，与世界各大宗教文化进行一种平等的对话，从中所得到的极小式之底线共识,亦即人道与金律,至少表明孔子"己所不欲、勿施于人"的说法,乃是共通于各大传统之普世价值,可作为道德意识普遍性的一种落实范例。

二、再探"理一分殊":从"新释"到"哲学解释架构"

依牟宗三之见,"逆觉体证"本质上是一种从工夫论导出哲学理论之系统。工夫论引导人从内在性的经验领域,透过下学的途径,以上达至超越的天人合一境界。因此蕴含丰富之指引效力。且不仅于此,在这种实做工夫的历程中,对道德领域的一些理论问题也有深入体会,从而亦能源源不绝地提供具有解释效力之论点。牟宗三的理论贡献之一就是对儒家在这些方面的相关论述,予以概念上的通盘解析。可以说,在牟宗三之后,儒学更加展现出在指引效力之外的解释效力,成为可以进行学术论辩的理论体系之态势亦更为显明。

一个学术走向的确立是复杂而艰巨的工作。牟宗三作为首先系统性地从理论上阐发儒学解释效力的开拓者,已经为后继学者留下丰硕的理论资产。也正由于身为开拓者,此项由工夫论导出哲学理论的工作自须接续发展。刘述先为"理一分殊"进行新释,正是着眼于在解释效力上为牟宗三的观点提供补强。继之,"理一分殊"亦可在牟刘二位奠定的基础上接续发展,成为一种哲学解释架构,应用于儒家相关理论问题的探讨,提供新的观点与视域。

质言之,牟宗三与刘述先立论最关键的差异在于,对"内在"与"超越"、"理一"与"分殊"之相互关系的立场,牟宗三要凸显人的超越性,力陈人"同于"天道或理一的面向;刘述先则强调天人之不一不二,人虽禀赋无限心,但仍具备有限性乃至黑暗面,"同异并存"才是天人关系最适合的表述。牟刘两位都注意到,人同时与有限性及无限性之双重联系,而且对这两个面向都必须有所体认。就有限性而言,双方皆指出人对气命实无能为力,其加诸吾人之限制乃每个人不得不面对的命运。但对无限性的看法则有所不同。

牟宗三一再重申借由道德实践,可以不断突破有限性,以体现出无限性,所以还是标榜圣贤工夫;刘述先则认为我们可以追求无限性,以无限性为寄托,却难以在现实层面达到无限性。圣贤工夫是儒者向往之榜样,但不必再作为要求,要推动落实的乃是基本道德修养。其他不同皆由此关键处衍生。

由此看来,"理一分殊新释"作为"逆觉体证"之补充,乃基于在有限与无限、经验与先验、历史性与超越性之哲学光谱上,从"逆觉体证"之突出无限性与超越性,逐渐走向在两端间觅取平衡所致。在第七章的讨论中,笔者指出由于人仅能有限定地,而非充分地体现天道,导致天人之"同"定义上的困难,天与人、理一与分殊二者之关系定位,应由牟宗三之"同于"、刘述先之"同异并存"调整为"通于"。其意涵是一切创造与成就都是在不同层面有限度地体现天道,只能展现某个时空条件下的普遍性,而不具有无限性与绝对性,所以是"通于"理一。将道德实践定位在分殊,以开放架构纳入科学、商业与艺术等其他领域之创造活动,还无法确立各种领域在分殊层面的对等性。为因应"良知的傲慢"质疑,避免真美善合一说与分别说之相互抵触,须搭配"价值创造对等原则",意即一切创造活动因"通"的形态不同,故定位也各异。"逆觉体证"是"逆"或"返"于理一之"通",重点在印证、体现理一;知识探究如科学、政治架构如民主皆是"顺"或"发"自理一之"通",重点在承继或顺应理一之动用,成就现实生活中的各种价值创造。既然各种创造活动都是"通"而非"同"于理一,各有其特性与优缺点,在价值上即为对等,不必强分高下而可同时并重。

作为哲学解释架构的理一分殊,基于天人之"通"定位与"价值创造对等原则",将刘述先一切文化创造活动皆可体现"生生"的说法,进一步表述为"一切正面价值的创造,创新与提升"之"生生"定义,将"生生"从"道德实践"扩展为"价值创造"。可以说,儒家的理想仍然向往与追求圣贤境界,却不再以此作为儒者的唯一条件。具有基本道德操守而同时以孔子之仁与"生生"为终极托付者,不论是学者、艺术家、科学家、企业家等任何职业与身份,都可视为"现代新儒者"。至于从事儒家思想研究工作而又同时具有以上生活态度的学者,则可称为"现代新儒家"。此一方向之确立,可使儒家重新回到一般人的生活中，成为立身处世之重心与寄托，保有积极入世的特性。儒家在现代社会日用常行的转向至此方告完成。如此一则为儒学在现代重新走入一般人日用常行打开大门，二则也为当代新儒家之偏重于学术，取得在儒学架构下之合理性。

除了以上对"理一分殊"作为哲学解释架构的相关论述，笔者并尝试在第八、九两章，重探两个之前曾讨论的议题：朱子学说之定位与内圣外王之关系定位。

首先，从广义的道德实践出发，刘述先基于良知与见闻之"主从的辩证关系"与对有限性之警觉这两点，主张朱陆之先后天工夫须予以并重，而统合于阳明良知学中。第八章则换个角度来看，有鉴于道德性前结构对权衡性判断之主导力，道德判断与伦理知识也具有一种"对列的辩证关系"，就此而言，朱子对伦理知识的重视则反显出陆王不足的一面，是以就知识与道德的关系而言，朱子格致工夫亦有优于阳明学说之处，未必可以为良知教或"逆觉体证"所融摄，而须正视双方"去两短、合两长"之必要性。阳明长于立本心之道德实践，朱子有得于道德判断之省察，两者可同时肯定而予以并重。

其次，就内圣与外王的关系来看，第五章的结论是，虽然牟、刘二位对内圣与外王之概念诠释不尽相同，却都同意内圣为主、外王为从的原则。第九章则是延续第四章的讨论，首先指出，若将内圣界定为道德领域，外王为政治领域，基于政治制度之产生实基于道德意识之驱使，以及道德涵容之高道德修养可扩及家国天下，视社群为个人生命之延伸与完满，这两点证明道德对政治具有实践上之优先性，此为内圣开外王；不过新儒家既然已主张民主政治，民主政治中的个人不但不从事圣贤工夫，就连政府也不负起教化之责任，那么就不可能再要求成己成物之高道德，而是协调"公""私"领域的基本道德素养。至于这"公私领域基本道德素养如何可能"问题，则可参考罗尔斯的良序社会理论。他以良好制度之潜移默化功能，形成一种道德教化力量，使成员的道德修养渐渐发展成熟，但这种思路是一种由外王开内圣的形态，政治制度的开出反而成为道德提升之基础。内圣与外王就呈现出互济互动的"两行"关系，而非内圣外王或外王内圣的单向推扩。

第二节　有限性与无限性之往来

一、"人虽有限而可无限"释义：天人之"通"

依上述，就"理一分殊"的理论建构而言，若在吸纳牟宗三与刘述先二者观点的基础之上，将其进而发展为一种哲学解释架构，可以在儒学内部问题探讨上补充其他论点，给予解释效力之奥援。不仅于此，若跨出儒学范围，纯粹从哲学问题角度切入，此架构亦可在以有限性或无限性为立论基础的两种哲学取向之外，作为追求平衡二者的第三种进路。

依"理一分殊哲学解释架构"，天与人、理一与分殊二者之关系定位为"通于"，其意涵则为"有限的体现天道"之天人辩证关系。再分析其确义，则是人虽不具天之无限性、绝对性，但由于天人之间可贯通，人的创造活动因而可在某个特定时空环境中，展现出作为某种标准的普遍性。

这么看来，所谓"理一分殊"，可视为尝试调和有限性与无限性，以寻求人在天地间适当定位的哲学解释架构。此解释架构，不仅可归结为现代新儒学的内在理路发展，就哲学理论而言，亦有另一层重要意涵。因为西方哲学发展至今，正是在这个问题上陷入僵局。由于对人之有限性与无限性看法不同，导致哲学家或从历史性与经验性，或从普遍性与先验性作为立论基础之差异，遂而衍生两种对立的哲学形态。若能在此问题有所进展，自然具有重大理论意义。

二、历史性与普遍性之立论差异

如果我们参考当代西方哲学与康德立论基础之差异，对此中曲折就更为清楚。康德哲学在伦理学上强调的普遍性，是一种意志之自我立法，实践理性自定自发普遍道德原则。这种普遍化不是透过语言的交谈对话中达成的相互一致性（mutual agreement），而是经由对主观的决意原则，所谓格律（maxim）之检证而来，待格律通过可普遍化要求之验证而无矛盾或抵触发生时，即承认其为一普遍的道德原则。所以说这是一种先验奠基式的伦理学，由自我意识、主体性出发，通过可普遍化程序之检核，以证成其为一超越的普遍道德主体。康德伦理学主张的是自律（autonomy）概念，自律之核心精神乃是普遍而超越的善良意志或实践理性之自定自发律则。社会常规自然重要，但若只是因其为社会常规而接受，即为假言令式（hypothetical imperative）而非定言令式（categorical imperative），仍然不是真正的道德原则。道德判断必须依据可普遍化的格律，亚里士多德意义下的实践智只是辅助，帮助实践理性完成其道德行为，道德教育作为范例式学习方式，可供参考，但不能为最后决断之依据，否则仍只是他律（heteronomy）。

但当代西方哲学却扬弃了普遍的先验主体概念，而以人事实上作为经验的、历史的存有为立论基础。以伽达默尔为例，他从人作为有限的历史存有之前提出发，认为诠释学追求普遍性的方式，是一种人类社会的实践活动，要形成一个"交谈对话的共同体"。这也是一个经验、生活与语言的共同体，其中的语言性，不只是文本的语言性，更是人类行为与创制的基本存在方向。也就是说，这种以语言为媒介的理解、诠释与应用三位一体之实践过程，是要避免一种自认为最终的或绝对的立场，以适度的自谦态度，投入语言媒介的持续交谈对话过程中。这个"交谈对话的共同体"是一个在语言中共同生活着、经验着的共同体，众多历史存有基于其有限性、历史性，经由传统积淀下来的共同感而形成一整体，亚里士多德所谓的"道德—政治合一的世界"（moral-political world）。就伽达默尔的想法，道德规则主要来自习俗或社会规范，政治生活中形成的"社会常规"（ethos）正是伦理学的基础。道德判断是实际道德存有者（moral being）基于其价值洞见而做的决定。但这决定是出于德性与实践智之影响，而这两者都与道德教育息息相关，并在不断行为实践中，吸取经验通晓个别事物才有的成果，这就可以形成一种依德性而行的气质。

依上述，伽达默尔认为人是有限的历史存有，处于历史情境与社会条件中的有限经验主体，而非独立于历史情境与社会条件的超越普遍道德主体，其用意正在避免超越的理想如何落实之问题。但有论者指出，此举虽能免于普遍性论证问题之困扰，却难逃相对主义如影随形之纠缠。哈贝马斯即对伽达默尔有所批评，强调当后者纯粹从历史性、有限性的传统寻觅普遍与进步的标准之际，由于缺乏超越、先验的理想对比于现实之差距与张力，在同属有限的分殊中难有定准，因而容易导致相对主义。质言之，伽达默尔在实践的应用中，将出现一种视域融合，具有对现有理论成果更深入了解与澄清的作用。不过单就意识形态的揭露而言，这种扩充与深化的过程不保证进步的可能，可以只是量的突破而非质的提升，即使加上时间距离的汰滤作用，提供的充其量只是前进的或然性、不是必然性，无法确切提供道德上改革与进步之动力。

针对伽达默尔与哈贝马斯的意见分歧，沃恩克（Gerogia Warnke）做出如下评断：伽达默尔认为传统的自我理解中就具有反省的力量，理解不仅揭示出个人或社会表达出来的立场，更能够处理这些立场所隐含的预设，亦即意识形态。但哈贝马斯认为这种做法混淆了前判断（prejudice）与意识形态。即使诠释学式的理解可以照察各种主张与声称背后的预设，却还是与社会本身明显的或隐含的自我理解须臾不离，还是困在前判断之中。意识形态的问题不仅是社会之自我理解建立在未被澄清的前判断之上，更由于现实社会以系统性的掩盖方式，将社会本身已表达的价值与理想侵害殆尽。基于前判断本身可能就包含意识形态，要对意识形态做适当批判，必须有一超越于前判断的诠释学说明，哈贝马斯所谓的"参照系统"（reference system）。[①] 换言之，在纯粹有限性与历史性的经验境域中，正由于前判断与前理解之无所不在，想汰滤出一种具普效性的客观标准其实是缘木求鱼。

质言之，伽达默尔的论述中已经对此类意见有所回应。他认为尽管哈

---

① Gerogia Warnke: *Gadamer: Hermeneutics, Tradition and Reason* (Cambridge: Polity Press, 1987), pp. 113-116.

贝马斯想凭借一种普遍客观的判准,对传统采取一种反省或批判的距离,但其实这种标准仍旧笼罩在传统的影响之下,依然是传统的历史进程的一部分。伽达默尔强调,我们对传统的批判之实际情况是:"并非整个传统被批判,而是由传统所中介的或此或彼之成素被批判。"① 这句话可以被恰当地解释为:"至于传统本身,或说整个传统,则非常肯定地是无法被整个置诸批判之下加以审视的。因为即使批判的活动自身,也只是在传承过程中期望左右传统发展方向的力量之一,它可以纠正、修改传统中的若干特定积习,却无法跳出全幅传统之外,另建和整个传统对抗的批判立足点。"② 在此伽达默尔要表达的重点是,基于人的历史性,传统的影响实无所不在,即使是批判活动也无例外。人不可能跳脱传统之外,而以一超然的立场批判现有传统。

但依沃恩克之见,承认我们自己与传统紧紧相系,我们的世界观反映出某特定历史、文化进程的结果,并不代表普遍的理性概念就是虚构的想象。身处历史性情境中的事实,并不代表人就不能提出普遍性的声称。就算承认人的知识有其历史条件及带有前理解,我们的理性观念是某特定历史传统的产品,哈贝马斯仍然能够主张:理性与合理、不受限之共识等观念反应的是一种学习的过程,某一个世界观可以代表种族发展过程中较高的阶段(higher stage in a species-wide development),具有比其他世界观更高的认知适当性(higher level cognitive adequacy)。哈贝马斯可以借此批评伽达默尔主张一种保守主义,拒绝一种历史性学习过程之存在,而此过程可以引发对理性的更深刻洞见。③ 历史性与前见并不意味着知识的正当性范围必然受限。

笔者以为,针对这种说法,伽达默尔仍可以反问:所谓较高的阶段,更

---

① "A Letter by Professor Hans-Georg Gadamer", in: Richard J. Bernstein: *Beyond Objectivism and Relativism: Science, Hermeneutics, and Praxis* (Oxford: Basil Blackwell, 1983), p. 263.

② 张鼎国:《文化传承与社会批判:回顾 Apel, Habermas, Gadamer, Ricoeur 间的诠释学论争》,《诠释与实践》(台北:政大出版社,2011 年),页 105。

③ Gerogia Warnke: *Gadamer: Hermeneutics, Tradition and Reason*, pp. 132-134.

高的认知适当性，究竟从何认定？与他所谓借由视域融合在时间距离中的汰滤过程又有何不同？伽达默尔基于对人的历史性、有限性的了解，体认到实效历史与传统的力量无所不在，哈贝马斯既然仍是要从经验的、历史的主体出发，在缺乏超越的差距与张力之下，是无法保证其普遍性的。即使是理想的沟通情境与合理的程序下之共识，也难以从其影响中脱身。因为此处所谓"理想性"乃是就"程序之合理性"，并非"道德的普遍性"而言，程序上的合理并不蕴含结论之有效。因此这种程序所得到的共识不一定是道德上具普效性之共识，基于沟通与协商之语言性，其结果仍然可能是：一种已掺杂意识形态在内的前结构引导而得之成见。浩尔（Alan How）即一针见血地指出：

> 就哈贝马斯对伽达默尔第一个批判而言，要理解何谓意识形态，就有必要建立一个理论，而此理论是以语言传统作为其起点，却又必须置身于此语言传统之外。伽达默尔否定此可能性是正确的做法。进一步来说，既然舍语言之外无其他阿基米德点（Archimedean point），认为人可以具有对社会的客观理论，从中可以直接辨别已证立与未证立之主张，也是一种在道德事务上令人存疑的幻觉。事实上，欲辨别这两者总已经预设了对什么因素为攸关之理解。这不是理论，而是我们理解中的前结构，亦即，总是提供我们对较好或较坏、对或错、较有或较无证据支持的概念之前判断。①

浩尔看出哈贝马斯是以语言性作为社会分析之基础，却又要求在此同时超脱于语言的影响之外，已经陷入跋前踬后的矛盾。其所谓理论，也不可免于理解中的前结构之左右，清楚地点出哈贝马斯理论中必须面对的难题。关于要由历史性、语言性的主体建立普遍客观标准之困境的问题，亦有新儒

---

① Alan How: *The Habermas-Gadamer Debate and the Nature of the Social* (Brookfield, Vermont: Ashgate Publishing Company, 1995), p. 219.

家学者进行相关探讨。李明辉即采纳德国学者威尔默（Albrecht Wellmer）之意见，认为哈贝马斯的普遍化原理混淆了道德原则与民主的正当性原则，结果是既不能作为道德原则，亦不能作为正当性原则，而无法兼顾理想性和具体性：

> 在规范底证立问题上，这种真理观在于以共识形成或协商程序底合理性来界定规范底真实性。但问题是：一切道德规范均表示一种"应当"、一种理想性，这种理想性与现实之间永远有距离，永远有"如何落实"的问题，故绝不能化约为程序底合理性。无论是哈伯玛斯底"理想的言说情境"，还是阿培尔底"理想的沟通社群"，其理想性均是就程序底合理性而说，决不等于道德意义的理想性。严格而论，哈伯玛斯底"普遍化原理"只能作为一项民主的正当性原则，而无法作为一项道德原则，以取代康德底"定言令式"。当哈伯玛斯将其"普遍化原理"当作一项道德原则时，这项原则本身就有"如何落实"的应用问题；但是当他将这项原则当作一项民主的正当性原则时，他便丧失了道德规范所涵的理想性格。因此，笔者才说：哈伯玛斯在理想性方面和具体性方面两头落空。①

在此对上述讨论先做一个总结。哈贝马斯认为伽达默尔从纯粹有限性与历史性的传统中无法导出具普效性的客观标准，必须肯定普遍性、理想性基础之存在，才可借以作为客观标准，实一针见血。这不外乎是肯定，类似康德的先验概念虽然有"如何落实"之问题，却可对相对主义产生免疫力。因此哈贝马斯虽从有限的历史存有之语言交往活动切入，仍肯定一种理想沟通情境下的普遍共识，其目的正是要走出第三条路，兼顾理想性与具体性，这些都是正确的洞见。但有鉴于合理程序中的沟通对话，与伽达默尔同样是从有限的、经验的领域出发，一方面凡是语言性、概念性的活动皆难免于前

---

① 李明辉：《当前儒家之实践问题》，《儒学与现代意识》，页35—36。

结构之左右,在此反倒印证了伽达默尔的见解;另一方面基于程序之正当性无法保证结论之有效性,未必能导出具普遍性的共识,所以才会未竟其功。

第三节 有限性与无限性平衡之道:从理一分殊哲学解释架构来看

一、历史性与普遍性之调和

承上述,可知哈贝马斯意欲发展出调和历史性与普遍性的第三种进路,兼顾理想性与具体性,实为正确的方向。问题出在其方法进路之不足。就哈贝马斯而言,普遍理想之表现为历史性具体活动,是一种平等、无干扰状况下之对话所获致的共识。但若这种对话之普遍基础并无实质内容,而是诉诸一种民主的正当程序以充当理想性的情境,就无法从中导出有效之实质共识。此外,有鉴于参与对话者本身与其语言活动之历史性,还是存在被前判断中意识形态左右之隐忧。那么接下来的理论工作就是:尝试探讨有无第三种进路,而能免于哈贝马斯所遭遇之困难?

首先要指出,哈贝马斯主张透过沟通对话的方式建立共识,在方向上是正确的。事实上,对话之必要性是他与伽达默尔之间存在的共识。伯恩斯坦(Richard J. Bernstein)曾如此评论他们两者之间的论争:

> 在伽达默尔就对话所做的分析中,他强调真正的对话要求一种相互性、分享、尊重与对等,而且当伽达默尔为人所共有的自由原则背书之际,对话原则即得以普遍化。哈贝马斯对此并无异议,但他要强调的是有种社会性的结构障碍,会系统性地扭曲这样的对话与沟通。哈贝马斯认为单单专注于语言媒介的普遍性是不够的,更必须意识到影响社会互动之目的理性行为形式与权力关系,理由即在此。如果规范性主张不只是空泛的应然,且借由论证恢复其有效性是可能的,如果此规

范上有效的主张要体现在社会实践上，就必须将阻碍与扭曲沟通的实质状况予以转化。①

哈贝马斯认同伽达默尔对话原则所表现的理想，却担心伽达默尔的方式不能清除那些扭曲沟通的社会结构障碍，遂而无法顺成其对话原则。可见双方之争议点不在对话沟通，而在如何达成理想的对话。这么说来，诠释学与意识形态批判之间的对抗，应可尝试以一种相辅相成的态度居中协调。据此，即有论者指出，哈贝马斯与伽达默尔双方都会同意的是：

> 理性（Vernunft）与批判（Kritik）两者间的不可分离。理性固然从传统中出发，也靠着传统所提供的丰富资源来思考再思考，却要藉由不断进行着批判与反思去保持向前的动力，并造就创新与改革的可能性与可行性。争论的发生很快都会变成历史的遗迹，或许只有对话的进行才能在互相听取与融会理中实现未来的希望。②

这段话意在说明，对话原则可以作为双方共同接受的出发点。以先前的讨论为依据，若仅注目于从传统中出发，借助传统提供的资源来思考的理性，批判与反思的动力将过于薄弱，因为从有限性、历史性中无法建立具普效性之标准，须以超越普遍者为基础，才能真正提供改革进步的可能性。质言之，对想要调和理想性与具体性、历史性与普遍性的第三种进路而言，沟通对话是必要的，问题在于沟通对话之基础为何？从以上讨论看来，这无法只诉诸理想的沟通情境，也不能是纯粹置身于传统中的视域融合，要调和有限与无限之间的紧张关系，使理想性能落实为具体性，其方向最好是：从普遍的理想性出发，不断进行对等而无干扰之沟通对话，并以其中达成的共识

---

① Richard J. Bernstein: *Beyond Objectivism and Relativism: Science, Hermeneutics and Praxis* (Oxford: Basil Blackwell, 1983), p. 190.
② 张鼎国：《文化传承与社会批判：回顾 Apel, Habermas, Gadamer, Ricoeur 间的诠释学论争》，《诠释与实践》，页 110。

作为此理想性之落实。而且这普遍性、理想性之基础不能徒具形式或只是一种程序，必须有其实质内容。这就可以回到儒家理想"如何落实"问题之讨论。

二、理想性如何落实为具体性？

（一）普遍性基础之实质内容

在当代新儒家的发展过程中，也出现了调和历史性与普遍性之第三种进路的呼声。而且这种调和，是要以具实质内容的普遍基础，借由对话原则之补充，以顺成其具体化的落实工作。第六章曾提及李明辉对"如何落实"问题的相关讨论，他指出儒家和康德一样，肯定道德价值之理想性，由于这种理想性与现实之间永远存在落差，因而在儒家与牟宗三的理论中永远存在此"如何落实"的问题。至于其为儒家克服落实问题设想的解决之道是，在理想主义的基础上吸纳对话原则。对"如何落实"的应用问题，儒家因应之道是必须保持对生活世界的开放性，不断向各门学术开放，与其进行对话：

> 儒家在今天这种日趋多元化的社会必须自觉地放下过去那种"作之君，作之师"以及"一事不知，儒者之耻"的身段，使其理想向各门学术开放，与之进行对话。在另一方面，社会大众以及学术界亦须体认到：在这个时代里，任何个人或团体都无法包办一切真理，因此儒家理想之实践不独是儒者底责任；这样才可避免对儒家的过分苛求。①

李明辉在此主张儒者必须放弃传统以来承继道统与学统的独尊心态，使其理想向各门学术开放，与之进行对话。儒学"需要自我充实，并且与其

---

① 李明辉：《当前儒家之实践问题》，《儒学与现代意识》，页38。

他学术合作；但儒家也毋须因此放弃其原有的实践观和理想主义"[①]。而其所谓儒家理想主义的实践观，是指"儒家肯定道德主体在其独立于历史情境与社会条件的自由中已具有充分的实在性，而这种自由是其他一切人文活动之基础"[②]。儒家传统之所以有别于其他传统之本质在于："它将一切文化活动视为人类精神生命之表现，而以道德价值为其他一切价值之共同根源或基础。"[③]可见李明辉认为普遍理想之实质内容正是道德主体与道德价值。其秉持牟宗三良知坎陷之开出说，认为要兼顾理想性与具体性，仍必须贯彻以成德主体为基础的实践观，一切文化活动可以由独立于历史情境与社会条件的道德主体开出，而此道德主体或价值之落实，则是透过与不同学门间的对话，经由这种交流与合作，使超越的道德主体之理想具体化于现实生活中。

质言之，此兼顾理想性与具体性之第三种进路，是以道德主体与道德价值作为普遍理想之实质内容，在与各门学术进行对话与学术合作中自我充实，以将此理想落实于现实中。但必须注意的一点是：以道德主体为首出的理想主义，在吸纳对话原则上可能会出现困难。因为真正理想的对话是建立在对等之基础上，但道德主体既然被定位为其他一切人文活动之基础，一切价值之共同根源，儒家又以体现道德主体之逆觉体证见长，在理论定位上已经高出其他学术取向一截，所以其他学术只能是坎陷或开出而为助缘。这点在牟宗三对朱子的定位以及内圣曲通为外王的表述中就已明白看出。若欲彰显道德主体在理论上之优位，诚如第二章所提到，就道德主体之落实而言，由于道德行为与修养等实践问题正属人能弘道之范畴，就会导出狭义道德领域等同于本体界的广义道德领域，而位居独尊的结论。相对而言其地位亦在知识、艺术等其他领域之上。这解释了为何牟宗三在其真美善分别说之外，又以合一说补充之，坚持只有道德心之实践才能达至即真即美即善、非分别的合一之化境。儒家与其他学门、专业之对等性既已不再，彼此

[①] 李明辉:《当前儒家之实践问题》,《儒学与现代意识》,页39。
[②] 李明辉:《当前儒家之实践问题》,《儒学与现代意识》,页32。
[③] 李明辉:《儒学与现代意识》,序言,页(3)—(4)。

间是否能真正进行有意义、有共识的对话就并不乐观。也正因为儒学将这种根源或基础地位归诸于己,才产生其他学门或一般大众对儒家的过分苛求。既然儒者自视如此之任重而道远,旁人自然以放大镜检视,在沟通对话上也会受到阻力,这种"对等性之欠缺"将导致有效对话之困难,连带使得超越理想在落实过程中即被迫胎死腹中。

刘述先已意识到此道德主体优位的开出说将导致此"对等性之欠缺"问题,于是吸收了卡西尔所强调的"功能的统一性"概念,把"坎陷"当作文化创造的普遍形式。① 他并做出如下说明:

> 卡西勒把康德的纯粹理性批判扩大成为了整个人类文化的批判。所有的"文化形式"(culture forms),如语言、神话、宗教、历史、与科学,都是人通过符号的使用建构的"符号形式"(symbolic forms),正是创造客观化的结果。而人的意识不断创发,有一个长期演化的历程,由浑沦到"实体"(substance)概念以至于"功能"(function)概念的演变。……他不认为人类各文化形式可以化约成为同一实体,但所有的文化形式都必须使用符号建构不同取向的世界而显示了"功能的统一性"(functional unity)。这和我们中土所谓"理一(创造)而分殊(文化形式)"之旨所蕴涵的睿识若合符节。②

根据以上说明,可知刘述先主张人类的一切文化形式、创造活动乃至理论学科,都是一种坎陷或分殊,他近年在讨论牟宗三以创造性的实体诠释道体、天道与尢得道之际,曾以"创造性自己"(creativity itself)为"理一",具体的文化的创造为"分殊",并指出牟宗三"讲'坎陷'只限于直贯的'道德伦理'转化成为横列的'民主政治'一项,却未能充分把'理一分殊'所蕴涵

---

① 刘述先:《全球意识觉醒下儒家哲学的典范重构与诠释》,《儒家哲学的典范重构与诠释》,页186。
② 刘述先:《全球意识觉醒下儒家哲学的典范重构与诠释》,《儒家哲学的典范重构与诠释》,页183—184。

的睿识展示出来,有必要进一步加以拓展,才可以把'创造性自己'与具体的'文化创造'有机地连贯起来"①。也就是说,刘述先认同牟宗三以"创造性自己"说明天道的方式,但却强调坎陷之曲通不能限于民主与科学的新外王,而须将道德创造也涵盖在内,以广义道德实践的外王解释分殊。就此而言,道德主体与道德价值并非其他文化活动之基础,此基础地位乃归之于理一。

此外,刘述先亦肯定理一必有实质内容,依其论述,理一之内涵首先是由康德到卡西尔这一条线索所理解的一种"规约原则"。"是非言意境的领域,道体不是可以用任何语言加以表达的,点到即可,只有默而识之,在我们自己的生命之中发生作用。"②而其规约性在于作为我们向往与终极托付的目标。可见理一之实质内容并非任何概念内容,那么这种内容之实义为何?刘述先认为理一正是生生之仁或良知,田立克所谓"理智的深层",或是牟宗三所谓"创造性自己"。至于其他进一步的意义,还需要我们做进一步的探索。总括刘述先以上说法,可知依其观点,理一之实质内容是属"道可道,非常道"之层次,不具概念内容,亦即超越任何语言概念表达的范围。强调"理一"只可默识或体会,但无法以固定的概念予以定义。而这实质内容为何,除了作为我们终极寄托的对象,具功能统一性之规约原则,就是生生之仁或阳明所谓良知。道德意识、价值规范(仁义)、经验知识乃至一切文化活动都是它发用的不同层面。但这些发用乃理一之分殊,而非理一本身。

就概念解析的角度来看,此种对理一实质内容之说明或许仍不够明确,而难以令人满意。然而,若从"理一"自身的特性来看,却又是不得不然的结论。盖凡是终极实在,则必具无限性;既具无限性,就无法以某个数量、性质、概念乃至定义予以完全解释、描述或穷尽。证诸儒家之理一或天道,

---

① 刘述先:《全球意识觉醒下儒家哲学的典范重构与诠释》,《儒家哲学的典范重构与诠释》,页183。

② 刘述先:《全球意识觉醒下儒家哲学的典范重构与诠释》,《儒家哲学的典范重构与诠释》,页184。

道家所谓道,西方哲学与神学中的神或上帝,莫不如此。西方哲学发展至康德,明白指出理论理性无法认识与论证本体,成立经验知识的概念与范畴无法应用于其上,即为势所必至的理论归结。如此看来,真正须要并能够在理论上解释与论证的,乃是终极实在或"理一"于经验界中的具体化表现。理想性、普遍性基础本身之"实质内容",若是指概念上的论证与定义,充其量只能强调其并非如哈贝马斯所谓纯粹之程序或形式,而是一种能实际在人身上发挥创造作用(不论是在道德、艺术、知识或其他领域),引导判断之"创造力自己"。但当此创造力落实于人身上而成为可观察事件之际,则已具体化为分殊。

(二)理一分殊哲学解释架构的调和之道

以上述分析为基础,可知要建立客观有效之判准,维系一个超越的理想性、普遍性基础乃理所当然,只是不一定要将其归之于道德主体,也可以诉诸超越一切人文活动与文化创造形式之创造性根源。如此一来,理一分殊哲学解释架构可谓适得其所。独特而超越的理想性、普遍性基础正是"理一",一切正面价值创造活动皆为"理一"具体化于人身上之"分殊",经由平等对话而在各层面获取之共识,正是"理一"落实于经验世界之展现。因为必须是对话原则下之共识,故与现实仍可保持一种张力,不能一概而论,而可保住其批判性与创造性;这些落实于"分殊"层面之共识,因为"通于"理一而具有普遍性之基础,可宣称其普效性,不致陷入相对主义之窠臼中。

就理一分殊的哲学解释架构来看,伽达默尔重视的是在"分殊"层面立论,投入于传统中所得到的生命之扩大,可以使人在其历史性与有限性之中找到稳固的依据;但由于传统也是作为历史存有者之人文创造活动,遂而难免意识形态产生的可能性,所以哈贝马斯期待一种理想的普遍理性之引导,认为人虽有限,但仍有批判反省之能力,可以在当下体现普遍的意义。但如上述,除了语言沟通不可免于前结构之左右,程序之合理性亦难以保证结论在道德上的普效性。是以这种互为主体的共识之有效性,其依据不能仰赖未受扭曲或限制的理想言谈情境或合理程序,而必须是通于理一之分殊,如创造性自己、本心、良知之落实为普遍价值或道德意识，此种普遍理性的具体实例，乃是借由存异求同之对话，所得到的具体有效之底线共识。

若以普遍有效作为理想性之定义，理一分殊的架构无疑肯定这种理想性，并指向在现实生活中经由对话中的共识体现此理想性。"理一"作为终极托付与创造性之根源，同时具备普遍性、绝对性与无限性；一切"分殊"可通于"理一"，但不能等同于"理一"。人之价值理想、道德行为虽可体现天道，成为一种具普遍性的范例或准则，仍必须对不断的检证与批判开放，保留将来调整与更改之可能性，不可自视为绝对真理。若是如此，则是错把"分殊"当作"理一"。至于"分殊"之体现普遍性，则要经由对话以存异求同之态度找出底线共识，如全球伦理运动所达成的各项共识。此种具体化才能免于现实中无对应物之落实问题的质疑。这是理一分殊作为哲学解释架构，调和有限与无限、具体与普遍、内在与超越之要点。

还必须予以交代的一点是：就儒学的脉络而言，生生之仁既可以视为创造性自己，也具有本心或良知之意涵。牟宗三所谓逆觉时体证的心性情合一之主体，具有智的直觉之良知明觉，即为道德主体之自知自觉，良知呈现是"同于"良知自体之一而二、二而一者。以此来看孟子陆王一系心学，本心或良知本身与其发用实不可分，尤其在知是知非的道德事务上更是如此，所以才肯定良知是一种呈现。但就理一分殊哲学架构来看，基于其"通于"的思路，若以本心或良知界定理一，本心或良知之发用或呈现就属于分殊，分殊虽通于理一但不同于理一，两者就必须有所区隔。如此一来，理一分殊与超越的本心良知两种思路如何协调，就是一个必须说明的问题。

笔者以为，若要落实理一分殊的哲学解释架构，并保留本心、良知作为理一意涵的另一种表达，则良知与其发用须界定为理一与分殊之关系。正如第七章第三节对王阳明四句教之诠释，我们必须从两个层面来看良知：作为天理、天道或理一的"良知自体"（无善无恶心之体），以及良知在分殊或具体化后，表现为人们的道德禀赋或"道德动能"（知善知恶是良知）。良知是呈现，但已呈现，就是良知之分殊，而非"良知自体"。亦即，人于逆觉之际显现之道德意识，已是分殊，而非"良知自体"之充分体现；但又通于"良知自体",仍可体现良知,尽管是不充分的体现。职是之故,人所显发的良知,虽非"良知自体",无绝对性与无限性,却是一种显发为道德动能的分殊(如四端之心),而具有特定时空之普遍性,不致只为纯粹历史的、有限的存有,可以保持相对于经验界(在此指习心习性及气禀之杂而言)之理想性与张力。就落实问题而言,也不是所有的分殊都具有特定时空之普遍性,而是在对等而不受干扰的对话与沟通中达成的共识,才符合条件。

最后,从以上种种分析也可看出,康德伦理学、当代欧陆思想与现代新儒学若能加强学术论点上的交流与对谈,在调和有限性与无限性的努力上容或能有进一步的突破,这也可以作为吾人未来努力的目标。

参考书目

一、中文著作

古典文献

程颢、程颐:《二程集》。北京:中华书局,2004年。

周敦颐著,朱熹注:《太极图说》,《周子全书》。台北:广学社印书馆,1975年。

真德秀撰,刘承辑:《论语集编》(景印文渊阁四库全书本卷2)。台北:台湾商务印书馆,1983年。

朱熹:《朱子文集》。台北:德富文教基金会,2000年。

朱熹:《四书章句集注》。北京:中华书局,1983年。

朱熹:《朱子语类》。台北:汉京文化事业公司,1980年。

今人论著

[美]昂格尔著,吴玉章、周汉华译:《现代社会中的法律》。南京:译林出版社,2001年。

[美]包弼德著,程钢译:《对余英时宋代道学研究方法的一点反思》,《世界哲学》第4期(2004年),页92—102。

陈来:《有无之境——阳明哲学的精神》。北京:人民出版社,1991年。

——:《朱熹哲学研究》。台北:文津出版社,1990年。

陈荣捷编:《王阳明传习录详注集评》。台北:台湾学生书局,1983年。

——:《朱学论集》。台北:台湾学生书局,1982年。

——:《朱熹》。台北：东大图书公司，1990年。

陈士诚:《宋明儒论人之善恶——对其存在条件及意识条件之伦理学研究》,《清华学报》,第50卷第3期(2020年9月),页439—481。

成中英:《知识与价值——和谐，真理与正义的探索》。台北：联经出版事业股份有限公司，1989年。

杜维明:《儒学第三期发展的前景问题》。台北：联经出版事业股份有限公司，1989年。

冯耀明:《中国哲学的方法论问题》。台北：允晨文化出版公司，1989年。

——:《劳思光与新儒家》,《哲学与文化》,第26卷第8期(1999年8月),页712—720。

——:《超越内在的迷思：从分析哲学观点看当代新儒学》。香港：香港中文大学出版社，2003年。

——:《儒家传统的现代转化》。北京：中国广播电视出版社，1992年。

葛兆光:《拆了门坎便无内无外：在政治、思想与社会史之间——读余英时先生〈朱熹的历史世界〉及相关评论》,《当代》第198期(2004年2月),页86—96。

何俊:《推陈出新与守先待后——从朱熹研究论余英时的儒学观》,《学术月刊》第38卷第7期(2006年7月),页61—68。

何信全:《儒学与现代民主——当代新儒家政治哲学研究》。台北："中研院"文哲研究所，1996年。

——:《儒学与自由主义人观的对比——以孟子与罗尔斯为例》,《台湾哲学研究》,第2期(1999年3月),页141—162。

——:《儒学与社群主义人观的对比——以孟子与泰勒为例》,《第三届国际汉学会议论文集：中国思潮与外来文化》。台北："中研院"文哲研究所，2002年，页149—166。

——:《儒家政治哲学的前景：从当代自由主义与社群主义论争脉络的考察》,《传统中华文化与现代价值的激荡与调融(一)》。台北：喜玛拉雅研究发展基金会，2002年。

［英］黑尔著，黄慧英译：《道德思维》。台北：远流出版社，1991年。

黄慧英：《后设伦理学之基本问题》。台北：东大图书公司，1988年。

——：《儒家伦理：体与用》。上海：上海三联书店，2005年。

黄进兴：《以序为书》，《读书》第9期（2003年9月），页80—84。

黄庆明：《实然应然问题探微》。台北：鹅湖出版社，1993年。

黄俊杰：《儒家思想与中国历史思维》。台北：台大出版中心，2015年。

［德］伽达默尔著，洪汉鼎译：《真理与方法》。上海：上海译文出版社，2004年。

江日新：《马克斯·谢勒》。台北：东大图书公司，1990年。

金春峰：《朱熹哲学思想》。台北：东大图书公司，1998年。

——：《内圣外王的一体两面——读余英时〈朱熹的历史世界：宋代士大夫政治文化的研究〉》，《九州岛学林》，第2卷第4期（2004年），页298—320。

劳思光：《中国哲学史（全三卷）》。台北：三民书局，1988年。

——：《中国文化路向问题的新检讨》。台北：东大图书公司，1993年。

——：《思辨录》。台北：东大图书公司，1996年。

——：《文化问题论集》。香港：香港中文大学出版社，2000年。

——：《哲学问题源流论》。香港：香港中文大学出版社，2001年。

——：《文化哲学讲演录》。香港：香港中文大学出版社，2002年。

——：《虚境与希望》。香港：香港中文大学出版社，2003年。

李存山：《孟子思想与宋儒的"内圣"和"外王"》，《哲学研究》，第12期（2019年12月），页41—49。

——：《宋学与〈宋论〉——兼评余英时着〈朱熹的历史世界〉》，收于庞朴主编：《儒林》第1册。济南：山东大学出版社，2005年，页220—259。

李明辉：《儒学与现代意识》。台北：文津出版社，1991年。

——：《当代儒学之自我转化》。台北："中研院"文哲研究所，1994年。

——：《康德伦理学与孟子道德思考之重建》。台北："中研院"文哲研究所，1994年。

——：《儒家与康德》。台北：联经出版事业股份有限公司，1997年。

——:《孟子重探》。台北：联经出版事业股份有限公司，2001年。

——:《四端与七情：关于道德情感的比较哲学探讨》。台北：台大出版中心，2005年。

——:《儒家视野下的政治思想》。台北：台大出版中心，2005年。

李明辉、叶海烟、郑宗义合编:《儒学、文化与宗教：刘述先先生七秩寿庆论文集》。台北：台湾学生书局，2006年。

李瑞全:《当代新儒学之哲学开拓》。台北：文津出版社，1993年。

——:《儒家生命伦理学》。台北：鹅湖出版社，1999年。

——:《当代新儒学道德规范根源之建立》，《鹅湖》，第379期（2007年1月），页21—31。

廖晓炜:《牟宗三・劳思光哲学比较研究——以儒学重建和文化哲学为中心》。台北：花木兰文化出版社，2012年。

林安梧:《道的错置：中国政治思想的根本困结》。台北：台湾学生书局，2003年。

——:《后新儒学的新思考：从外王到内圣——以"社会公义"论为核心的儒学可能》，《鹅湖》，第350期（2004年8月），页16—25。

——:《儒学革命：一种可能的方向》，《鹅湖》，第309期（2001年3月），页13—20。

刘述先:《朱子哲学思想的发展与完成》。台北：台湾学生书局，1984年。

——:《黄宗羲心学的定位》。台北：允晨文化出版公司，1986年。

——:《中西哲学论文集》。台北：台湾学生书局，1987年。

——:《大陆与海外：传统的反省与转化》。台北：允晨文化出版公司，1989年。

——:《理想与现实的纠结》。台北：台湾学生书局，1993年。

——:《当代中国哲学论：问题篇》。新泽西：八方文化企业公司，1996年。

——:《当代中国哲学论：人物篇》。新泽西：八方文化企业公司，1996年。

——:《儒家思想意涵之现代阐释论集》。台北："中研院"文哲研究所，2000年。

——:《全球伦理与宗教对话》。台北：立绪文化事业有限公司，2001年。

——:《现代新儒学之省察论集》。台北："中研院"文哲研究所，2004年。

——:《评余英时〈朱熹的历史世界——宋代士大夫政治文化的研究〉》，《九州岛学林》，第 1 卷第 2 期（2003 年冬季），页 316—334。

——:《全球意识觉醒下儒家哲学的典范重构与诠释》,《鹅湖》，第 385 期（2007 年 8 月），页 15—25。

——:《汉学名家书系:刘述先自选集》。济南:山东教育出版社,2007 年。

——:《论儒家哲学的三个大时代》。香港:香港中文大学出版社,2008 年。

——:《儒家哲学的典范重构与诠释》。台北:万卷楼图书股份有限公司,2010 年。

刘小枫主编:《舍勒选集》。上海:上海三联书店,1999 年。

吕政倚:《人性、物性同异之辨:中韩儒学与当代"内在超越"说之争议》。台北:新文丰出版公司,2016 年。

牟宗三:《心体与性体(全三册)》。台北:正中书局,1968—1969 年。

——:《智的直觉与中国哲学》。台北:台湾商务印书馆,1974 年。

——:《现象与物自身》。台北:台湾学生书局,2004 年。

——:《历史哲学》。台北:台湾学生书局,1976 年。

——:《从陆象山到刘蕺山》。台北:台湾学生书局,2003 年。

——:《中西哲学之会通十四讲》。台北:台湾学生书局,1980 年。

——:《中国哲学十九讲》。台北:台湾学生书局,1983 年。

——:《圆善论》。台北:台湾学生书局,1996 年。

——:《政道与治道》。台北:台湾学生书局,1996 年。

——:《四因说演讲录》。台北:鹅湖出版社,1997 年。

——:《才性与玄理》。台北:台湾学生书局,1997 年。

——:《康德:判断力之批判》。台北:台湾学生书局,2000 年。

［英］摩尔著,蔡坤鸿译:《伦理学原理》。台北:联经出版事业股份有限公司,1992 年。

钱穆:《钱宾四先生全集》之《朱子新学案》。台北:联经出版事业股份有限公司,1993 年。

［奥］舒茨著,江日新编译:《马克斯·谢勒三论》。台北:东大图书公司,1997 年。

孙向晨:《论家:个体与亲亲》。上海:华东师范大学出版社,2019 年。

台大哲学系主编:《中国人性论史》。台北:东大图书公司,1990年。

唐君毅:《中国哲学原论(导论篇)》。台北:台湾学生书局,1986年。

[美]田浩著,程钢译:《评余英时的〈朱熹的历史世界〉》,《世界哲学》第4期
(2004年),页103—107。

王汎森:《历史方法与历史想象:余英时的〈朱熹的历史世界〉》,《中国学术》第18
期(2004年),页219—237。

吴光编:《当代新儒家探索》。上海:上海古籍出版社,2003年。

熊十力:《新唯识论》。台北:明文书局,1990年。

徐复观:《中国人性论史:先秦篇》。台北:台湾商务印书馆,1994年。

——:《儒家政治思想与民主自由人权》。台北:台湾学生书局,1988年。

——:《中国思想史论集》。台北:台湾学生书局,1993年。

——:《中国艺术精神》。台北:台湾学生书局,1998年。

杨伯峻:《论语译注》。台北:河洛出版社,1980年。

——:《孟子译注》。台北:河洛出版社,1977年。

杨祖汉:《当代儒学思辨录》。台北:鹅湖出版社,1998年。

——:《儒家思想的超越性与内在性》,《东海哲学研究集刊》,第15期(2010年9
月),页373—395。

姚才刚:《终极信仰与多元价值的融通:刘述先新儒学思想研究》。成都:巴蜀书
社,2003年。

余英时:《现代儒学论》。新泽西:八方文化企业公司,1996年。

——:《宋明理学与政治文化》。台北:文化出版公司出版社,2004年。

曾春海:《儒家哲学论集》。台北:文津出版社,1989年。

——:《易经的哲学原理》。台北:文津出版社,2003年。

张鼎国:《理解,诠释与对话:从哲学诠释学的实践观点论多元主义》,《多元主义》。
台北:"中研院"中山人文社会科学研究所,1998年,页307—335。

——:《诠释与实践》。台北:政大出版社,2011年。

张灏:《幽暗意识与民主传统》。台北:联经出版事业股份有限公司,1989年。

张子立:《再论朱子归入自律伦理学的可能性》,《鹅湖月刊》,第305期(2000年11月),页54—64。

——:《释朱子脱然贯通说》,《东吴哲学学报》,第12期(2005年8月),页99—125。

——:《道德感之普遍性与动力性——谢勒与牟宗三的共识》,《鹅湖月刊》,第379期(2007年1月),页51—62。

——:《"本体宇宙论"与"实现物自身":论牟宗三"道德的形上学"两种创生型态》,《深圳大学学报(人文社会科学版)》,2014年第3期(2014年5月),页47—56。

——:《论普遍人性:实践的印证与共识的印证》,《鹅湖月刊》,第486期(2014年7月),页54—64。

——:《论道德与知识两种辩证关系:朱子格物致知说重探》,《中正汉学研究》,第27期(2016年6月),页163—190。

——:《同一性、道德动能与良知:中西伦理学对话之一例》,《哲学与文化》,第507期(2016年8月),页175—196。

——:《儒学之现代解读:诠释、对比与开展》。台北:台湾学生书局,2021年。

——:《论"道德的形上学":牟宗三与劳思光宋明儒学诠释之分歧》,《台大哲学论评》,第64期(2022年10月),页45—82。

郑家栋:《当代新儒学论衡》。台北:桂冠出版社,1995年。

祝平次:《评余英时先生的〈朱熹的历史世界:宋代士大夫政治文化的研究〉》,《成大中文学报》第19期(2007年12月),页249—298。

二、英文著作

Angle, Stephen C.: *Contemporary Confucian Political Philosophy.* Malden MA: Polity Press, 2012.

Armstrong, W. S.: *Moral Dilemmas.* New York: Basil Blackwell, 1988.

Barcalow, Emmett: *Moral Philosophy: Theory and Issues.* Belmont, Calif.: Wadsworth, 1994.

Beauchamp, T. L.: *Philosophical Ethics: An Introduction to Moral Philosophy.* New York: McGraw-Hill, 1982.

Berlin, Isaiah: *Four Essays on Liberty.* New York: Oxford University Press, 1969.

Berstein, R. J.: *Beyond Objectivism and Relativism: Science, Hermeneutics, and Praxis.* Oxford: Basil Blackwell Publisher Limited, 1983.

Blosser, Philip: *Scheler's Critique of Kant's Ethics.* Athens: Ohio University Press, 1995.

Billioud, Sébastien: *Thinking Through Confucian Modernity: A Study of Mou Zongsan's Moral Metaphysics.* Leiden: Brill Academic Publishers, 2012.

Bok, Sissela: *Common Values.* Columbia, Mo.: University of Missouri Press, 1995.

Bradley, F. H.: *Ethical Study.* Bristol: Thoemmes, 1990.

Cahn, S. M. /Haber, J. G. (eds.): *Twentieth Century Ethical Theory.* Englewood, N. J.: Prentice Hall, 1995.

Cassirer, Ernest: *An Essay on Man.* New Haven, CT: Yale University Press, 1944.

Chang, Tzuli: "Personal Identity, Moral Agency and Liangzhi: A Comparative Study of Korsgaard and Wang Yangming." Comparative Philosophy, (6)1: 3-23. 2015.

Dewey, John: *Theory of Valuation.* Chicago: The University of Chicago Press, 1972.

Eriksen, E. O. / Weigard, Jarle: *Understanding Habermas: Communicative Action and Deliberate Democracy.* New York: Continuum, 2003.

Florida, Richard: *The Rise of The Creative Class.* New York: Basil Book, 2002.

Foster, M.: *Gadamer and Practical Philosophy: The Hermeneutics of Moral Confidence.* Atlanta: Scholars Press, 1991.

Frankena, William: *Ethics.* Englewood Cliffs, N. J.: Prentice Hall, 1973.

Frings, M. S.: *Max Scheler: A Concise Introduction into the World of a Great Thinker.* Milwaukee: Marquette University Press, 1996.

Frondizi, Risieri: *What Is Value?: An Introduction to Axiology.* La Salle, Ill.: The Open

Court, 1971.

Gadamer, H. G.: *Truth and Method*. Trans. Joel Weinsheimer and Donald G. Marshall. New York: The Continuum Publishing Company, 2006.

——: *Philosophical Hermeneutics*. Trans. & ed. David E. Linge. Berkeley, Calif.: University of California Press, 1977.

——: *Hermeneutics, Religion, and Ethics*. Trans. Joe Weinsheimer. New Haven, CT: Yale University Press, 1999.

——: *Reason in the Age of Science*. Trans. Frederick G. Lawrence. Cambridge, Mass.: MIT Press, 1982.

——: *Gadamer in Conversrtion*. Trans. & ed. R.E. Palmer. New Haven, CT: Yale University Press, 2001.

Hall, David L. and Ames., Roger T.: *Thinking Through Confucius*. Albany: State University of New York Press, 1987.

Hare, R. M.: *The Language of Morals*. New York: Oxford University Press, 1963.

——: *Moral Thinking: its Levels, Method, and Point*. New York: Oxford University Press, 1981.

Habermas, Jürgen: *Autonomy and Solidarity: Interviews with Habermas*. New York: Verso, 1992.

——: *Justification and Application: Remarks on discourse Ethics*. Cambridge: Polity Press, 1993.

Harman, Gilbert: *The Nature of Morality: An Introduction to Ethics*. New York: Oxford University Press, 1977.

Hartmann, Nicolai: *Ethics (2nd ed.)*. Trans. Stanton Coit. New York: The Macmillan Company, 2002.

How, Alan: *The Habermas-Gadamer Debate and the Nature of the Social*. Brookfield, Vt.: Ashgate Publishing Company, 1995.

Hudson, W. D.: *Modern moral Philosophy*. New York: St. Martin's Press, 1983.

Kant, Immanuel: *Groundwork of the Metaphysic of Morals*. Trans. Mary Gregor. Cambridge: Cambridge University Press, 1998.

——: *Critique of Practical Reason*. Trans. T. K. Abbott. Amherst, New York: Prometheus Books, 1996.

Korsgaard, Christine M.: *Creating the Kingdom of Ends*. Cambridge: Cambridge University Press, 1996.

——: *Self-Constitution*. New York: Oxford University Press, 2009.

Kukathas, Chandran and Pettit, Philip: *Rawls: A Theory of Justice and its Critics*. Cambridge: Polity Press, 1990.

Kymlicka, Will: *Contemporary Political Philosophy: An Introduction (2nd ed.)*. New York: Oxford University Press, 2002.

Leibniz, G. W.: *Theodicy: Essays on the Goodness of God, the Freedom of Man and the Origin of Evil*. La Salle, Illinois: Open Court Publishing, 1985.

Liu, Shu-hsien: *Understanding Confucian Philosophy: Classical and Sung-Ming*. Westport, CT: Greenwood Press, 1998.

——: *Essentials of Contemporary Neo-Confucian Philosophy*. Westport, CT: Praeger Publisher, 2003.

Mandelbaum, Maurice: *The Phenomenology of Moral Experience*. Glencoe, Ill.: Free Press, 1955.

Moore, G. E.: *Principia Ethica*. Cambridge: Cambridge University Press, 1993.

Nagel, Thomas: *Equality and Partiality*. Oxford: Oxford University Press, 1991.

Najder, Z.: *Values and Evaluations*. Oxford: The Clarendon University Press, 1975.

Parfit, Derek: *Reasons and Persons*. Oxford: Oxford University Press, 1984.

Perry, R. B.: *Realms of Value, A Critique of Civilization*. Cambridge, Mass.: Harvard University Press, 1954.

Perrin, Ron: *Max Scheler's Concept of the Person*. New York: St. Martin's Press, 1991.

Pojman, Louis P.: *Ethics: Discovering Right and Wrong (4th ed.)*. Belmont, Calif.:

Wadsworth, 2002.

——(ed.): *Ethical Theory: Classical and Contemporary Readings*. Belmont, Calif.: Wadsworth, 1995.

Raphael, D. D.: "Liberty and Authority" In A. P. Griffiths (ed.), *Of Liberty* (Cambridge University Press, 1983), p. 1.

Rawls, John: *Theory of Justice (revised ed.)*. Cambridge, Mass.: Harvard University Press, 1999.

Risser, James: *Hermeneutics and The Voice of The Other: Re-reading Gadamer's Philosophical Hermeneutics*. Albany, N.Y.: State University of New York Press, 1997.

Ross, W. D.: *Foundations of Ethics*. Oxford: The Clarendon University Press, 1939.

——: *The Right and The Good*. Oxford: The Clarendon University Press, 1930.

Sandel, Michael: *Liberalism and Limits of Justice (2nd ed.)*. Cambridge: Cambridge University Press, 1998.

Scanlon, T. M.: *Being Realistic About Reasons*. Oxford: Oxford University Press, 2014.

——: *What We Owe to Each Other*. Cambridge, Massachusetts: Belknap Press of Harvard University Press, 1998.

Scheler, Max: *Formalism in Ethics and Non–Formal Ethics of Values*. Trans. M. S. Frings., R. L. Funk. Evanston: Northwest University Press, 1973.

Smith, Michael: *The Moral Problem*. Cambridge, Mass.: Basil Blackwell, 1994.

Stevenson, C. L.: *Ethics and Language*. New Haven, CT: Yale University Press, 1944.

Taylor, Charles: *Human Agency and Language: Philosophical Papers 1*. Cambridge: Cambridge University Press, 1985.

——: *Philosophy and the Human Sciences: Philosophical Papers 2*. Cambridge: Cambridge University Press, 1985.

——: *Philosophical Arguments*. Cambridge: Harvard University Press, 1995.

Thiroux, J. P.: *Ethics: Theory and Practice*. Englewood Cliffs, N. J.: Prentice Hall, 1995.

Tiberius, Valerie: *Moral Psychology: A Contemporary Introduction*. New York: Routledge, 2015.

Tillich, Paul: *Systematic Theology*. 3 Vols. Chicago: University of Chicago Press, 1951–1963.

Warnke, G.: *Gadamer: Hermeneutics, Tradition and Reason*. Cambridge: Polity Press, 1987.

——: "Walzer, Rawls, and Gadamer: Hermeneutics and Political Theory." In K.Wright (ed.), *Festivals of Interpretations: Essays on Hans-Georg Gadamer's Work* (Albany, N.Y.: State University of New York Press, 1990), pp. 136–160.

"复旦哲学·中国哲学丛书"出版书目

《宋明理学新视野》(全二册) 　　　　　　　　　吴　震　主编

《东亚朱子学新探：中日韩朱子学的传承与创新》(全二册)　吴　震　主编

《美德伦理学：从宋明儒的观点看》　　　　　　　黄　勇　著

《儒家功夫哲学论》　　　　　　　　　　　　　　倪培民　著

《道德与政治之维》　　　　　　　　　　　　　　杨国荣　著

《"逆觉体证"与"理一分殊"：论现代新儒学之内在发展》　张子立　著

《阳明学与中国现代性问题》　　　　　　　　　　陈立胜　著

《阳阳学再读》　　　　　　　　　　　　　　　　吴　震　著